主　　编　孙晓勇　国家法官学院院长
最高人民法院司法案例研究院院长
副 主 编　彭永和　最高人民法院司法案例研究院副院长
刘　畅　最高人民法院司法案例研究院规划部主任
黄　斌　国家法官学院科研部负责人
主编助理　边疆戈　国家法官学院科研部编辑
赵文轩　最高人民法院司法案例研究院规划部编辑
刘丽媛　最高人民法院司法案例研究院规划部编辑

《中国法院年度案例》编辑人员（按姓氏笔画）
刘　畅　朱建伟　朱　琳　李晓果　杨小利
罗胜华　胡　岩　赵文轩　唐世银　袁登明
曹海荣　梁　欣　程　瑛

本书编审人员　李晓果

中国法院

2021年度案例

国家法官学院
最高人民法院司法案例研究院◎编

行政纠纷

中国法制出版社
CHINA LEGAL PUBLISHING HOUSE

《中国法院年度案例》通讯编辑名单

序

党的十八大以来，以习近平同志为核心的党中央高度重视法治在推进国家治理体系和治理能力现代化中的重要作用，中央全面依法治国工作会议更是明确习近平法治思想在全面依法治国中的指导地位，为全面依法治国提供了根本遵循和行动指南。近年来，人民法院始终将加强司法案例研究作为推进全面依法治国的重要途径，通过发布具有普遍指导意义的典型案例，统一法律适用、提高审判质量，不断推进人民法院严格公正司法。《中国法院年度案例》丛书，旨在完善中国特色案例指导制度，总结提炼典型案例的裁判规则和裁判方法，发挥司法规范、指导、评价、引领的重要作用，大力弘扬社会主义核心价值观，增强全民法治意识和法治素养，展现新时代我国法治建设新成就。

《中国法院年度案例》丛书自2012年编辑出版以来，已连续出版9套，受到读者广泛好评。近年来，为更加全面地反映我国司法审判执行工作的发展进程，顺应审判执行实践需要，响应读者需求，丛书2014年度新增金融纠纷、行政纠纷、刑事案例3个分册，2015年度将刑事案例调整为刑法总则案例、刑法分则案例2个分册，2016年度新增知识产权纠纷分册，2017年度新增执行案例分册，2018年度将刑事案例扩充为4个分册。自2020年起，丛书由国家法官学院与最高人民法院司法案例研究院共同编辑，每年年初定期出版。在全国各级人民法院的大力支持下，丛书编委会现编辑出版《中国法院2021年度案例》系列丛书，共23册。

《中国法院年度案例》丛书以开放务实的态度、简洁明快的风格，在编辑中坚持以下方法，努力把案例书籍变得“好读有用”：一是高度提炼案例内容，控制案例篇幅，每个案例基本在3000字以内；二是突出争议焦点，剔除无效信息，尽可能在有限的篇幅内为读者提供有效、有益的信息；三是注重对裁判文书的再加工，大多数案例由案件的主审法官撰写“法官后语”，高度提炼、总结案例的指导价值，力求引发读者思考，为司法工作提供借鉴，为法学研究提供启迪。

《中国法院年度案例》丛书编辑工作坚持以下原则：一是广泛选编案例。国家法官学院和最高人民法院司法案例研究院每年通过各高级人民法院从全国各地法院汇集上一年度审结的典型案例近万件，使该丛书有广泛的精选基础，优中选优，可提供给读者新近发生的全国各地多种类型的典型性案例。二是方便读者检索。为体现以读者为本，丛书分卷细化，每卷下还将案例主要根据案由分类编排，每个案例用一句话概括裁判规则、裁判思路或焦点问题作为主标题，让读者一目了然，迅速找到目标案例。

中国法制出版社始终全力支持《中国法院年度案例》丛书的出版，给了作者和编辑们巨大的鼓励。2021年，丛书将继续提供数据库增值服务。购买本书，扫描前勒口二维码，即可在本年度免费查阅往年同类案例数据库。我们在此谨表谢忱，并希望通过共同努力，逐步完善，做得更好，真正探索出一条编辑案例书籍、挖掘案例价值的新路，更好地服务社会主义法治国家建设、服务法治社会建设、服务学习研究法律的读者。

《中国法院年度案例》丛书既是法官、检察官、律师等法律工作者的办案参考和司法人员培训的实用教材，也是社会大众学法用法的经典案例读本，同时是教学科研机构案例研究的良好系列素材。当然，案例作者和编辑在编写过程中也难以一步到位实现最初的编写愿望，客观上会存在各种不足甚至错误，欢迎读者批评指正。我们愿听取各方建议，不断扩宽深化司法案例研究领域，实现中国特色案例研究事业的新发展。

国家法官学院

最高人民法院司法案例研究院

2021年2月22日

目　录

Contents

一、行政不作为

二、行政确认

三、行政许可

四、行政征收

五、行政处罚

七、行政赔偿

八、行政程序

九、政府信息公开

十、其他

一、行政不作为

1

律师向不动产登记机关申请“以人查房”应否支持

——陈某、蔡某诉重庆市规划和自然资源局不履行法定职责案

【案件基本信息】

1. 裁判书字号

重庆市第五中级人民法院（2018）渝05行终604号行政判决书

2. 案由：不履行法定职责纠纷

3. 当事人

原告（被上诉人）：陈某、蔡某

被告（上诉人）：重庆市规划和自然资源局（原重庆市国土资源和房屋管理局，以下简称原重庆市土房局）

【基本案情】

陈某、蔡某系北京市大成（重庆）律师事务所律师，二人接受案外人魏某的委托，代为处理魏某与冯某民间借贷纠纷一案在审判和执行阶段的相关事宜。陈某、蔡某于2018年2月23日、2月26日，持人民法院出具的《受理案件通知书》、律师事务所介绍信、授权委托书、律师执业证，前往重庆市沙坪坝区不动产登记中心申请查询对方当事人的房产信息。重庆市沙坪坝区不动产登记中心拒绝了二人的查询申请。二人遂诉至法院，要求确认原重庆市土房局拒不履行依其申请查询他人不动产登记信息的行为违法。

【案件焦点】

代理民事诉讼的律师向不动产登记机构申请查询对方当事人的房产信息被拒绝，律师以该不动产登记机构的行政主管部门为被告提起行政诉讼的，人民法院应否予以支持。

【法院裁判要旨】

重庆市巴南区人民法院经审理认为：《中华人民共和国民事诉讼法》第六十一条规定，代理诉讼的律师和其他诉讼代理人有权调查收集证据，《中华人民共和国律师法》第三十五条第二款规定，律师自行调查取证的，凭律师执业证书和律师事务所证明，可以向有关单位或者个人调查与承办法律事务有关的情况。陈某、蔡某作为魏某的代理律师，有权进行调查收集证据，不动产登记中心应提供房屋查询服务。

重庆市巴南区人民法院依照《中华人民共和国民事诉讼法》第六十一条、《中华人民共和国律师法》第三十五条第二款作出如下判决：

确认重庆市土房局拒绝向原告陈某、蔡某提供查询不动产登记信息的行为违法。

重庆市土房局不服一审判决，提起上诉。重庆市第五中级人民法院经审理认为：第一，陈某、蔡某申请查询冯某名下所有房产的目的在于通过诉讼保全确保债权在得到判决支持后能顺利实现，不影响该案的事实认定及判决结果。第二，我国实行不动产登记资料依法查询制度，根据《中华人民共和国物权法》第十八条、《不动产登记暂行条例》第二十七条、《不动产登记暂行条例实施细则》第九十七条第四款等规定，有权申请查询、复制不动产登记资料的主体有三类，分别为权利人、利害关系人和有关国家机关。律师作为民间借贷纠纷的诉讼代理人，既不属于不动产的权利人，也不属于利害关系人，不应支持。第三，即便是权利人、利害关系人申请查询、复制不动产登记资料，其能够查询、复制的范围亦有明确限制，权利人可以查询、复制自身名下的所有不动产登记资料，利害关系人可以查询、复制的范围也限于特定不动产的自然状况、权利信息和其他事项。陈某、蔡某申请查询的是冯某名下的所有房产信息，并未指向特定不动产，属于对特定自然人名下的不动产信息进行汇总，显然不符合法律规定的查询范围。第四，当前涉及不动产查询的法律规定是在特定人群知情权与公民隐私权之间进行价值平衡后作出的合理制度安排，律师的调查取证仍需通过相应领域的规定予以实现。

重庆市第五中级人民法院根据《中华人民共和国行政诉讼法》第八十九条第一款第二项之规定，作出如下判决：

一、撤销重庆市巴南区人民法院（2018）渝0113行初79号行政判决；

二、驳回陈某、蔡某的诉讼请求。

【法官后语】

本案的核心问题是律师因民事诉讼向不动产登记机关申请“以人查房”是否应当得到司法支持，涉及公民隐私权和律师调查取证权之间的合理保护和平衡。调查取证是律师的法定权利，充分尊重和保障律师依法履职具有重要的法治意义。《中华人民共和国律师法》第三十五条第二款及《中华人民共和国民事诉讼法》第六十一条均规定了律师调查取证权，律师可以对法律事务依法进行调查取证。同时，随着国际人权法以及部分国家的宪法对隐私权的确认，隐私权逐渐被视为一种基本人权。两者之间存在较大张力，隐私权是公民的基本权利，而律师调查取证权是仅涉及诉讼当事人的权利，其决定了两者权利价值位阶不同，但是两者又不是完全对抗的关系。就当前制度设计而言，自行调查和申请有权机关调查能够充分保障律师的调查取证权。同时，保障律师调查取证权绝不意味着律师的调查取证权没有法律边界，仍然应当遵守相关法律规定的主体、程序、范围、原因等合理限制。

本案一、二审法院审理思路出现分歧，一审法院主要是立足于律师调查取证权的原则性规定，认为不动产登记机关应当为律师提供“以人查房”的服务。二审法院则从所查证据与案件事实认定和判决结果的关联性、不动产信息查询的主体范围、查询的信息范围、相关法律适用规则、律师调查取证权与公民隐私保护的平衡等方面，认为房屋信息与民间借贷案件的事实认定和裁判结果没有关联，律师并非权利人、利害关系人和有关国家机关，对相关法律规定进行综合分析，律师无权实现“以人查房”。在立法层面，各领域关于律师调查取证权的具体规定在不断健全完善，如《不动产登记资料查询暂行办法》第二十二条就规定律师受相应当事人委托，可以比委托人查询更多的不动产登记信息，以满足律师办理相关案件的诉讼需求。在司法实践层面，司法机关也不断加强律师权利保障，律师调查取证权也逐步通过多种方式得以保障，既可自行实现，也可在无法自行实现时申请律师调查令、申请法院调查取证等。但如要实现本案所主张的在诉讼阶段“以人查房”，还须从法律规定、公民隐私保护等方面谨慎考量。

律师调查取证权的核心应是案情需要，且受法律规定的程序、范围等限制，这符合法律的原则和精神。本案中，陈某、蔡某作为民事诉讼代理人，申请查询所涉案件对方当事人名下所有房产，其目的系执行的顺利进行，与案件事实本身并无任何关联，不影响该案的事实认定及判决结果，并不满足案情需要的关键要求，也不符合权利人、利害关系人和有关国家机关之一的查询主体要求，“以人查房”也并非指向特定的不动产信息，远远超出了法律规定的合理查询范围，会对公民隐私造成极大冲击，难以得到法律支持。在后续的立法和司法实践中，需要对此进行更加深入的关注和调研，以期能够在律师调查取证权和公民隐私权方之间寻求最佳平衡点。

编写人：重庆市第五中级人民法院　乐巍　徐良

2

超过法定退休年龄不符合办理首次参加社会保险登记手续的条件

——张某诉宜兴市社会保险基金管理中心不履行法定职责案

【案件基本信息】

1. 裁判书字号

江苏省无锡市中级人民法院（2019）苏02行终74号行政判决书

2. 案由：不履行法定职责纠纷

3. 当事人

原告（上诉人）：张某

被告（被上诉人）：宜兴市社会保险基金管理中心（以下简称宜兴社保中心）

【基本案情】

张某于1956年12月4日出生，自2001年6月起在宜兴市金鱼陶瓷有限公司（以下简称金鱼公司）工作，金鱼公司未为其办理社会保险。2016年2月6日，张某向宜兴市人力资源和社会保障局（以下简称宜兴人社局）监察大队投诉，反映金鱼公司未为其缴纳社会保险费。监察大队经调查，于2016年4月26日向金鱼公司作出了宜人社察令字［2016］第31号劳动保障监察限期改正指令书，责令金鱼公司在2016年5月10日前到社会保险经办机构为张某申请办理社会保险登记手续，并按规定缴纳社会保险费（具体补缴时限和金额由社会保险经办机构审定，社会保险费个人应缴纳部分由张某个人承担）。同年5月8日，金鱼公司书面通知张某于5月9日上午9时，到宜兴人社局与公司一起办理社会保险登记手续并按规定缴纳社会保险费，逾期责任由张某个人自负。因张某对补缴时限有异议，补缴手续未办成。

2017年4月，张某向法院提起民事诉讼，要求金鱼公司赔偿其社会养老保险待遇损失，从2016年1月起，每月支付其养老金2000元。法院经审理认为，金鱼公司未为张某办理社保手续，但张某的社会保险事宜已经由相关行政机关处理，且是可以补办的，只是对补缴时限存在争议，故不属于劳动争议案件的受理范围，裁定驳回起诉。

2017年9月15日，张某向宜兴人社局提出请求履行法定职责申请书，要求宜兴人社局在收到该申请之日起30个工作日内完成为申请人办理社会保险补办事宜。宜兴人社局认为该申请事项属社保中心的职责，故将该申请转宜兴社保中心处理。宜兴社保中心于2017年10月17日告知张某："对照你提供的相关资料，我们进行了初步审核，根据《〈江苏省企业职工基本养老保险规定〉实施意见》，现你已超过法定退休年龄，不符合办理条件。"张某不服该答复，向法院提起行政诉讼。

【案件焦点】

宜兴社保中心针对张某提出的履职申请所作的告知书是否合法。

【法院裁判要旨】

江苏省宜兴市人民法院经审理认为：《中华人民共和国社会保险法》第八条规定，社会保险经办机构提供社会保险服务，负责社会保险登记、个人权益记录、社会保险待遇支付等工作。宜兴社保中心承担本市社会保险基金的登记、征缴、审核、支付和管理等职责。《〈江苏省企业职工基本养老保险规定〉实施意见》第二条第三款规定，参保人员首次参加企业职工基本养老保险年龄不超过国家和省规定的退休年龄。本案中，张某于 2016 年 2 月 26 日向宜兴人社局劳动监察大队投诉金鱼公司未在其工作期间缴纳社会保险费，监察大队即立案调查，并责令金鱼公司于 2016 年 5 月 10 日前到社会保险经办机构为张某申请办理社会保险登记手续并按规定缴纳社会保险费，在办理过程中，因张某对补缴的时限有异议，社会保险登记手续未办成。2017 年 9 月，张某要求依法为其补办养老保险事宜，因张某于 2016 年 12 月 4 日已达法定退休年龄，宜兴社保中心告知张某提出申请时已超过法定退休年龄，不符合办理条件的答复并无不当。张某要求确认宜兴社保中心不予办理社会保险行为违法，并责令社保中心采取补救措施的主张，没有事实和法律依据。

江苏省宜兴市人民法院依据《中华人民共和国行政诉讼法》第六十九条之规定，判决如下：

驳回张某的诉讼请求。

二审法院同意一审法院裁判意见。

【法官后语】

社保一直是缓解我国社会养老负担的重要手段，随着我国经济社会的发展，老龄化程度的增加，社保的功能定位更加突出。对于达到退休年龄以后是否还能首次参加社保养老保险，根据《中华人民共和国社会保险法》第十六条“参加基本养老保险的个人，达到法定退休年龄时累计缴费满十五年的，按月领取基本养老金。参加基本养老保险的个人，达到法定退休年龄时累计缴费不足十五年的，可以缴费至满十五年”的规定，可以得知首次参保必须在法定退休年龄之前。《〈江苏省企业职工基本养老保险规定〉实施意见》第二条第三款也规定，参保人员首次参加企业职工基本养老保险年龄不超过国家和省规定的退休年龄。

本案中，张某与金鱼公司自 2001 年 6 月起存在劳动关系，且宜兴人社局于 2016 年 4 月 26 日作出劳动保障监察限期改正指令书，要求用人单位在 2016 年 5 月 10 日前为张某办理社保手续，2016 年 5 月 8 日，金鱼公司书面通知张某次日上午 9 时一同前往宜兴人社局办理社会保险登记手续并按规定缴纳社会保险费，逾期责任由张某个人自负。2016 年 5 月 9 日，在社保办理过程中，由于劳动者张某对于缴费年限和基数有异议，并未在法定退休年龄前完成社会保险补交工作，因此对于其超过法定退休年龄而未参保的事实，劳动者张某是有责任的。

从本案来看，张某在其主张权利之初是可以补办社保的，后来是其因自身的原因导致补办并未成功。这时，张某要求宜兴社保中心履职，宜兴社保中心于 2017 年 10 月 17 日告知其已超过法定退休年龄，不符合办理条件，应认定宜兴社保中心的履职并无不当。

劳动者应当及时关注自身社保缴纳信息，如遇到用人单位在用工期间没有为其办理社保手续或者没有按时足额缴纳社保费用，劳动者应及时寻求法律救济，向社保经办机构等相关部门进行投诉举报，依法及时维护自身合法权益，避免由于自身原因导致无法办理社保手续，影响自己的切身权益。

编写人：江苏省宜兴市人民法院　汪姝邑　叶棋刚

3

村民会议讨论同意撤销村民委员会建制的形式

——范某诉北京市海淀区温泉镇人民政府、北京市海淀区人民政府不履行法定职责案

【案件基本信息】

1. 裁判书字号

北京市第一中级人民法院（2019）京 01 行终 1001 号行政判决书

2. 案由：不履行法定职责纠纷

3. 当事人

原告（上诉人）：范某

被告（被上诉人）：北京市海淀区温泉镇人民政府（以下简称温泉镇政府）、北京市海淀区人民政府（以下简称海淀区政府）

【基本案情】

2018年12月10日，范某向温泉镇政府邮寄提交《履行法定职责申请书》，要求："1. 依法对温泉镇杨家庄村民委员会在温泉镇杨家庄村关于撤销村民委员会建制工作过程中存在的违法行为进行查处；2. 依法将受理情况、处理结果以邮寄方式书面送达申请人。"温泉镇政府通过调取杨家庄村撤销村民委员会建制工作方案、杨家庄村（股份）经济合作社第二届股东（村民）代表大会2018年九次会议决议及会议纪要、杨家庄村关于撤销村民委员会建制征求意见及表决结果的公告、关于撤销杨家庄村委会建制的情况说明等材料，于2019年1月11日作出第32号答复书，告知范某："经查，未发现杨家庄村民委员会在杨家庄村关于撤销村民委员会建制工作过程中存在违法行为"。范某不服上述答复，于2019年1月24日向海淀区政府提起行政复议。同年1月25日，海淀区政府作出行政复议答复通知书，并于同年1月28日向温泉镇政府送达。同年2月2日，温泉镇政府作出答复书并提交相关证据材料。2019年3月19日，海淀区政府作出被诉复议决定书，决定维持温泉镇政府作出的第32号答复书，并分别向温泉镇政府、范某进行了送达。范某仍不服，向法院提起行政诉讼。

【案件焦点】

经村民代表会议讨论通过，以入户形式征求村民对撤销村委会建制的意见，是否符合村民委员会组织法第三条第二款"经村民会议讨论同意"规定的程序要求。

【法院裁判要旨】

北京市海淀区人民法院经审理认为：村民委员会组织法第三条第二款规定，村民委员会的设立、撤销、范围调整，由乡、民族乡、镇的人民政府提出，经村民会议讨论同意，报县级人民政府批准。该法第二十七条第三款规定，村民自治章程、村规民约以及村民会议或者村民代表会议的决定违反前款规定的，由乡、民族乡、镇的人民政府责令改正。温泉镇政府依法具有监督其辖区内村民会议或者村民代表会议的决定的法定职责。因此，对于范某的申请，温泉镇政府应依法作出处理。本案中，温泉镇政府收到范某于2018年12月10日提交的《履行法定职责申请书》后，调取了杨家庄村撤销村民委员会建制工作方案、杨家庄村（股份）经济合作社第二届股东（村民）代表大会2018年九次会议决议及会议纪要、杨家庄村关于撤销村民委员会建制征求意见及表决结果的公告、关于撤销杨家庄村委会建制的情况说明等材料，经核查，未发现范某所述的违法行为，遂于2019年1月11日作出第32号答复书，将相关处理情况书面告知范某。该第32号答复书认定事实清楚，程序合法，并无不当。同时，海淀区政府收到范某的行政复议申请后，依法履行了受理、作出并送达被诉复议决定书等程序，认定事实清楚，程序亦无不当。对于范某的主张，法院不予支持。

北京市海淀区人民法院依照《中华人民共和国行政诉讼法》第六十九条、第七十九条之规定，作出如下判决：

驳回范某的全部诉讼请求。

范某不服一审判决，提起上诉。北京市第一中级人民法院经审理认为：村民委员会组织法第三条第二款规定，村民委员会的设立、撤销、范围调整，由乡、民族乡、镇的人民政府提出，经村民会议讨论同意，报县级人民政府批准。该法第二十七条第三款规定，村民自治章程、村规民约以及村民会议或者村民代表会议的决定违反前款规定的，由乡、民族乡、镇的人民政府责令改正。温泉镇政府依法具有监督其辖区内村民会议或者村民代表会议的决定的法定职责。因此，对于范某的申请，温泉镇政府应依法作出处理。本案中，温泉镇政府收到范某于2018年12月10日提交的《履行法定职责申请书》后，依法对范某提出的杨家庄村村民委员会建制撤销问题进行了调查，经调查后的结果并不与2018年8月30日《中共北京市海淀区温泉镇委员会关于印发〈温泉镇关于撤销部分村民委员会建制的工作方案〉的通知》（海温发〔2018〕34号）中的相关要求存在不符的情况。温泉镇政府据此作出第32号答复书认定事实清楚，符合撤村工作实际，并无不当。海淀区政府依法履行了受理复议申请、作出并送达被诉复议决定书等程序，该决定书认定事实清楚，程序合法，结论亦无不当。

北京市第一中级人民法院依照《中华人民共和国行政诉讼法》第八十九条第一款第一项之规定，作出如下判决：

驳回上诉，维持一审判决。

【法官后语】

随着城市化进程的发展，农村集体土地因征地、拆迁等，出现了越来越多的

“城中村”。当农民不再从事劳动，不再以农产品收入为来源时，就面临着转轨变型问题。关于村民委员会的撤销程序，村民委员会组织法第三条第二款有明确规定：村民委员会的设立、撤销、范围调整，由乡、民族乡、镇的人民政府提出，经村民会议讨论同意，报县级人民政府批准。也就是说，经过全体村民会议讨论同意是必经的程序之一。本案中，原告范某作为杨家庄村的村民，认为杨家庄村委会的撤销并未经过村民会议讨论同意这一程序，入户调查不能取代村民会议。被告温泉镇政府认为，在召开村民会议存在困难的情况下，入户调查签字的方式可以代表村民真实的意思表示，符合村民委员会组织法规定的程序。对此，笔者认为，对于村民委员会组织法所规定的“经村民会议讨论同意”应从结果上来理解，而不应仅从形式上来理解。

从形式上看，传统的村民会议可以说是最原始的会议形式，即将所有符合条件的村民召集到一处，大家当面进行讨论，然后表决是否同意撤销村民委员会。但是随着社会的发展和人员流动性增加，村民外出打工或者不在本村居住的情况不在少数，甚至有些农村只有“留守儿童”和“留守老人”，青壮年基本都外出打工了，只有逢年过节才会回到农村，甚至可能多年不回。村民委员会组织法第二十四条以列举的方式规定了涉及村民利益须经村民会议讨论决定方可办理的事项。凡是涉及必须由村民会议讨论的事项，就必须将符合条件的村民一一召回召开会议，难度之大可想而知，几乎不可能实现。

但是，如果从结果意义上来理解“经村民会议讨论同意”就容易实现得多。形式可以多样，如本案针对在村居住村民采用入户调查的方式就是形式之一，而针对外出打工等长期不在村内居住或者短时间无法回村的村民，可以采用电话、微信视频等方式征求村民的意见，并做好记录，保留好相关材料。只要结果上做到了征求村民意见，就可以视为经过了村民会议讨论。也正是从这个意义上理解，法院经审理认为杨家庄村委会以入户调查的方式征求了本村18周岁及以上的具有本村农业户籍及因征地或整建制农转非人员的意见，征求意见比例为96.5%，其中同意撤销村委会建制的占81.0%，符合规定。故对于范某要求对杨家庄村民委员会在撤销村民委员会建制工作过程中存在的违法行为进行查处的请求，法院不予支持。

编写人：北京市门头沟区人民法院　马冬梅

4

不动产权利人查询、复制不动产登记资料的范围限于其本人当次登记相关的资料

——何某诉南京市规划和自然资源局不履行法定职责案

【案件基本信息】

1. 裁判书字号

江苏省南京市中级人民法院（2019）苏01行终339号行政判决书

2. 案由：不履行法定职责纠纷

3. 当事人

原告（上诉人）：何某

被告（被上诉人）：南京市规划和自然资源局（以下简称南京规资局）

【基本案情】

2008年6月，何某通过买受取得位于南京市浦口区江浦街道某小区房屋三处，幢号分别为008、009和010，并于同年6月11日分别领取了三处房屋所有权证书，共有权人均为刘某。根据房屋所有权证书记载，幢号为008的房屋结构为砖木、建筑面积为261.70平方米、设计用途为仓库；幢号为009的房屋结构为砖木、建筑面积为128.15平方米、设计用途为仓库；幢号为010的房屋结构为砖木、建筑面积为106.50平方米、设计用途为其他。2018年8月8日，何某至浦口分局不动产登记中心处提出不动产登记资料查询申请并附幢号为010的房屋所有权证书、身份证等材料，要求查询和复制不动产登记资料。浦口分局工作人员于当日向何某提供幢号为010的房屋于2008年6月交易的权属登记申请书、存量房买卖合同、销售不动产统一发票办证联、契税完税凭证等资料。何某当场向浦口分局内设科室提出异议，浦口分局工作人员答复其仅能查询买受后的不动产登记资料。何某于2018

年8月15日向浦口分局寄递不动产登记资料查询申请书，浦口分局工作人员电话告知何某应当按照规定进行查询，并解释了相关查询规定。2018年11月13日，何某提起本案行政诉讼。

【案件焦点】

何某向南京规资局申请查询在购得涉案房屋之前的所有不动产登记资料是否应予准许。

【法院裁判要旨】

江苏省南京铁路运输法院经审理认为：通过对法律解释方法的运用，可以得知《不动产登记资料查询暂行办法》第十四条、第十六条第一款中的“不动产登记结果”均应指与权利人或利害关系人有关的个别登记结果，而非所有登记结果。基于同样的理由，第十四条中的“本不动产登记结果”，亦应指向个别登记结果，而非所有。“本不动产登记原始资料”与之对应。涉案房屋的“不动产登记簿上记载的权利人”显然不止何某一人，若何某有权查询该不动产的所有登记结果和登记原始资料，则该不动产的任意“不动产登记簿上记载的权利人”均有相同的权利。这意味着，只要某人曾经是某不动产的初始登记、抵押登记、变更登记、转移登记甚至异议登记、预告登记的“不动产登记簿上记载的权利人”，无论该不动产物权此后转移过多少手，均有权查询复制所有后手的不动产登记资料。这一结论显然有违常理。《不动产登记暂行条例》第四条第二款规定，不动产登记遵循严格管理原则。第三十二条规定，泄露不动产登记资料、登记信息应当承担法律责任。《不动产登记资料查询暂行办法》第一条规定的立法目的为“规范不动产登记资料查询活动，加强不动产登记资料管理、保护和利用，维护不动产交易安全，保护不动产权利人的合法权益”。第三十条规定，泄露不动产登记资料、登记信息的应当承担法律责任。可见，不动产登记资料不同于一般的政府信息，不动产登记资料的查询和获取应当得到严格管理，以保护所有的不动产权利人。本案中，何某对涉案房屋的权利始于2008年6月，其要求查询此前的不动产登记资料不符合《不动产登记暂行条例》和《不动产登记资料查询暂行办法》的立法目的。

综上，江苏省南京铁路运输法院依照《中华人民共和国行政诉讼法》第六十九条之规定，判决如下：

驳回原告何某的诉讼请求。

何某不服，提起上诉。江苏省南京市中级人民法院经审理认为：不动产权利人和利害关系人可以查询本不动产登记资料。何某于2008年6月购得涉案房屋，作为涉案房屋的权利人，何某可以查询2008年6月之后涉案房屋的登记结果和登记原始资料。但在2008年6月之前，何某并非涉案房屋权利人或利害关系人，无权查询2008年6月之前的涉案房屋登记资料。而且，买受后的权利人查询买受前的不动产原始登记资料必然涉及买受前权利人的个人隐私。

综上，江苏省南京市中级人民法院依照《中华人民共和国行政诉讼法》第八十九条第一款第一项的规定，判决如下：

驳回上诉，维持原判。

【法官后语】

不动产权利人可依法查询、复制不动产登记资料，当无疑义。实践中较有争议的是不动产权利人有权查询、复制哪些不动产登记资料，是否包括前手交易形成的不动产登记资料。《中华人民共和国民法典》和《不动产登记暂行条例》规定了权利人可以依法查询、复制不动产登记资料，但没有对查询范围作出明确规定。《不动产登记资料查询暂行办法》第十四条规定："不动产登记簿上记载的权利人可以查询本不动产登记结果和本不动产登记原始资料。"据此，原告认为其可以查询"本不动产"的全部不动产登记资料，而被告认为查询范围应限于2018年6月后与登记相关的不动产资料。两种理解均在文义的合理射程之内，需要运用其他解释方法弥补文义解释的不足。

首先，对于"本不动产登记"中的"本"修饰的是"不动产"还是"登记"，可以结合立法技术探究立法者的本意。如果该规定是指权利人可以查询该不动产全部原始登记资料和登记结果，完全可以简化为"可以查询不动产登记资料"，至于何为不动产登记资料，《不动产登记资料查询暂行办法》第二条已有规定。此外，用"本"修饰不动产也缺乏实质意义，按照一般人的理解，不会认为自己的权利范围可以涵盖他人的不动产。《不动产登记资料查询暂行办法》第十四条放弃看似更简洁的表述，反而两次强调"本不动产登记"，是基于功能上的考量，即强调原始登记资料和登记结果均限于个别登记。

其次，同一不动产可能存在多个权利人，权利范围有明显差异，查询范围应与权利范围相适应。不动产登记包括初始登记、抵押登记、变更登记、转移登记、异议登记、预告登记等，不同的登记会产生不同的权利人。同一种权利还可能发生多次变动，产生不同阶段的原始资料和登记结果。原告虽于2018年6月取得涉案房屋所有权，但对于此前的不动产交易而言，并非处于权利人地位。如果不考虑权利类型和权利存续期间，就会得出只要曾经是某不动产的初始登记、抵押登记、变更登记、转移登记甚至异议登记、预告登记的“不动产登记簿上记载的权利人”，均有权查询复制所有不动产登记资料的结论，显然有违常理。

最后，不动产登记资料查询应平衡物权公示与个人信息保护的关系。无论是《中华人民共和国民法典》第二百一十七条确立的登记公示公信、权利正确性推定原则，还是《不动产登记暂行条例》《不动产登记资料查询暂行办法》等规定的泄露不动产登记资料应当承担法律责任，都体现了兼顾交易安全与个人信息保护的立法目的。具体而言，不动产登记结果是确定物权归属与内容的依据，是物权公示的主要载体，涉及个人隐私、商业秘密的内容较少；而原始资料中的身份材料、交易合同等，则主要涉及身份信息、交易信息等个人隐私、商业秘密，公示物权的功能较弱。允许权利人查询全部不动产登记资料，容易导致利益失衡。从域外立法来看，即使采取完全公开模式的国家，查询范围一般也排除原始资料。本案中，原、被告的主要分歧就在于原告能否查询前手交易的原始资料，从《不动产登记暂行条例》和《不动产登记资料查询暂行办法》的立法目的考虑，原告的主张难以得到支持。

编写人：江苏省南京江北新区人民法院　夏文浩　邢黎

5

行政机关在行政相对人被刑事立案后应当继续全面依法履行行政监管职责

——松滋市人民检察院诉松滋市市场监督管理局不依法履行食品药品安全行政管理法定职责案

【案件基本信息】

1. 裁判书字号

湖北省松滋市人民法院（2019）鄂1087行初25号行政判决书

2. 案由：不依法履行食品药品安全行政管理法定职责纠纷

3. 当事人

公益诉讼起诉人：松滋市人民检察院

被告：松滋市市场监督管理局

【基本案情】

黄某在松滋市刘家场镇投资设立松滋市刘家场东方药店，进行中成药、中药饮片、抗生素制剂等销售。该店取得了《药品经营许可证》等证书。

2018年7月19日，松滋市公安局在进行执法检查时，在黄某租住房内设置的药品储存仓库货架上查获130盒阿司匹林肠溶片（拜阿司匹灵©）。黄某不能提供该批次药品的随货同行单。7月23日，松滋市公安局对黄某销售假药案立案侦查。7月27日，松滋市市场监督管理局对该药店涉嫌销售假药立案调查。后经鉴定，该130盒阿司匹林肠溶片（拜阿司匹灵©）按假药论处。10月19日，松滋市市场监督管理局对松滋市刘家场东方药店涉嫌销售假药案调查终结，但认为案件已经由司法机关立案，按照药品行政执法与刑事司法衔接的相关规定，应由司法机关作出处理后才能进行行政处罚，故未作出处理决定。

2019年4月4日，松滋市人民检察院向松滋市市场监督管理局发出《检察建议书》，建议被告依法履行监督管理职责。

2019年5月6日，黄某向松滋市市场监督管理局申请办理松滋市刘家场东方药店营业执照注销手续，随后被核准注销登记。

【案件焦点】

1. 行政相对人被刑事立案后，行政机关是否存在移送管辖权、能否继续履行监管职责；2. 行政相对人注销后，行政机关能否继续履行监督管理职责。

【法院裁判要旨】

湖北省松滋市人民法院经审理认为：1. 行政机关并不会与司法机关发生行政管辖权冲突，亦不会将行政管辖权移送司法机关。行政职权与职责是法定的，即使行政相对人的行为涉嫌犯罪被刑事立案，也不能消除其应当接受行政监管的义务，亦不能消除行政机关对其实施行政监管的职责。根据《食品药品行政执法与刑事司法衔接工作办法》的精神，在司法机关对行政相对人刑事立案后，行政机关仍应当依法实施行政监管，并可以依法作出行政处罚，且不停止执行。故松滋市市场监督管理局在松滋市刘家场东方药店被松滋市公安局立案侦查后仍应当履行行政监管职责。

2. 药品管理法对药品经营者有从业限制性规定，也明确了对于单位从事药品违法行为的不仅要追究单位的责任，还要追究直接负责的主管人员和其他直接责任人员责任。虽然松滋市刘家场东方药店营业执照已经注销，但其违法行为的后果并未消除，对其持有的尚在有效期内的相关药品经营证书未进行处理，对其责任人黄某亦未进行处理，导致该药品违法行为没有得到全面纠正，国家和社会公共利益受侵害的状态仍在持续。

湖北省松滋市人民法院依照《中华人民共和国行政诉讼法》第七十二条、《最高人民法院、最高人民检察院关于检察公益诉讼案件适用法律若干问题的解释》第二十五条第一款第三项之规定，作出如下判决：

松滋市市场监督管理局依照《中华人民共和国药品管理法》① 等规定全面正确

① 本案依照《中华人民共和国药品管理法》（2015年4月24日修正）审理，该法于2019年8月26日进行第二次修订，并于2019年12月1日起施行。

履行监督管理法定职责。

【法官后语】

药品安全关系人民群众的身体健康和生命安全，属于公共利益。在大力整治药品违法行为，切实保障人民群众切身利益的大背景下，国务院关于药品安全提出了“最严谨的标准、最严格的监管、最严厉的处罚、最严肃的问责”的要求，为我们今后依法打击药品违法行为、维护药品安全指明了方向。

在社会生活管理过程中，行政机关与司法机关分别依照行政法律法规和刑事法律法规履行职能，共同形成了公权力监管的有机统一体。二者互相配合、互相补充，一般不存在冲突。行政机关在办理行政案件过程中发现涉嫌违法的应当将案件移送司法机关，但移送的是案件线索而不应当是行政管辖权，行政机关的行政程序与司法机关的司法程序可以并行。按照行政处罚“一事不再罚”理论，只是对于可能与刑事处罚中财产刑和自由刑发生折抵的罚没和行政拘留应当暂停作出，对于其他不会与刑事处罚发生折抵的行政处罚则应当继续依法作出并不停止执行。在实践中，行政机关依照《食品药品行政执法与刑事司法衔接工作办法》规定，将行政案件移交司法机关后就以等待司法机关处理结果为由而停止行政处罚程序的现象屡见不鲜，这实际上是对行政权与司法权关系错误理解而造成的一种消极的“等待执法”。

行政机关对行业的行政监管职责是全面和具体的。市场监督管理局不仅对违法行为有进行行政处罚的职责，还应当进行药品安全宣传教育、开展药品安全法律普及、对经营企业和个人进行表彰奖励等，监督和引导所管辖对象正确依法参与社会生活。本案虽然是由松滋市刘家场东方药店销售假药引起，但随之也暴露出市场监督管理局的行政管辖区域内药品采购、流通、储存等领域存在相关问题。因此，松滋市市场监督管理局依照药品管理法全面履行药品安全行政管理职责不仅是要对松滋市刘家场东方药店的已查明的违法行为依法作出处理，还要对暴露出来的相关领域的问题进行全面的清查整改，坚决杜绝类似违法案件的发生，对于系统性典型性的违法行为要建立健全监督机制，促进药品领域良性运行。

药品违法行为社会危害大，应当坚决依法予以打击。2019 年新修订的药品管理法回应了人民群众对药品安全的呼声，全面贯彻了“四个最严”要求，也落实了

"药品违法行为处罚到人"的规定。对药品安全违法行为的处罚，不仅包括没收违法所得、罚款等财产罚，还包括依法实施禁业限制等行为罚以及人身罚。随着行政机关机构改革，工商行政登记职能亦由市场监督管理部门行使。在行使药品安全监管与药品经营企业工商登记双重行政职责的情形之下，市场监督管理部门应当把好药品经营企业登记与注销的关口，既不能让存在禁业限制的个人违反规定进入药品行业，也不能让存在违法行为的药品经营企业通过注销营业执照的方式逃避责任。

编写人：湖北省松滋市人民法院　邓姣华

6

教育行政部门是否延迟履行协调监督职责的认定

——吕甲、吕乙诉苏州高新区（虎丘区）教育局、苏州市虎丘区人民政府不履行教育管理法定职责案

【案件基本信息】

1. 裁判书字号

江苏省苏州市中级人民法院（2019）苏05行终528号行政判决书

2. 案由：不履行教育管理法定职责纠纷

3. 当事人

原告（上诉人）：吕甲、吕乙

被告（被上诉人）：苏州高新区（虎丘区）教育局（以下简称新区教育局）、苏州市虎丘区人民政府（以下简称虎丘区政府）

【基本案情】

吕甲与吕乙系父女关系。2018年5月，吕乙的父母将吕乙的新生入学材料递交至新区甲小学，但被告知根据《2018年地段生认定办法》"登记的合法固定住所五年内认定一名地段生"的规定，吕乙登记住所的学区名额已被占用，需由新区教育局统筹安排。2018年8月17日，苏州高新区（虎丘区）狮山街道办事处（以下简

称狮山街道）电话通知吕乙的父母商谈入学问题，后当场告知按照相对就近原则，将安排吕乙至户籍地附近的新区乙小学或新区丙小学，吕乙的父母未作选择或认可。此后，吕乙的父母多次向新区教育局及狮山街道等部门反映，要求将吕乙安排至离家最近的新区甲小学就读。2018 年 9 月 3 日（全市小学开学日），吕乙的父母向狮山街道询问统筹结果，街道通知面谈，但二人均未到场。同年 9 月 14 日，因吕乙仍未入学，新区教育局及狮山街道与其父母面谈，最终确定将吕乙统筹安排至新区丁小学。9 月 17 日，吕乙至该学校一（1）班报到并就读。2018 年 9 月 14 日，吕甲及吕乙以新区教育局存在行政不作为为由，向虎丘区政府申请行政复议，要求新区教育局安排吕乙至新区甲小学入学，并要求对苏州市教育局制定的《2018 年地段生认定办法》进行合法性审查。虎丘区政府受理后，将文件转送有权机关处理，苏州市人民政府复函认为，《2018 年地段生认定办法》的制定主体、程序及内容合法。2018 年 12 月 29 日，虎丘区政府驳回吕甲、吕乙的行政复议申请。吕甲方仍不服，认为新区教育局迟延安排吕乙入学构成行政不作为，提起行政诉讼。

【案件焦点】

1. 新区教育局对吕乙的入学是否履行了教育部门法定职责；2. 虎丘区政府所作复议维持决定是否合法。

【法院裁判要旨】

江苏省苏州市姑苏区人民法院经审理认为：根据《中华人民共和国义务教育法》第五条、第七条第二款、第十二条第一款以及《江苏省义务教育实施办法》第九条第二款的规定，新区教育局作为县级教育行政部门，对辖区内小学入学工作负有统筹协调、指导监督以保障适龄儿童接受义务教育的职责。吕乙因其户籍所在的新区甲小学学区名额被占用而未被该校接受入学，新区教育局最终确定将其安排至户籍地附近的新区丁小学。吕乙就近入学、接受义务教育的权利得以保障，新区教育局并不存在不履职的不作为情形。吕甲认为，吕乙直至 9 月 17 日方报到入学，新区教育局构成迟延履职。一方面，教育行政部门对入学工作的统筹协调及指导监督职责本身并不等同于负责每一名儿童就读何所学校等具体事宜，且新区教育局对吕乙的入学问题已予统筹并通过街道进行了告知；另一方面，吕乙的父母作为监护人，负有保证适龄儿童按时入学的法律义务，但因其坚持要求就读新区甲小学而在开学前及开学当日均未能与街道等部门就统筹问题进行商谈，导致前期有效沟通及统筹工作受阻，故吕甲认为新区教育局迟延履职的观点，不予采纳。关于《2018年地段生认定办法》的合法性问题，因本案诉争的是新区教育局未及时安排吕乙入学是否构成迟延履职问题，而非对吕乙是否属于新区甲小学地段生的认定问题，且诉讼中，吕甲对新区教育局统筹安排的学校也未提出异议，其在庭审中提出的规范性文件附带审查申请，不属于《中华人民共和国行政诉讼法》第五十三条规定的申请法院对行政行为所依据的规范性文件一并进行审查的范畴。

综上，江苏省苏州市姑苏区人民法院依照《中华人民共和国行政诉讼法》第六十九条之规定，判决如下：

驳回原告吕甲、吕乙的诉讼请求。

二审法院同意一审法院裁判意见。

【法官后语】

关于当事人行政复议申请与行政诉讼请求不一致时，复议机关是否为共同被告问题。本案中，吕甲方申请行政复议时的请求有三项：一是要求新区教育局安排吕乙就近至新区甲小学入学；二是对新区教育局不作为、侵害公民受教育权的行为依法追究相关主管人员和其他责任人的法律责任；三是要求对苏州市教育局制定的《2018年地段生认定办法》进行合法性审查。在诉讼过程中，当事人的诉请系要求法院确认新区教育局迟延安排吕乙入学的行政不作为构成违法。从诉讼类型和裁判方式上看，当事人行政复议申请的是履行法定职责之诉，诉讼中为确认违法之诉，两者涉及的事件内容虽一致，但诉讼标的并不相同，前者针对的是安排具体就读学校行为，后者针对的是迟延安排就读学校行为。根据《中华人民共和国行政诉讼法》第七十四条的规定，确认违法判决其实可以成为许多判决的基础，撤销判决、履行判决、给付判决等都隐含了一个确认违法判决。确认违法判决可以单独成立，也可以被后续判决所吸收，如作出撤销判决时，就不需要单独作出一个确认违法判决了。同理，确认违法判决也可以被履行判决、给付判决等判决类型所吸收。鉴于本案行政复议过程中同时审查了吕乙是否符合地段生条件以及新区教育局有无行政不作为，并最终以驳回行政复议申请的方式结案，同时结合确认违法判决的基础性和可吸收性，虽当事人在行政诉讼中的请求类型与行政复议不一致，但两者仍有包含和吸收关系，本案将复议机关作为共同被告予以审查。

关于教育行政机关对适龄儿童入学工作的职责范围及内容。《中华人民共和国义务教育法》《江苏省义务教育实施办法》对教育行政机关、其他机关及人员在义务教育方面的责任和义务，规定得都比较原则和宏观。教育行政部门主要职责在于对义务教育工作的指导、监督，如保障适龄儿童接受义务教育、对施教区的划分等，但每一名儿童具体就读何所学校并非上述义务范畴。当然，在适龄儿童正常入学存在困难的时候，教育行政机关有义务负责协调、统筹，保障其受教育权的实现。需要指出的是，对接受义务教育权的保障不光是教育行政部门的事情，适龄儿童的监护人及其所在地相关政府部门均有责任，这应该成为一项系统的社会工程。

关于规范性文件附带审查，一般针对的是行政作为类诉讼，当事人在对行政行为提起诉讼时可以一并请求法院对行政机关所依据的规范性文件进行审查。在类似本案要求确认行政不作为的确认违法之诉，或者行政机关并未援引相关文件作为行为依据的情形下，附带审查的诉请与行政诉讼法及司法解释的规定并不相符，不应被纳入审查范围。

编写人：江苏省苏州市姑苏区人民法院　许林华

7

行政备案审查权限的认定标准

——卡友公司诉江苏省商务厅不履行备案法定职责案

【案件基本信息】

1. 裁判书字号

江苏省高级人民法院（2019）苏行终963号行政裁定书

2. 案由：不履行备案法定职责纠纷

3. 当事人

原告（被上诉人）：卡友公司

被告（上诉人）：江苏省商务厅（以下简称省商务厅）

【基本案情】

卡友公司于2018年1月12日取得南通市港闸区行政审批局颁发的营业执照。营业执照载明该公司法定代表人为王某，成立日期为2018年1月3日，经营范围一栏为："市场设施租赁、市场内管理服务；二手车销售。（开设店铺的应当符合所在地城市发展及城市商业发展有关规定，依法须经批准的项目，经相关部门批准后方可开展经营活动）。"

2018年3月13日，卡友公司向南通市商务局提交了备案申请书、二手车交易市场信息备案登记表、营业执照、房屋租赁合同、住所（经营场所）权属证明、法定代表人身份证等材料，要求根据《二手车流通管理办法》相关规定进行二手车交易市场经营者备案。在书面申请中卡友公司称其派专人去省商务厅领取了备案登记表，根据省商务厅要求，须由地方商务局报送省商务厅。南通市商务局收到材料后转交南通市港闸区商务局进行初审。2018年4月4日，南通市港闸区商务局作出初审意见，以卡友公司无明确经营场地、该地块不符合城市发展及城市商业发展规划为由，建议对卡友公司的备案申请不予受理。2018年6月4日，卡友公司补充提交了场地租赁合同等材料，南通市商务局于同日作出初审意见，以卡友公司不符合备案条件为由，建议省商务厅不予备案，并于2018年6月6日在备案工作资料审核表上出具"建议不予备案"的审核意见。后南通市商务局将卡友公司相关备案材料上报省商务厅，省商务厅于2018年6月7日收到。2018年7月，卡友公司的法定代表人王某两次到省商务厅询问备案事宜，省商务厅将不予备案的结论和查询方法告知王某。2018年8月7日，省商务厅向王某作出《省商务厅关于答复南通市王某信访事项的函》（苏商办函〔2018〕492号，以下简称492号函），将不予备案的结论、理由、依据及查询方法书面告知了王某。卡友公司不服，提起本案诉讼，请求：1. 确认被告不对原告予以备案的行政行为违法，依法撤销492号函；2. 要求被告依法对原告予以备案。

【案件焦点】

1. 省商务厅对卡友公司备案申请作出不予备案决定是否合法；2. 卡友公司请求予以备案的诉讼请求能否成立及本案应当采取怎样的裁判方式。

【法院裁判要旨】

江苏省南京市中级人民法院经审理认为：《二手车流通管理办法》第三十条规定了备案制度，但未对备案环节的审查权限和范围作明确规定，这是引发本案行政争议的根本原因。本案中，省商务厅对原告备案申请作出拒绝性决定，实际上是认定原告不符合二手车交易市场的实质性设立条件。

首先，省商务厅在备案环节所作审查缺乏法律、法规、规章的明确授权。从《二手车流通管理办法》的立法体系来看，设立程序和备案程序互相独立，在设立的前置审批程序被取消且未调整为后置审批事项的情况下，省商务厅并不因此在备案环节获得相关问题审查的权限，否则就相当于实施变相前置或后置审批，既与规定不符，也与行政审批制度改革的初衷相悖。

其次，省商务厅对原告不予备案，系错误理解了法律适用的条件，考虑了不相关因素。在《二手车流通管理办法》未就备案环节应当审查的相关因素作出规定的情况下，行政机关应当基于对相关规定语义及体系的正确理解和恰当推理，综合选定行政程序中应当考量的相关因素。本案中，原告是否有固定经营场地及原告所在地是否符合相关规划不应当是在备案环节审查的要件。

最后，对二手车交易市场经营者的相应监管并不因省商务厅在备案环节不审查而缺失。一方面，省商务厅在备案环节对二手车交易市场主体是否符合设立条件进行审查，能否有效实现对二手车交易市场主体的监管并不确定；另一方面，该方法也不是实现监管的唯一途径，省商务厅完全可以通过加强事后监管措施，规范二手车交易市场主体行为，促进二手车交易市场行业健康有序发展。

综上，省商务厅作出的不予备案决定构成违法。经审查，原告提交的申请材料符合备案的要件，原告要求被告对其予以备案的诉讼请求，具有事实根据和法律依据。为避免重复诉讼，及时化解争议，鉴于本案中被告已经没有可裁量的空间，应当依法履行备案法定职责。

江苏省南京市中级人民法院遂依法作出如下判决：

一、撤销被告省商务厅以 492 号函形式作出的不予备案决定；

二、责令被告省商务厅于本判决发生法律效力之日起五日内对原告卡友公司的备案申请予以备案。

省商务厅不服，提起上诉。二审中，卡友公司和省商务厅以行政争议得到解决为由分别申请撤回起诉和上诉，江苏省高级人民法院经审查予以准许。

江苏省高级人民法院依照《中华人民共和国行政诉讼法》第六十二条，《最高人民法院关于行政诉讼撤诉若干问题的规定》第六条、第八条，《最高人民法院关于适用〈中华人民共和国行政诉讼法〉的解释》第一百零一条第十项的规定，裁定如下：

一、准许上诉人省商务厅撤回上诉；

二、准许被上诉人卡友公司撤回起诉；

三、上诉人省商务厅2018年8月7日作出的苏商办函〔2018〕492号《省商务厅关于答复南通市王某信访事项的函》不再执行；

四、江苏省南京市中级人民法院（2018）苏01行初462号行政判决不再执行。

【法官后语】

备案的含义为向主管部门报告事由，存案以备考查。关于备案制度，学术界有不同的分类，但未能形成较为权威的理论。实践中，备案制度广泛存在于我国的行政法律规范中，但设立主体层级多样、设立目的不尽相同，且由于缺乏系统、完整的规定，备案制度与许可、登记等制度界限模糊。近年来，特别是随着“放管服”改革的逐步开展和深化，大量许可、审批事项被取消，在履行备案职责时应当如何审查已经成为困扰行政机关的一大难题，本案即属于这一情况。

《二手车流通管理办法》出台之初，成立二手车交易市场需经过前置审批，在此前提下，申请备案的经营者均已符合相关规定，商务部门在备案环节无须进行任何实质审查。但自国务院取消和调整工商登记审批项目以来，二手车交易市场设立前置审批既未被保留，也未被调整到后置审批项目中。至本案发生时，二手车交易市场工商登记已不再需要相关行政机关进行前置审批，而是在经营者申请登记注册后，直接依法核发营业执照。由此引发了商务部门是否应当在备案环节就申请者是否符合相关规定进行审查的困惑。但能否进行相关审查应当根据相关规定进行分析：一方面，应当严格按照法律法规规定进行理解；另一方面，由于设立备案制度的行政法规往往均不会对审查权限作出明确规定，也不应简单认为行政机关均不能进行任何实质性审查。就本案而言，省商务厅在备案环节对实质性要件是否符合相关规定进行审查，已不属于单纯履行备案职责，而是实施变相许可，构成违法。对此，一审法院从缺乏法律法规及规章授权、审查内容并非备案时需要考虑的相关因素以及所作审查并非实现监管性质目标的充分必要手段三个方面进行了充分论述。

事实上，类似问题广泛存在于行政管理实践中，设立备案制度的相关行政法律规范往往并不会对备案程序中的审查方式、范围和标准作出明确规定，导致行政机关在履行备案职责时进退两难。本案一审判决实际上也为行政机关对备案审查权限的判断提供了思路，即从有无法律法规和规章明确规定、能否通过相关规定语义和体系恰当推理、是否为实现某一合理行政目标必须采取的手段三个层次进行考量。若三者均为否定，则行政机关不应当在备案程序中对相关因素予以审查，反之行政机关则应当审查。这一思路对今后行政机关履行备案职责具有重要意义，二审法院也正是考虑到本案一审判决在此方面的规则引领作用，在准许撤诉的同时，依据《最高人民法院关于行政诉讼撤诉若干问题的规定》第六条和第八条的规定，一并裁定一审判决不再执行。

在“放管服”改革实践中，由于行政立法必然存在的滞后性，部分规章制度同具体实践存在不相对应的情况时有发生。行政机关即使出于依法履职和维护公共利益的考量，也难免对相关规定的理解产生偏差。及时纠正行政机关的误区、促进行政争议实质性化解、帮助行政机关进一步保障民营经济发展，正是人民法院在平衡行政争议化解和行政行为合法性审查关系、助力行政机关依法行政、服务优化营商环境方面承担的重要职能。本案的审理和裁判正是上述职能的体现。

编写人：江苏省南京市中级人民法院　赵雪雁　张天帆

8

接受转送的行政复议机关对不当转送的复议申请负有依法处理的法定职责

——八哥洞公司诉文山市人民政府不履行行政复议法定职责案

【案件基本信息】

1. 裁判书字号

云南省文山壮族苗族自治州中级人民法院（2020）云26行初12号行政裁定书

2. 案由：不履行行政复议法定职责纠纷

3. 当事人

原告：八哥洞公司

被告：文山市人民政府（以下简称市政府）

【基本案情】

八哥洞公司的养殖场位于文山市卧龙街道七花社区灰土寨八哥洞。2018年7月4日，文山市城市管理综合行政执法局向八哥洞公司送达《责令改正通知书》，认为八哥洞公司养殖场内建盖的彩钢瓦圈舍属于临时建设，应当拆除，责令八哥洞公司于2018年7月30日前拆除相关建筑并恢复原貌。2018年7月19日，文山市卧龙街道办事处向八哥洞公司送达《文山市畜禽养殖禁养区养殖场关闭搬迁协议书》，协议要求八哥洞公司于2018年8月20日前将养殖场全部关闭搬迁。2018年9月4日、9月29日，八哥洞公司养殖场内的圈舍被强制拆除。

2018年11月3日，八哥洞公司对文山市卧龙街道办事处等部门联合对其养殖场圈舍进行强制拆除的行为不服，以市政府为被申请人，向文山壮族苗族自治州人民政府（以下简称州政府）申请行政复议。2018年11月20日，八哥洞公司根据州政府的要求补交相关材料。2018年11月21日，州政府向八哥洞公司和市政府送达

《行政复议申请转送函》，认为该行政复议应当向市政府提出，将其提出的行政复议申请等相关材料转送至市政府处。但自八哥洞公司收到转送函至复议期限届满，市政府一直未作出任何处理。八哥洞公司遂起诉请求判决确认市政府不履行行政复议法定职责违法，判令市政府履行行政复议法定职责。

【案件焦点】

接受转送的行政复议机关对不当转送的行政复议申请是否负有依法处理的法定职责。

【法院裁判要旨】

云南省文山壮族苗族自治州中级人民法院经审理认为：行政复议是一种依申请而不是依职权主动履行的行政行为，八哥洞公司起诉市政府不履行行政复议法定职责，应当按照《中华人民共和国行政诉讼法》第三十八条第一款的规定提供其向市政府提出申请的证据。但本案中八哥洞公司没有提供向市政府提出申请的证据。八哥洞公司向州政府提交的《行政复议申请书》和州政府《行政复议申请转送函》不能视为市政府收到或者受理八哥洞公司的行政复议申请的证据，因为市政府不能兼具“被申请人”和“复议机关”双重身份。

云南省文山壮族苗族自治州中级人民法院依照《中华人民共和国行政诉讼法》第三十八条第一款、《最高人民法院关于适用〈中华人民共和国行政诉讼法〉的解释》第九十三条第一款的规定，裁定如下：

驳回八哥洞公司的起诉。

八哥洞公司上诉称，其已经提出行政复议申请，且经州政府转送至市政府处。市政府在复议期限内未作出任何答复，依法应视为受理。

市政府辩称，八哥洞公司未向其提出行政复议申请。《行政复议申请转送函》只能作为上级机关业务部门对下级机关的业务指导或告知，不能作为市政府已收到或受理行政复议申请的证据。州政府不是县级地方人民政府，不能适用行政复议转送程序，转送行为不当。市政府是“被申请人”，对行政复议无权履行行政复议法定职责。

云南省高级人民法院经审理认为：《中华人民共和国行政复议法》（本案以下简称《行政复议法》）第十七条第一款明确了行政复议机关收到行政复议申请后应

当针对具体情况履行职责；第十八条规定接受转送的行政复议机关应当依照第十七条的规定办理。据此，接受转送的行政复议机关无权判断转送是否不当、无权决定转送不当不予办理，而应当遵循依法行政原则，依照《行政复议法》第十七条的规定对转来的行政复议申请作出相应处理。因此，接受转送的行政复议机关负有依法主动作出处理的法定职责。八哥洞公司提交的起诉材料能够证实，市政府收到州政府的转送后，并未在法定期限内作出相应处理。故八哥洞公司的起诉符合起诉条件，一审裁定驳回起诉适用法律错误，应予纠正。

云南省高级人民法院依照《中华人民共和国行政诉讼法》第八十九条第一款第二项、《最高人民法院关于适用〈中华人民共和国行政诉讼法〉的解释》第一百零九条第一款之规定，裁定如下：

一、撤销一审裁定；

二、指令一审法院继续审理。

在继续审理的过程中，八哥洞公司提出书面申请，要求撤回本案的起诉。云南省文山壮族苗族自治州中级人民法院经审理认为：八哥洞公司的撤诉申请是其真实意思表示，不违反法律规定，也未损害公共利益和他人的合法权益，应当准许。

云南省文山壮族苗族自治州中级人民法院依照《中华人民共和国行政诉讼法》第六十二条之规定，裁定如下：

准许八哥洞公司撤回起诉。

【法官后语】

《行政复议法》第十五条、第十七条、第十八条确立的行政复议转送处理制度主要包括三个方面内容：第一，只有县级地方人民政府有权对第十五条第一款规定的五种情形进行转送。第二，接受转送的行政复议机关应依法办理，不得拒绝。第三，接受转送的行政复议机关收到转来的行政复议申请后，应当依照《行政复议法》第十七条的规定处理，即在五日内进行审查，对不符合该法规定的行政复议申请，决定不予受理，并书面告知申请人；对符合该法规定，但不属于本机关受理的行政复议申请，应当告知申请人向有关行政复议机关提出。

因此，接受转送的行政复议机关负有主动对转送来的行政复议申请作出处理的法定职责。该职责的履行不以复议申请人再行向其直接提出复议申请为前提条件。

接受转送的行政复议机关对于转送存在的问题可以通过其他有效途径同转送机关进行沟通，但无权因为转送不当就拒绝履行对转来的复议申请依法处理的法定职责。该裁判要旨的形成有三个方面的理由。

首先，根据行政法原则，“法无授权即禁止”。如前所述，法律规范并未授权接受转送的行政复议机关对转送行为进行合法性与合理性的判断，并据此作为或者不作为。受转送的行政复议机关依法必须处理转来的行政复议申请。该裁判要旨符合法律规定，满足合法性的要求。

其次，即便转送不当，根据现有法律规定也有足够的制度安排指引接受转送的行政复议机关对转来的复议申请进行处理。除前述《行政复议法》第十七条外，《中华人民共和国行政复议法实施条例》第二十二条规定，申请人提出行政复议申请时错列被申请人的，行政复议机构应当告知申请人变更被申请人；第二十九条规定，行政复议申请材料不齐全或者表述不清楚的，行政复议机构可以自收到该行政复议申请之日起5日内书面通知申请人补正，补正通知应当载明需要补正的事项和合理的补正期限，无正当理由逾期不补正的，视为申请人放弃行政复议申请。可见，要求接受转送的行政复议机关进行处理并未强人所难。该裁判要旨符合客观实际，满足合理性的要求。

最后，如果接受转送的行政复议机关因为转送不当就可以拒绝处理，则行政复议制度可能被完全架空。如本案中，经过州政府违法转送和市政府不履行法定职责，一个行政复议申请被完全排除在复议制度之外。该裁判要旨符合立法目的，满足合目的性的要求。

需要说明的是，本案中因州政府并非一方当事人，针对其违法转送行为，二审法院向州政府发出司法建议书指出：州政府的违法转送行为和市政府的不作为，背离了行政复议制度保护公民、法人和其他组织合法权益的初衷，增加了实质化解本案争议的难度。建议州政府严格遵循依法行政原则，严格按照行政复议法律规定处理复议申请，严格把握行政复议转送制度的适用条件，积极发挥行政复议解决行政争议的主渠道作用，切实保障公民、法人和其他组织合法权益，有效监督和指导辖区内行政机关依法行使职权。

编写人：云南省高级人民法院　陈璐

9

履责之诉中裁判理由的恰当使用

——苏某诉北京市石景山区住房和城市建设委员会不履行法定职责案

【案件基本信息】

1. 裁判书字号

北京市第一中级人民法院（2019）京 01 行终 1126 号行政裁定书

2. 案由：不履行法定职责纠纷

3. 当事人

原告（上诉人）：苏某

被告（被上诉人）：北京市石景山区住房和城市建设委员会（以下简称石景山城市住建委）

【基本案情】

2018 年 4 月 17 日，北京市住房和城乡建设委员会（以下简称市住建委）收到苏某提交的《行政履行法定职责申请书》和《履责申诉和举报申请书》（以下简称涉案申请），申请确认北京市土地整理储备中心石景山区分中心（以下简称石景山土储分中心）强拆涉案房屋的行为违法，责成石景山土储分中心向苏某提供涉案房屋评估报告和具体征地拆迁程序档案及该房屋被拆除相关拆迁安置补偿款明确具体去向，撤销与涉案房屋相关的两份拆迁合同。

2018 年 6 月 1 日，市住建委将上述材料转至原北京市石景山区住房和城乡建设委员会（以下简称原石景山城乡住建委）办理。2018 年 8 月 1 日，原石景山城乡住建委作出《信访事项答复意见书》（石建信答〔2018〕77 号，以下简称 77 号答复），主要内容为：经查，苏某来信所述被拆迁房屋即涉案房屋，被拆迁人已经签订了拆迁安置补偿协议。另查，法院生效的（2017）京 0107 民初 2335 号民事判决

（以下简称2335号民事判决），认定苏某“提交的证据不足以证明其对涉案房屋享有权利”。在此次来信中，苏某也未提供对涉案房屋享有权利的相关证据材料。综上，因苏某反映的问题已由人民法院审理查明并作出判决，且苏某无法提供对诉争房屋享有权利的证明材料，故苏某的请求应以法院判决为准，原石景山城乡住建委不予支持。苏某认为原石景山城乡住建委未履行法定职责，向一审法院提起本案诉讼。

另查，北京市石景山区人民法院针对苏某诉石景山土储分中心侵权案，判决驳回苏某确认涉案房屋所有权等全部诉讼请求。苏某不服，提起上诉。北京市第一中级人民法院认为：“苏某无法证明对涉案院落享有合法权利。”故于2017年12月13日判决驳回上诉，维持原判。

【案件焦点】

1. 原告因认为被告不履行法定职责提起行政诉讼，被告对原告提出的履责申请作出了拒绝性答复的，人民法院如何选择与诉讼类型相适应的裁判理由；2. 能否同时以原告与所申请事项不具有利害关系因而无原告主体资格及被告作出的拒绝性答复不属于受案范围为由裁定驳回起诉。

【法院裁判要旨】

北京市石景山区人民法院经审理认为：苏某因涉案房屋拆迁相关纠纷，向市住建委提出涉案申请。但已经生效的2335号民事判决以及8983号民事判决均认定苏某对涉案房屋不享有相关权利。此外已经生效的民事判决均认定苏某对涉案房屋不享有相关权利。因此，苏某提出的上述履责申请及举报内容均与苏某自身没有利害关系，苏某不具有提起本案行政诉讼的原告主体资格。

此外，77号答复并未对苏某设立新的权利义务，也并未对苏某的权利义务产生实际影响。因此，本案不属于人民法院行政诉讼的受案范围。综上所述，苏某提起的本案行政诉讼，不符合法定条件，法院不予支持。

综上，北京市石景山区人民法院依照《最高人民法院关于适用〈中华人民共和国行政诉讼法〉的解释》第六十九条第一款第一项之规定，裁定如下：

驳回苏某的起诉。

苏某不服，提起上诉。北京市第一中级人民法院经审理认为：行政诉讼法第二十五条第一款规定，行政行为的相对人以及其他与行政行为有利害关系的公民、法人或者其他组织，有权提起诉讼。该法第四十九条第一项规定，提起行政诉讼的原告应当是符合本法第二十五条规定的公民、法人或者其他组织。本案中，苏某因涉案房屋拆迁相关纠纷，向市住建委提出涉案申请，但已经生效的2335号民事判决、8983号民事判决均已认定苏某对涉案房屋不享有相关权利，在此情况下，苏某提出的履责申请均与其自身不存在行政法上的利害关系，一审法院裁定驳回苏某的起诉正确。苏某的相关诉讼理由均不能成立，对其上诉请求法院不予支持。

北京市第一中级人民法院依照《中华人民共和国行政诉讼法》第八十九条第一款第一项之规定，裁定如下：

驳回上诉，维持一审裁定。

【法官后语】

本案引发争议的焦点在于一审法院同时以苏某与履责申请所举报内容没有利害关系故苏某不具备原告主体资格及77号答复不属于受案范围为由裁定驳回起诉是否恰当。上述问题的产生缘于撤销之诉与履责之诉的诉讼类型划分。撤销之诉，是指原告要求撤销（已作出的）行政行为的诉；履责之诉，是指原告要求法院判决被告作出其拒绝作出或停止作出的行政行为的诉。履责之诉根据行政机关不履行法定职责的形式，又可分为怠为履行之诉与拒绝申请之诉。

从行政机关的表现形式看，怠为履行之诉，即行政机关对行政相对人要求其履行法定职责的请求，采取不予答复等消极的方式不履行或拖延履行其应当履行的职责；拒绝申请之诉，即行政机关明确拒绝履行或部分拒绝履行法律、法规赋予的其应当履行的责任。

在拒绝申请之诉中，因行政机关作出了一个拒绝决定，当事人提起诉讼及法院判决时，极易与撤销之诉产生混淆。区分拒绝申请之诉与撤销之诉，可以从原告的诉讼目的入手。原告提起撤销之诉的目的，在于请求法院撤销行政机关已经作出的对其权益造成损害的行政行为。而原告针对拒绝决定提出履责之诉，是因为原告的权利因行政机关拒绝作出行政行为而不能实现或受到侵害，故原告提起诉讼请求法院判令行政机关作出特定行政行为。

诉讼类型不同，法院的审理路径及裁判理由会相应有所不同。在撤销之诉中，法院针对被诉行政行为的合法性进行审查；而在拒绝申请之诉中，法院对行政机关是否应当作出原告请求的行政行为进行判断。本案中，苏某向市住建委提出履责申请，请求其履行法定职责，保护自己合法的财产权。原石景山城市住建委收到涉案申请后，作出了77号答复，对苏某的请求明确表示不予支持。苏某因此提起的行政诉讼，属于典型的拒绝申请之诉。因此，法院审查时首先从原告与所申请事项是否具有利害关系入手，若原告与所申请事项具有利害关系，且符合其他起诉条件，则进入实体审理阶段，对行政机关是否应当作出原告请求的行政行为进行审查；若原告与所申请事项不具有利害关系，则以其不具有原告主体资格为由裁定驳回起诉。在这种情况下，从行政机关作出的拒绝性答复入手，针对该答复是否属于受案范围进行审查，事实上混淆了履责之诉与撤销之诉的审查路径。

编写人：北京市第一中级人民法院　王阳　李蓓

10

确定是否具有行政法上诉的利益应具体考量是否具有利害关系

——蔡某诉瑞安市发展和改革局、瑞安市人民政府不履行法定职责案

【案件基本信息】

1. 裁判书字号

浙江省温州市中级人民法院（2019）浙03行终364号行政裁定书

2. 案由：不履行法定职责纠纷

3. 当事人

原告（上诉人）：蔡某

被告（被上诉人）：瑞安市发展和改革局（以下简称瑞安市发改局）、瑞安市人民政府

【基本案情】

原告蔡某系瑞安市安阳街道上山根村村民。2018年6月13日，原告蔡某向原瑞安市公共资源交易管理委员会办公室（现已划归被告瑞安市发改局）发送《依法行政申请书》，要求对安阳街道上山根村安置留地和旧村改造安置房建设项目两次没有进行设计招投标的行为进行查处等。原瑞安市公共资源交易管理委员会办公室于2018年7月9日作出《答复书》，并送达原告。答复内容为：经调查，2009年瑞安市安阳街道上山根村旧村置换地及安置留地返回地（E－28）地块设计直接发包给大地建筑事务所（国际）；2016年上山根村旧村拆迁和安置留地05－28地块工程设计直接发包给杭州华茗设计集团有限公司。以上两次直接发包行为没有违反《中华人民共和国招标投标法》相关规定，无需行政处罚。原告不服，于同年8月14日向瑞安市人民政府申请行政复议，瑞安市人民政府受理后于同年10月12日作出维持原答复的复议决定。原告不服，向法院提起行政诉讼。

【案件焦点】

原告与被诉的答复行为是否存在利害关系、是否具备本案原告诉讼主体资格。

【法院裁判要旨】

浙江省瑞安市人民法院经审理认为：《中华人民共和国行政诉讼法》第二十五条规定，行政行为的相对人以及其他与行政行为有利害关系的公民、法人或者其他组织，有权提起诉讼。所谓利害关系指的是，作为行政诉讼的原告，必须主张一项属于自身的权利，并且该权利可能受到被诉行政行为的侵害。我国法律赋予公民、法人和其他组织向行政机关举报违法行为的权利，但举报人并不因举报行为而对举报处理行为当然享有诉权，只有举报事项及处理结果对举报人的自身合法权益产生实际影响时，举报人才有权提起行政诉讼。本案中，原告向被告举报要求对安阳街道上山根村安置留地和旧村改造安置房建设项目没有进行设计招投标的行为进行查处，但原告提供的证据尚无法证明涉案举报事项及相应的答复对原告的自身合法权益有实质影响，原告与被诉事项不存在利害关系，不具有诉的利益。

浙江省瑞安市人民法院依照《中华人民共和国行政诉讼法》第四十九条第一项，《最高人民法院关于适用〈中华人民共和国行政诉讼法〉的解释》第十二条第五项、第六十九条第一款第一项之规定，裁定如下：

驳回蔡某的起诉。

二审法院同意一审法院裁判意见。

【法官后语】

1. 利害关系的演变

与民事行为相比，行政行为影响的范围更为广泛，如果任何人，只要受到行政行为影响就可以对该行为提起诉讼，既不问是直接影响还是间接影响，也不问是积极影响还是消极影响，对于寻求司法救济来说固然更为便利，但行政秩序和效率也将因此受到过分的滋扰，更为严重的是，公共利益也将受到无法预计的损害。因此，在原告资格上设置一道门槛，以兼顾权利救济和公共利益，就显得十分必要，这便是利害关系的立法原旨。

1989 年颁布实施的《中华人民共和国行政诉讼法》并没有使用“利害关系”，对原告资格判断的标准是“认为具体行政行为侵犯自己合法权益的公民、法人或其他组织”，意在为起诉人提供指引。2000 年《最高人民法院关于执行〈中华人民共和国行政诉讼法〉若干问题的解释》（本案以下简称《若干解释》）施行后，行政诉讼正式引入“利害关系”，其第十二条规定，起诉人只有“与被诉具体行政行为具有法律上利害关系”才具有行政诉讼的原告资格，为法官提供了一个相对客观的审查标准，但“法律上的利害关系”仍具有相当的不确定性。2014 年《中华人民共和国行政诉讼法》对利害关系的表述再次做出规定，删掉了“法律上”三个字，即原告必须与行政行为“有利害关系”，虽然表述上与《若干解释》略有区别，但精神实质是连贯一致的。为了进一步统一判断标准，明确利害关系的适用范围，2018 年实施的《最高人民法院关于适用〈中华人民共和国行政诉讼法〉的解释》（本案以下简称《适用解释》）第十二条对“与行政行为有利害关系”的情形进行了列举，实际上《适用解释》所列举的五种具体情形原本就是行政审判实践中普遍存在的疑难问题，即便经过不断探索直至变成现有的解释条文，对于行政法官来说，如何准确把握利害关系仍然是审判实务中的难题，况且行政审判司法实务纷繁多样，再加上司法解释中的兜底条款“其他情形”，行政法官对利害关系的理解与适用往往莫衷一是。

2. 诉的利益之概念与引入

正如上文所说，行政诉讼中引入利害关系概念是为了在原告资格上设置门槛，其趣旨在于引导与规范诉权，把不适宜进入行政审判的案件挡在外面，用有限的司法资源解决那些确有权利保护需要的请求，以维护原告的利益、被告的利益与公众诉讼利益之间的平衡，实质上是一种司法谦抑。行政诉讼中的利害关系，一般仅指公法上的利害关系，也就是说只有主观公权利即公法领域的权利或利益，受到行政行为影响的，权利人才与行政行为具有利害关系，才形成行政法上的权利义务关系，才具有原告主体资格，才有资格提起行政诉讼。所谓“利益是衡量诉权的尺度，无利益则无诉权”，提起任何诉讼，寻求国家审判制度的救济，首先应当具有值得保护的利益及值得保护的必要，也即诉的利益，没有诉的利益的起诉，人民法院是不会也无需进入实体审理的。所以，诉的利益说与利害关系说不谋而合。

诉的利益理论源自民法领域，但行政诉讼本脱胎于民事诉讼，结合我国行政诉讼法“解决行政争议”的立法原旨以及兼具“保护合法权益”“监督行政机关行使职权”的目的性质，从一定程度上讲，行政诉讼中的诉的利益问题与如何认识诉讼制度目的是密切相关的，与利害关系相辅相成、相互竞合。行政诉讼中诉的利益指的是公民、法人或其他组织为了维护自身合法权益或监督行政机关依法行政，以实质解决行政争议为目的，将诉求诉诸法院，寻求行政审判救济的价值或必要性。行政诉讼中的诉之利益，构成要件应当包含以下三个方面：（1）生成要件是合法权益，而且该合法权益应当系属于公民、法人或其他组织自身的合法权益，且客观存在，这是行政相对人提起诉讼的基本依据，若无合法权益则诉之不存；（2）因果关系，所涉合法权益受到了被诉行政行为的侵害，即行政机关的行政行为对当事人减损了权利或增设了义务，这种侵害可以是现实的，也可以是将来可能的影响；（3）核心内容是利益受到侵害或影响的程度达到司法救济的必要，或者说足以具有启动国家审判制度加以解决的必要性或实效性。结合我国行政诉讼法的立法目的，提起诉讼能够解决一项现实的、实质性的行政争议，且法院判决能够给予所期待的具体救济，方才具备诉的利益。

有无诉的利益，是法院判断是否承认公民、法人或其他组织的具体请求足以具有利用审判制度的价值或者必要性的过程。若原告所主张的权益未受行政行为的侵害，或者说原告与被诉行政行为不存在利害关系，则实在没有启动行政诉讼的必要，正是基于这一立法精神，也是从诉的利益基本原理出发，《适用解释》第六十九条裁定驳回起诉情形第八项规定“行政行为对其合法权益明显不产生实际影响的”已是题中之意。

3. 从诉的利益分析利害关系

维护公平正义，规范诉讼程序，均是审判权之应有之义，审判权其实质既包括对实体争议的处理，同时也包括对诉讼程序的引导、判断、处置与规范。利害关系是行政诉讼法予以限定的一个诉权标准，其目的是保证直接相对人以外的公民、法人或其他组织的诉权，而又不使这种诉权的行使失控。虽然《适用解释》对“与行政行为有利害关系”的情况进行了列举，但是利害关系的概念本身较为模糊、宽泛，不同的法院甚至不同的法官对利害关系的理解与适用均有所出入，或得出不同的裁判说理与结论。笔者认为有必要从诉的利益理论来分析重构利害关系。利害关系从诉的利益角度来分析，包括四方面内容：(1) 存在一项法律赋予和保护的权利或利益；(2) 该权利归属于原告个人，维系原告自身的合法利益；(3) 该权利受到了被诉行政行为的侵害或影响，这种侵害或影响可以是现实的或是可能的；(4) 具有通过所提起诉讼予以救济的现实必要性。如本案中，原告系多年未获得安置补偿权益的拆迁户，多次、大量向不同行政机关发送依法履责申请，提起诉讼实质上在于获得拆迁安置补偿权益之目的。而在监督行政机关依法履行职责上，任何公民包括本案原告都有权对一个违法行为向有关行政机关进行投诉、举报，接到举报的行政机关也应当将处理的结果告诉投诉举报人。但作为行政诉讼的原告，他必须主张一项属于其自身的主观权利、合法权利，并且该权利可能受到了被诉行政行为的侵害，个人既不能主张广泛公众的权利，也不能把自己的要求建筑在他人的权利或利益之上，否则诉无止境，不仅会损害行政行为的效力和效率，破坏行政管理秩序的稳定，也会浪费有限的司法资源，违背行政诉讼的立法宗旨。所以任何公民、法人或其他组织均具有行使监督行政机关依法履行职责的权利，但就监督的后续处理行为提起行政诉讼的，需证明该处理结果关系原告个人的合法权利，且该合法权利受到侵害的程度有值得行政审判以解决的必要，也就是应当具备利害关系，否则不具有诉的利益。故而一审法院裁定驳回原告的起诉。

编写人：浙江省瑞安市人民法院　蔡芳芳　李伟

二、行政确认

11

因工外出返程途中发生交通事故伤亡的工伤认定

——敏乐汽车检修中心诉来宾市人力资源和社会保障局、广西壮族自治区人力资源和社会保障厅工伤认定案

【案件基本信息】

1. 裁判书字号

广西壮族自治区来宾市中级人民法院（2019）桂13行终100号行政判决书

2. 案由：工伤认定纠纷

3. 当事人

原告（上诉人）：敏乐汽车检修中心

被告（被上诉人）：来宾市人力资源和社会保障局（以下简称来宾市人社局）、广西壮族自治区人力资源和社会保障厅（以下简称广西区人社厅）

第三人：罗某

【基本案情】

陆某系敏乐汽车检修中心的职工，从事修理工作。2017年10月28日，陆某根据单位的指派驾驶客车搭乘潘某前往金秀瑶族自治县开展维修服务工作。2017年10月29日4时40分，陆某及潘某完成工作任务后驾车返回来宾市区，中途发生交通事故，陆某当场死亡。2017年12月12日，来宾市象州县公安局交通警察大队出具《道路交通事故认定书》，认定陆某承担事故的主要责任。2018年8月21日，

陆某的妻子罗某就陆某受到事故伤害死亡向来宾市人社局提出工伤认定申请。2018年8月27日，来宾市人社局对罗某提出工伤认定申请予以受理。2018年9月3日，来宾市人社局向敏乐汽车检修中心送达《工伤认定限期举证通知书》，敏乐汽车检修中心在规定期限内未提交相关材料。2018年10月26日，来宾市人社局向罗某作出《工伤认定中止通知书》，以其未提交“与用人单位存在劳动关系（包括事实劳动关系）的证明材料”为由，根据《工伤保险条例》第二十条及《广西壮族自治区实施〈工伤保险条例〉办法》第十七条规定，决定即日中止工伤认定。2018年10月30日，罗某向来宾市人社局提交《仲裁裁决书》及死亡户口注销单。2018年11月19日，罗某向来宾市人社局提交《关于要求恢复工伤认定程序的申请》，称其收到《仲裁裁决书》已超过15日，中止情形已消除，要求恢复工伤认定程序。2018年11月20日，来宾市人社局作出来人社工伤决字〔2018〕02061号《认定工伤决定书》，认定陆某受到的事故伤害符合《工伤保险条例》第十四条第五项规定，予以认定为工伤。敏乐汽车检修中心不服，向广西区人社厅申请行政复议，该厅于2019年4月18日作出桂人社复决字〔2019〕18号行政复议决定书，维持来宾市人社局来人社工伤决字〔2018〕02061号认定工伤决定。

【案件焦点】

劳动者受单位指派外出工作，在完成工作任务后返程途中发生交通事故伤亡，其工伤应按照因工外出期间进行认定，还是上下班途中发生交通事故进行认定。

【法院裁判要旨】

广西壮族自治区来宾市兴宾区人民法院经审理认为：各方当事人对来宾市人社局及广西区人社厅具有本案行政执法主体资格和法定职权均无异议。《工伤保险条例》第十四条规定：“职工有下列情形之一的，应当认定为工伤：……（五）因工外出期间，由于工作原因受到伤害或者发生事故下落不明的……”第十九条第二款规定，职工或者其近亲属认为是工伤，用人单位不认为是工伤的，由用人单位承担举证责任。2017年10月28日，陆某根据敏乐汽车检修中心的指派驾车搭乘潘某前往金秀瑶族自治县开展维修服务工作。次日4时40分，陆某及潘某发生交通事故，陆某当场死亡。陆某属于因工外出期间，由于维修服务工作原因受到交通事故伤害，符合《工伤保险条例》第十四条第五项规定的情形，应当认定为工伤。来宾市人社局来人社工伤决字〔2018〕02061号《认定工伤决定书》，适用法律法规并无不当。敏乐汽车检修中心认为陆某受到交通事故伤害死亡的情形不属于工伤，应提供证据证明，但其在工伤认定阶段及行政复议阶段直至向法院提起行政诉讼期间，均未提交相关证据予以证明，应承担举证不能的不利后果。来宾市人社局受理第三人罗某就陆某受到事故伤害死亡提出工伤认定申请后，履行了进行调查核实等法定程序后，作出认定工伤决定，符合法定程序。广西区人社厅在行政复议阶段查明的事实与来宾市人社局查明的事实一致，故广西区人社厅维持来宾市人社局的《认定工伤决定书》的行政行为适用法律法规正确。

广西壮族自治区来宾市兴宾区人民法院依照《中华人民共和国行政诉讼法》第六十九条的规定，作出如下判决：

驳回敏乐汽车检修中心的诉讼请求。

敏乐汽车检修中心不服一审判决，提起上诉。广西壮族自治区来宾市中级人民法院经审理认为：本案的争议焦点是对陆某发生交通事故的行为如何适用法律法规的问题。《工伤保险条例》第十四条第五项、第六项的规定，是分别针对不同情况下应适用不同的工伤认定。经审理查明的事实，陆某经单位派遣外出到工作场所之外的工作地点为单位开展工作，在返回途中发生交通事故，属"因工外出期间"，符合《工伤保险条例》第十四条第五项规定的情形，应予以确认；敏乐汽车检修中心主张陆某就属"上下班途中"的情形，与客观事实不符。因此，敏乐汽车检修中心的上诉理由不成立，不予支持。

广西壮族自治区来宾市中级人民法院依照《中华人民共和国行政诉讼法》第八十九条第一款第一项的规定，作出判决：

驳回上诉，维持原判。

【法官后语】

本案争议的焦点问题及特殊之处在于，在劳动者因受单位指派外出开展工作，在完成工作任务后返程途中发生交通事故伤亡，认定工伤应按照因工外出期间受伤害进行认定，还是上下班途中发生交通事故伤亡进行认定。

1. 本案应属于因工外出期间受到伤害还是上下班途中发生交通事故受到伤害

《工伤保险条例》第十四条第五项、第六项，分别规定因工外出期间由于工作原因受到伤害或者发生事故下落不明的、在上下班途中受到非本人主要责任的交通事故或者城市轨道交通、客运轮渡、火车事故伤害的，应当认定为工伤。《最高人民法院关于审理工伤保险行政案件若干问题的规定》第五条规定，社会保险行政部门认定下列情形为“因工外出期间”的，人民法院应予支持：(一) 职工受用人单位指派或者因工作需要在工作场所以外从事与工作职责有关的活动期间；(二) 职工受用人单位指派外出学习或者开会期间；(三) 职工因工作需要的其他外出活动期间。职工因工外出期间从事与工作或者受用人单位指派外出学习、开会无关的个人活动受到伤害，社会保险行政部门不认定为工伤的，人民法院应予支持。由此可见，因工外出期间受伤要认定为工伤，需要满足以下三个构成要件：一是有伤害后果；二是时间发生在因工外出期间；三是发生的缘由系工作原因，即与工作职责相关抑或为单位利益。

在本案中，各方对陆某的交通事故伤亡后果及因单位指派到金秀瑶族自治县从事维修工作都没有异议。本案争议的特殊之处在于，完成工作任务返程途中发生交通事故，有存在因工外出期间返程途中与上下班发生交通事故竞合的表象，故当事人对应适用《工伤保险条例》第十四条第五项还是第六项有争议。因此，需要厘清因工外出期间的截止时间以及交通事故责任认定对工伤认定的影响。关于因工外出期间的时间和空间跨度，应当从驻地出发开始起算，直至返回到工作场所或家庭住所为止，而不能以完成工作任务为截止时间。毕竟被派遣到工作场所之外的工作地点为单位开展工作，完成工作任务后，劳动者仍系因工作原因留在外地，与工作有关联，并且返程是必须从事的活动，也符合常理。因工外出期间的工伤认定更注重于外出所受伤害及与工作的关联性，而不是事故中的责任认定。上下班途中则属于日常性的活动，要求合理时间、地点、路线及非本人责任，因为对日常性的活动劳动者更为熟悉且有更高的避险能力。《工伤保险条例》第十四条第五项和第六项两种情况的侧重点各有不同，在适用中应视具体情况而定。本案中，劳动者陆某在完成指派的工作任务后，返回途中发生本人主要责任的交通事故，该返程途中显然不属于正常的上下班路线、时间及地点，而是仍属于因工外出期间，其工伤应当按《工伤保险条例》第十四条第五项因工外出期间进行认定。

2. 因工外出期间工伤认定的证明责任问题

基于劳动关系的特殊性及保护劳动者权利目的，法律对用人单位赋予更重的证明责任和义务。《工伤保险条例》第十九条第二款和《工伤认定办法》第十七条的规定，职工或者其近亲属认为是工伤，用人单位不认为是工伤的，由用人单位承担举证责任。之所以作如此规定，是因为在劳动关系中，用人单位作为管理者及支配者，处于更为优势的地位，且负有为劳动者提供安全的工作环境和保护劳动者的正当权利职责。工伤保险制度更要注重保障受伤劳动者的生存和发展。用人单位敏乐汽车检修中心未能提供相关证据证明该行为与工作无关及不符合工伤认定的情形，因此应当作出有利于劳动者的认定。

编写人：广西壮族自治区来宾市中级人民法院　韦霄倩

12

并非所有涉及刑事犯罪的案件均构成行政机关中止涉刑案件工伤认定时限的理由

——京都护卫公司诉北京市顺义区人力资源和社会保障局、北京市人力资源和社会保障局工伤行政确认案

【案件基本信息】

1. 裁判书字号

北京市顺义区人民法院（2019）京0113行初33号行政判决书

2. 案由：工伤行政确认纠纷

3. 当事人

原告：京都护卫公司

被告：北京市顺义区人力资源和社会保障局（以下简称顺义区人保局）、北京市人力资源和社会保障局（以下简称北京市人保局）

第三人：谭乙

【基本案情】

京都护卫公司与谭甲于2016年1月7日至2016年7月6日存在劳动关系，谭

甲担任保安员。2016 年 6 月 29 日凌晨，谭甲工作时与他人发生肢体冲突，后经抢救无效于 2016 年 7 月 6 日死亡。谭甲的死亡证明中记载：谭甲系枕部受钝性外力作用致重度颅脑损伤死亡。

2016 年 10 月 20 日，谭甲之女谭乙向顺义区人保局提出工伤认定申请，顺义区人保局予以受理。2016 年 11 月 8 日，京都护卫公司向顺义区人保局提交意见，称不同意认定谭甲为工伤，并认为谭甲死亡案件已经刑事立案侦查，希望刑事审判结束后再确认谭甲能否认定为工伤。

经向公安机关核实，顺义区人保局确认谭甲被打伤致死一案已经进入刑事侦查阶段。2016 年 12 月 9 日，顺义区人保局以“谭甲死亡一案已被北京市公安局海淀分局立为刑事案件进行侦查，尚未作出结论。工伤认定决定需要以司法机关的结论为依据，该结论尚未作出”为由，作出《工伤认定中止通知书》，决定中止工伤认定程序。

因谭甲所涉刑事案件一直未侦破，2018 年 5 月 28 日，谭乙向顺义区人保局提交了恢复工伤认定申请书，申请依法恢复对谭甲的工伤认定，及时作出工伤认定决定书。

2018 年 5 月 29 日，顺义区人保局向公安机关发函，请求协助调查核实谭甲在事件中是否存在故意犯罪行为。2018 年 6 月 4 日，公安机关出具“情况说明”，称谭甲死亡一案已立为刑事案件进行侦查，目前该案在侦办过程中。

2018 年 6 月 14 日，顺义区人保局告知京都护卫公司在 15 个工作日内提交有关司法机关出具的谭甲存在故意犯罪行为的相关证明，如未能在规定期限内提交，将恢复工伤认定程序。因京都护卫公司未能提交上述证明，顺义区人保局恢复了工伤认定程序。2018 年 7 月 19 日，顺义区人保局依据《工伤保险条例》第十四条第三项的规定，作出被诉认定工伤决定书，认定谭甲受到的事故伤害为工伤。京都护卫公司不服，向北京市人保局申请行政复议。2018 年 11 月 16 日，北京市人保局作出《行政复议决定书》，维持了顺义区人保局作出的被诉认定工伤决定书。

【案件焦点】

职工在工作时间和工作场所内，因履行工作职责受到暴力伤害，受害职工所涉刑事案件未经司法机关审理终结的，行政机关应否中止工伤认定时限。

【法院裁判要旨】

北京市顺义区人民法院经审理认为：首先，根据《北京市实施〈工伤保险条例〉若干规定》第八条第一款第二项的规定，属于《工伤保险条例》第十四条第三项规定的“在工作时间和工作场所内，因履行工作职责受到暴力等意外伤害的”，申请人应当提供意外伤害证明或者司法机关出具的法律文书。本案中，谭乙在申请工伤认定时已向顺义区人保局提交了谭甲的死亡证明，通过该证明可以看出谭甲系枕部受钝性外力作用致重度颅脑损伤死亡。

其次，根据《工伤保险条例》第二十条第三款的规定，作出工伤认定决定的时限中止的前提是作出工伤认定决定“需要”以司法机关或者有关行政主管部门的结论为依据。反之，无需中止。

本案的关键点在于对谭甲进行工伤认定是否必须以刑事案件的结论为依据，即刑事案件中是否可能认定谭甲为故意犯罪。如刑事案件中存在将谭甲认定为故意犯罪的可能，则工伤认定决定需要以司法机关的结论为依据，顺义区人保局不应恢复工伤认定程序。

本案的特殊性在于谭甲受到伤害后已经死亡。《中华人民共和国刑事诉讼法》第十五条第五项规定，犯罪嫌疑人、被告人死亡的，不追究刑事责任，已经追究的，应当撤销案件，或者不起诉，或者终止审理，或者宣告无罪。根据上述规定，即使谭甲存在犯罪嫌疑，理论上其也不可能被司法机关认定为故意犯罪，且现有证据仅能证明公安机关针对“谭甲死亡”案立案侦查，并无公安机关针对“谭甲打人”立案侦查的相关证据。因此，本案不属于“作出工伤认定决定需要以司法机关或者有关行政主管部门的结论为依据的”情形，顺义区人保局恢复工伤认定程序，并依照《工伤保险条例》第十四条第三项的规定，认定谭甲为工伤并无不当。

北京市顺义区人民法院依照《中华人民共和国行政诉讼法》第六十九条之规定，判决如下：

驳回京都护卫公司的全部诉讼请求。

【法官后语】

本案解决的核心问题是职工在工作时间和工作场所内，因履行工作职责受到暴力伤害，受伤害职工所涉刑事案件未经司法机关审理终结的，行政机关应否恢复工伤认定时限。对此，《工伤保险条例》第十六条第一项规定，故意犯罪的，不得认定为工伤或者视同工伤。该条例第二十条第三款规定，作出工伤认定决定需要以司法机关或者有关行政主管部门的结论为依据的，在司法机关或者有关行政主管部门尚未作出结论期间，作出工伤认定决定的时限中止。

根据上述规定，一般情况下，工伤认定所涉刑事案件未经司法机关审理的，工伤认定时限应当中止。这是因为，根据我国当前的法律制度，犯罪嫌疑人、被告人是否有罪，并不取决于公安、检察机关的认定，更不取决于工伤认定机关的判断，确定犯罪嫌疑人、被告人有罪的任务，应当由司法机关——人民法院最后完成。因此，未经人民法院审判，不得确定任何人有罪。正是基于这一基本法律原则，对于涉及故意犯罪的工伤认定案件，行政机关在司法机关尚未作出结论期间，应当依法中止工伤认定时限。然而，并非所有涉及刑事犯罪的案件均应当中止工伤认定时限。司法实践中，准确适用《工伤保险条例》第二十条第三款需要把握以下两点：

第一，仅在行政机关作出工伤认定决定“需要”以司法机关的结论为依据的情况下，才应当中止。反之，则无需中止。实践中，工伤认定机关往往“重刑事，轻需要”，即一经发现案件涉刑，即中止工伤认定时限，而忽视了工伤认定案件是否真正需要等待刑事案件的司法审判结果。顺义区人保局在2016年受理案件之初以“谭甲死亡一案已被北京市公安局海淀分局立为刑事案件进行侦查，尚未作出结论。工伤认定决定需要以司法机关的结论为依据，该结论尚未作出”为由，作出《工伤认定中止通知书》，即“重刑事，轻需要”的具体表现。这种做法违背了立法本意，导致工伤认定程序久拖不决，不利于保护受伤害职工的合法权益，是不可取的。

第二，实践中，行政机关可从两个方面判断有无中止工伤认定时限的必要。

一方面，根据公安机关或检察机关的回复内容进行判断。公安机关对所侦破的刑事案件最为清楚，检察机关对拟审查起诉的刑事案件亦是如此。工伤认定案件有无必要等待刑事案件结果，需要工伤认定机关根据刑事案件所处的阶段向相应的机关进行调查。如果通过有关机关的回复内容可以判断出刑事案件无论最终结果如何均不会影响到工伤认定结论，则无需中止工伤认定时限。本案中，顺义区人保局通过向公安机关发函获知，“谭甲死亡一案”已立为刑事案件进行侦查。显而易见，公安机关侦破的内容是谭甲之死，本案中，谭甲的身份并非犯罪嫌疑人，而系被害人。因此，无论该案最终能否抓到导致谭甲死亡的犯罪嫌疑人，无论犯罪嫌疑人罪刑轻重，均与工伤认定中需要考虑的问题“谭甲是否属于故意犯罪”无关，对工伤认定结论亦不会产生影响，基于此，行政机关没有中止工伤认定时限的必要。

另一方面，可以根据法理进行判断，如职工遭受暴力伤害后已经死亡，即便其在暴力伤害过程中存在不当行为，理论上也不可能被司法机关认定为故意犯罪。《中华人民共和国刑事诉讼法》第十五条第五项规定，犯罪嫌疑人、被告人死亡的，不追究刑事责任，已经追究的，应当撤销案件，或者不起诉，或者终止审理，或者宣告无罪。因司法机关不会将死亡职工认定为故意犯罪具有明确的法律依据，故在此情况下，工伤认定时限亦无需中止。谭甲之死即属于上述情形。工伤认定机关2016年受理工伤认定申请，等待至2018年无果后，及时恢复工伤认定程序，正是认识到了谭甲不存在被司法机关认定为故意犯罪的可能，因此，其恢复工伤认定时限的做法是正确的。

编写人：北京市顺义区人民法院　刘琳琳

13

案件事实难以确定时不宜径行否定构成工伤

——韩某等诉安阳县人力资源和社会保障局工伤认定案

【案件基本信息】

1. 裁判书字号

河南省安阳市中级人民法院（2019）豫05行终328号行政判决书

2. 案由：工伤认定纠纷

3. 当事人

原告（被上诉人）：韩某、李某、徐乙、徐丙、徐丁

被告（上诉人）：安阳县人力资源和社会保障局（以下简称安阳县人社局）

【基本案情】

徐甲（已故）系某幼儿园园长。2018 年 10 月 30 日下午，在该幼儿园放学后，徐甲通知副园长朱某一起研究新教学楼施工相关事宜和施工期间幼儿园安全工作，二人在加班时，徐甲有身体不适的感觉并告知了朱某。晚上 9 点半左右，徐甲驾驶电动自行车离开幼儿园，于晚上 11 点多到徐北郭村第二卫生室就诊。诊所医生对徐甲检查后，认为病情严重，立即通知徐甲的外甥将徐甲送往安阳市人民医院治疗，徐甲于 2018 年 10 月 31 日凌晨 3 时经抢救无效死亡，死亡原因：急性心肌梗死。

某幼儿园于 2018 年 11 月 15 日向安阳县人社局提出工伤认定申请，安阳县人社局于 2019 年 1 月 24 日受理。安阳县人社局认为，《工伤保险条例》第十五条第一项规定，在工作时间和工作岗位，突发疾病死亡或者在 48 小时之内经抢救无效死亡视同工伤。此规定应严格掌握。2018 年 10 月 30 日，徐甲加班至晚上 9 点半，后驾驶电动自行车离开幼儿园，其在加班期间自己感觉身体不适，却在当晚 11 点多才进行就诊，不符合工作岗位突发疾病，且情况紧急直接送往医院或医疗机构当场抢救并在 48 小时内死亡的情形。该局依据《工伤保险条例》第十五条第一项规定，决定对徐甲的死亡不予认定为工伤。韩某等人不服，向法院起诉，请求依法撤销安阳县人社局作出的不予认定工伤决定书，并责令安阳县人社局依法重新作出工伤认定决定。

【案件焦点】

案件事实难以确定时能否径行否定构成工伤。

【法院裁判要旨】

河南省林州市人民法院经审理认为：死者徐甲在加班期间就曾感觉身体不适，并告知了副园长朱某，在稍作休息后又继续工作，后在身体不支的情况下才停止工作，从未预感到事态的严重。安阳县人社局仅以就诊时间来进行判断，作出不予工伤认定，证据不足，明显不当，应予撤销。

河南省林州市人民法院依照《中华人民共和国行政诉讼法》第七十条第一项、第六项之规定，判决如下：

一、撤销安阳县人社局 2019 年 1 月 24 日作出的不予认定工伤决定书；

二、安阳县人社局在本判决生效后两个月内重新作出工伤认定。

安阳县人社局不服一审判决，认为认定事实和适用法律错误，向河南省安阳市中级人民法院提起上诉。河南省安阳市中级人民法院经审理认为：第一，关于认定事实问题。首先，对于徐甲的发病时间及就诊经过，安阳县人社局主张徐甲从事发当晚 9 点 30 分驾驶电动车驶离幼儿园至 11 点 40 分到卫生室就诊，但对于该时间段内徐甲的在途时间和活动轨迹并未查明。其次，安阳县人社局在工伤认定的调查中获取并向法院提供了医生的笔录，该笔录显示医生判断徐甲离校后是直接到卫生室就诊。因此，安阳县人社局没有查清徐甲的就诊经过，即径行认为徐甲不符合工作岗位突发疾病，且情况紧急直接送往医院或医疗机构当场抢救并在 48 小时内死亡的情形，属于认定事实不清，主要证据不足。第二，关于法律适用问题。由于安阳县人社局对徐甲的就诊经过没有查清，现有案件事实不能直接认定徐甲不符合《工伤保险条例》第十五条第一款第一项所规定的“在工作时间和工作岗位，突发疾病死亡或者在 48 小时之内经抢救无效死亡的”工伤认定条件。况且，根据工伤认定倾向性保护职工合法权益的原则，在职工发病和死亡是否发生在工作时间、工作岗位上缺乏相关证据证明、难以确定的情况下，应当作出有利于职工的肯定性事实推定而非否定性事实推定。综上，安阳县人社局的上诉理由不能成立，其上诉请求不予支持。原审判决认定事实清楚，适用法律正确。

河南省安阳市中级人民法院依照《中华人民共和国行政诉讼法》第八十九条第一款第一项的规定，判决如下：

驳回上诉，维持原判。

【法官后语】

1. 主要证据缺乏易导致案件事实认定以偏概全

《中华人民共和国行政诉讼法》第七十条第一项规定，对于行政行为主要证据不足的，人民法院判决撤销或者部分撤销，并可以判决被告重新作出行政行为。工伤认定案件的主要证据应当包括相对人是否构成工伤等相关案件事实的全部证据，故人社部门对于是否构成工伤的全部相关事实均应进行调查。本案中，安阳县人社局在工伤认定中认定的事实是：“徐甲加班至晚上 9 点半，后驾驶电动自行车离开幼儿园，其在加班期间自己感觉身体不适，但在当晚 11 点多才进行就诊。”从表象上看似乎涵盖了全部涉案事实，但是细究起来不难发现在事实查明上存在明显缺陷，即徐甲在晚上 9 点半至其 11 点多进行就诊的时间段内，身处何处、经历了什么。该时间段的案件事实与徐甲是否符合工伤认定的构成条件直接相关，对该部分案件事实的查明直接影响工伤认定的结论正确与否，因此该部分案件事实应当属于案件的基本事实，相关证据也必然是据以认定案件事实的主要证据。而人社部门没有对该部分案情进行全部调查取证，从而导致了案件事实认定的以偏概全。

2. 行政机关查明事实不可忽视“对抗性”证据

行政机关不仅要采纳与拟作出的行政行为方向一致的证据，而且不能忽略与该结论存在“对抗性”的证据。本案中，安阳县人社局已对卫生室医生进行调查，该笔录显示医生判断徐甲离校后是直接到卫生室就诊。该证据已经明确提示客观事实有可能与人社局认定的事实存在“对抗性”。在有相反的证据出现的情况下，行政机关应进一步核实查清徐甲的就诊经过，但安阳县人社局没有查清上述事实，导致所作出的不予认定工伤的行政行为事实不清，证据不足。

3. 事实难以完全查明时的工伤认定不应与立法本义相悖

实践中，职工发病的时间往往是夜间等人员活动稀少的时间段，行政机关极可能面临即使穷尽努力仍难以或者根本无法查明案件全部事实的问题。此时，如何作出是否构成工伤的结论，笔者认为应从工伤认定制度的立法本义全面斟酌，从有利于保护劳动者合法权益的角度进行综合评判，这样更能充分体现法律效果和社会效果的统一。

本案二审认为安阳县人社局所查明的现有案件事实不能直接认定徐甲不符合“在工作时间和工作岗位，突发疾病死亡或者在48小时之内经抢救无效死亡的”的工伤认定条件。况且，根据工伤认定倾向性保护职工合法权益的原则，在职工发病和死亡是否发生在工作时间、工作岗位上缺乏相关证据证明、难以确定的情况下，应当作出有利于职工的肯定性事实推定而非否定性的事实推定。该裁判观点的核心即在案件事实无法全部查清时不能径行否定构成工伤，对难以确定的，亦应按照工伤认定倾向性保护职工合法权益的原则，作出有利于职工的肯定性事实推定而非否定性事实推定。

编写人：河南省安阳市中级人民法院　苏斐　郜云丽

14

腰椎间盘突出症的工伤认定问题

——博而诺公司诉北京市通州区人力资源和社会保障局工伤行政确认案

【案件基本信息】

1. 裁判书字号

北京市第三中级人民法院（2019）京03行终1066号行政判决书

2. 案由：工伤行政确认纠纷

3. 当事人

原告（上诉人）：博而诺公司

被告（被上诉人）：北京市通州区人力资源和社会保障局（以下简称区人社局）

第三人（被上诉人）：肖某

【基本案情】

肖某系博而诺公司从事环卫工作的员工，于2017年7月4日在工作中卸树枝时，从车上摔下受伤，被社区医院诊断为“腰部外伤，腰部软组织损伤，不排除腰椎间盘突出症”，并建议“转至上级医院进一步诊治”。后肖某转院至潞河医院就诊，被诊断为“腰椎间盘突出症”，多次就诊无效后入院治疗，入院病情及出院诊断中均包含“腰椎间盘突出症”。2018年4月11日，潞河医院出具诊断证明，内容为“由摔伤导致腰痛加重、腰椎间盘突出症”。2018年4月13日，博而诺公司向区人社局提出工伤认定申请。同年6月18日，区人社局作出工伤决定书，认定肖某由于摔伤导致腰痛加重、腰椎间盘突出症，其受到的事故伤害属于工伤。博而诺公司对此不服，向区政府提起复议，区政府作出复议决定书，予以维持。

博而诺公司对工伤决定书及复议决定书不服，向北京市通州区人民法院（以下简称通州法院）提起行政诉讼。通州法院作出（2018）京0112行初226号行政判决书，认为区人社局未尽到审慎调查义务，直接根据诊断证明认定工伤证据不足，遂判决撤销工伤认定。肖某对此不服，提起上诉，北京市第三中级人民法院（以下简称三中院）作出（2019）京03行终142号行政判决书，驳回上诉，维持原判。之后，区人社局重新作出处理，向潞河医院发送协助调查函。潞河医院回复表示，肖某急诊主诉“工作中摔伤后腰痛2天”，后多次就诊，临床和核磁检查诊断为“腰椎间盘突出症。因保守治疗效果不佳，遂入院手术治疗”。住院病历载明“工作中摔伤腰腿疼痛半年”。最后，意见诊断为：腰椎间盘突出症（外伤性）。此外，区人社局调取肖某自2015年以来的就诊记录及病历，显示2017年以前并无腰椎间盘突出症的就诊记录。经调查核实，区人社局于2019年5月16日重新作出工伤决定书，认定肖某“腰椎间盘突出症”属于工伤认定范围系工伤。博而诺公司对此仍不服，向通州法院再次提起诉讼。

【案件焦点】

肖某“腰椎间盘突出症”是否属于工伤认定范围、能否予以认定工伤。

【法院裁判要旨】

通州法院经审理认为：从肖某的诊疗记录来看，肖某的腰椎间盘突出症伤情发展具有连续性，其治疗也是持续进行，符合病情逐步发展、显现的过程。事故发生前后肖某历次就诊的诊断情况、入院手术情况、潞河医院诊断证明及其关于患者肖某诊断问题的回复等证据材料已形成完整的证据链，能证明肖某的腰椎间盘突出症伤情是由本次摔伤所致。博而诺公司否认肖某腰椎间盘突出症属于工伤，然纵观工伤认定阶段及诉讼阶段，博而诺公司并未提供客观有效的证据予以反驳，其陈述亦不足以推翻区人社局关于肖某所受“腰椎间盘突出症”属于工伤的认定。故博而诺公司有关撤销工伤决定书的诉讼请求不予支持。

综上，通州法院依照《中华人民共和国行政诉讼法》第六十九条，判决如下：

驳回博而诺公司的诉讼请求。

博而诺公司不服，提起上诉。三中院经审理认为：肖某在事故发生后连续的诊断证明、治疗记录以及潞河医院关于肖某诊断问题的回复等在案证据已形成完整的证据链，证明肖某的腰椎间盘突出症伤情系由工作中发生事故摔伤所致。博而诺公司主张腰椎间盘突出症属于陈旧性病症，不应认定为工伤，但其未能提交相应证据予以证明。博而诺公司的上诉理由缺乏事实及法律依据，对其上诉请求不予支持。

综上，三中院依照《中华人民共和国行政诉讼法》第八十九条第一款第一项之规定，判决如下：

驳回上诉，维持原判。

【法官后语】

腰椎间盘突出症发病机理较为复杂，可由慢性积累引发或急性损伤所致，那针对此类内外因素兼具的病症是否可以认定为工伤？法院又该从什么角度判定？如何平衡行政程序中的证明责任？

1. 结合法律释义原则与医学病理作可能性判断

《工伤保险条例》对腰椎间盘突出症类似的综合性病症并没有专门性规定，但是根据该条例第一条规定，工伤针对的对象有两种情况，一是患职业病的情况，二是因工作遭受事故伤害的情况。首先，根据《职业病分类和目录》关于职业病的归纳，排除腰椎间盘突出症这种综合性病症属于职业病的情况。那么，就要考虑腰椎间盘突出症是否符合因工作遭受事故伤害。从《工伤保险条例》第十四条可以看出，工伤体现的是劳动者受到的急性伤害，也就是由于外部因素直接作用而引起机体组织的突发性意外伤害，如突然的、意外的外力作用。但是，腰椎间盘突出症的病因有内部因素，如腰椎间盘的退行性改变、长期反复外力造成的损伤、椎间盘自身弱点、个体遗传因素、腰骶先天异常，也有外部因素，也就是诱发椎间隙压力突然升高的因素，如突然负重或增加腹压等。内部因素产生的腰椎间盘突出症显然不符合工伤认定的标准，如长期伏案工作的劳动者导致的腰椎间盘突出症是由机体慢性发展形成的，并不是由突然的事故伤害所致，不予认定或视同工伤。但是，针对外因诱发的腰椎间盘突出症，并不能当然排除工伤认定范畴，下一步就是要判断其确定性与否。

2. 闭合性证据链演绎出法律上的因果关系

从前述可知，除了工作时间、工作地点和工作内容的基础因素之外，本案的难点就在于要在工作事故与持续性伤害之间建立起因果关系。针对直接外部因素所致伤害，如重物压力所致的骨折、器官出血，因果关系比较明晰，容易判断。但是，针对腰椎间盘突出症类似的多种致病因素下的伤害如何判断这种因果关系呢？这就要从事故发生时间、诊疗情况、机体因素等综合判断，要考虑事故发生后劳动者的历次就诊情况、医院的诊断证明、事故发生前机体是否存在陈旧性病症、陈旧性病症对本次事故伤害是否存在加重影响等。此外，要考虑上述证据是否形成了完整的证据链，因为腰椎间盘突出症具有逐步显现的发展特征，不宜凭借某一项证据就断定其与工作事故之间的因果关系。本案涉及的首次工伤申请中，区人社局就是将诊断证明这种客观记载作为直接根据作出了工伤认定，导致缺乏事实依据而被法院依法撤销。证据链的基础体现就是要符合司法认知演绎逻辑思维，各项证据完成闭合，区人社局在重新调查取证后，补充了肖某的历次就诊情况、诊疗情况及医院回函，与先前的证据形成了完整的证据链，能够互相印证腰椎间盘突出症系工作事故导致并逐步显现而进行连贯性治疗的过程。

3. 合理分配行政程序的证明责任

基于《工伤保险条例》保护受伤职工合法权益的立法本意，工伤认定行政程序中的举证责任在分配上具有特殊性，不完全适用“谁主张谁举证”的原则。在用人单位否认工伤的情况下，《工伤保险条例》第十八条规定了职工的基础事实举证责任，第十九条规定了用人单位的倒置举证责任。那么，在双方均未提供充足证据主张事实的情形下，证明不利责任即转化为社会保险行政部门的调查核实义务即第十九条规定的“审核需要”。也就是说，社会保险行政部门要承担起职工和用人单位举证不能的部分责任，进行充分的实质性尽职调查，在穷尽调查措施之后，运用裁量权，综合现有证据，通过法律事实还原案件作出工伤认定。若径行依据举证责任作出是否认定工伤的决定，则可能造成认定事实不清、证据不足的情形发生，那么，社会保险行政部门就要承担败诉风险。

编写人：北京市通州区人民法院　邱春阳　魏文风

三、行政许可

15

撤销行政许可应遵守正当程序原则

——福建伟杰公司诉中国银行保险监督管理委员会撤销行政许可决定案

【案件基本信息】

1. 裁判书字号

北京市第一中级人民法院（2018）京 01 行初 1165 号行政判决书

2. 案由：撤销行政许可决定纠纷

3. 当事人

原告：福建伟杰公司

被告：中国银行保险监督管理委员会

第三人：君康人寿公司

【基本案情】

2012 年 12 月 28 日，正德人寿保险股份有限公司（以下简称正德人寿公司）向原中国保险监督管理委员会（以下简称原保监会，因国务院机构改革，原保监会和原中国银行业监督管理委员会的职责整合，组建中国银行保险监督管理委员会）申请变更注册资本，其中原告福建伟杰公司在已出资 2 亿元的基础上，增资 2 亿元，增资后出资额为 4 亿元，持股 4 亿股。同月 31 日，原保监会作出《关于正德人寿保险股份有限公司变更注册资本的批复》（保监发改〔2012〕1529 号，以下简称变更批复）同意上述申请。2015 年，原保监会同意正德人寿公司的名称变更为君康人寿公司。2017 年，原保监会在对君康人寿公司进行公司治理检查过程中，发现原告福建伟杰公司以非自有资金增资君康人寿公司的问题，原保监会依职权对此进行了调查，并告知君康人寿公司。2018 年 2 月 5 日，原保监会作出撤销行政许可决定书（保监许可〔2018〕153 号，以下简称被诉决定书），内容为："君康人寿公司，经查，你公司股东福建伟杰公司在 2012 年的增资申请中，使用非自有资金出资。根据《中华人民共和国行政许可法》第六十九条第二款规定，决定撤销 2012 年 12 月 31 日作出的变更批复中福建伟杰公司增资你公司 2 亿股的许可。自本决定下发之日起 3 个月内，你公司应抓紧引入合规股东，确保公司偿付能力充足，在引资完成前不得向违规股东退还入股资金，期间限制违规股东参会权、提案权、表决权等相关股东权利。逾期未完成的，监管部门将视情况采取进一步监管措施。"同月 8 日，原保监会向君康人寿公司送达该决定书，于同日在其官网公布。

【案件焦点】

原保监会撤销变更批复中涉案内容时，是否应当适用正当程序原则，即是否应当告知原告其撤销的内容，并听取原告的陈述和申辩。

【法院裁判要旨】

北京市第一中级人民法院经审理认为：正当程序原则的要义之一在于，行政机关作出任何对行政相对人或利害关系人不利的行政行为，都必须说明理由并听取行政相对人或利害关系人的意见。本案中，虽然被诉决定书是针对君康人寿公司作出的，但原告是君康人寿公司的股东，被诉决定书的内容会限制原告作为君康人寿公司股东的权利，直接影响到原告享有的股东权益。虽然行政许可法及原保监会有关行政许可的规定未明确要求原保监会在撤销许可时应通知利害关系人，但原保监会亦应遵循正当程序原则的要求，在作出被诉决定书前，应当告知原告撤销行政许可的理由并听取原告的陈述和申辩，使原告真正参与到行政程序中，以确保原保监会全面把握案件事实，准确适用法律。原保监会既未告知原告撤销行政许可的理由，又未听取原告的陈述和申辩，有违正当程序原则，构成违反法定程序，故原保监会作出的被诉决定书中涉及原告的内容应予撤销。被告关于被诉决定书程序合法的主张，法院不予支持。

北京市第一中级人民法院依照《中华人民共和国行政诉讼法》第七十条第三项之规定，判决：

撤销被诉决定书中涉及福建伟杰公司的部分。

【法官后语】

根据行政许可法第六十九条第二款的规定，被许可人以欺骗、贿赂等不正当手段取得行政许可的，应当予以撤销。原保监会具有对保险行业的监管职责，在少数保险公司可能演变为资本逐利工具，给公司治理带来巨大风险的形势下，原保监会开展公司治理检查并作出相应处理是其依法履行职权的表现。原保监会撤销其作出的变更注册资本的批复中增资许可的决定，不仅涉及被监管保险公司的权利义务，而且会对原出资股东造成不利影响，故原保监会应遵守正当程序原则，履行通知利害关系人、听取其陈述和申辩之程序。

1. 行政许可撤销程序缺失之现状

根据行政许可法的相关规定，行政许可行为是赋予或认可相对人某项权利、资格，准许其从事特定活动的授益性的行为。行政许可的撤销，则是行政机关对其作出行政许可的一种纠错行为，是指已作出的行政许可存在违反法律规定的情形，由行政机关予以撤销而使已生效的行政许可失去法律效力的行为。行政许可法第六十九条对行政许可撤销的规定仅限于实体规范，未对撤销程序作出明确规定。行政许可撤销涉及当事人权益之重大、后果之严重与程序之缺失形成了极大落差。故为防止行政机关因缺乏程序控制导致的恣意和专断，要求其在撤销行政许可时履行必要的行政程序极为重要。

2. 正当程序原则在撤销行政许可中的适用

（1）正当程序原则的理解和适用

正当程序原则起源于“自然正义”法则，一般来说，有三个方面基本要求：第一，行政公开，即行政机关作出行政行为特别是对行政相对人不利的行政行为必须说明理由；第二，行政参与，即行政机关在作出不利行政决定时，必须听取行政相对人的陈述和申辩；第三，保持中立。随着学界及实务界程序意识的增强，相关理论研究、司法判例不断涌现，正当程序原则是裁决争端的基本原则及最低公平标准已经逐渐成为一种共识。

正当程序原则的适用主要有三种情形：一是作为原理的正当程序原则被成文法规则所吸收，这时须直接适用法定条款。二是现有法律规范较为模糊，但仍存在从法定规范探讨正当程序原则的解释空间，这时须运用法律解释等方法推导出行政行为必须遵守的规则意义上的正当程序要求。三是缺乏法律规范，直接援引原理意义上的正当程序原则，如最高人民法院第38号指导性案例的裁判理由写道："退学处理决定涉及原告的受教育权利，为充分保障当事人权益，从正当程序原则出发，被告应将此决定向当事人送达、宣布，允许当事人提出申辩意见。"

（2）正当程序原则在撤销行政许可中的适用

在撤销行政许可案件中如何适用正当程序原则，首先要厘清一个问题：是否存在规则意义上的正当程序要求以及能否直接或通过间接推导予以适用。从行政许可法的内容可见，撤销行政许可直接适用的程序性规定并不存在。那么能否通过法律解释的方法进行推导适用呢？有的法院认为，行政许可法第五条、第七条体现正当程序原则的规定位于总则位置，在分则中应当适用，故撤销行政程序亦应予以直接适用。但总则中的"设定和实施行政许可"能否涵盖"使行政许可失去效力的撤销行为"，这两种性质上完全不同的行政行为应否遵守同样的程序，都是值得商榷的问题。在这种情况下，法院应对正当程序原则的适用予以解释，援引作为"最低限度的程序公正标准"的正当程序原则。

正当程序原则的核心思想之一公平听证原则，要求行政机关在做出不利于当事人的行政决定时必须听取对方的意见，当事人有为自己辩护的权利。该原则可结构化为"行政行为不利于当事人→应适用正当程序原则"。行政处罚作为一种行政主体对违反行政法规范但尚未构成犯罪的相对人，运用行政权追究行政法律责任的行政行为，充分体现了上述结构，《中华人民共和国行政处罚法》第三十一条、三十二条也明晰地吸收了正当程序原则。比较行政许可的撤销与行政处罚（如行政许可的吊销），虽然前者是对行政许可颁发前违法行为的纠正，后者是对行政许可颁发后违法行为的惩处，但本质上都使得当事人处于损益状态，都符合"行政行为不利于当事人→应适用正当程序原则"的结构，故行政机关在作出撤销行政许可决定时，亦应遵循正当程序原则的要求，全面、充分、切实保证当事人的程序参与权。

本案中，虽然被诉决定书是针对君康人寿公司作出的，但撤销内容直接针对福建伟杰公司出资的2亿股，撤销后果为退还该公司入股资金，限制其股东参会权、提案权、表决权等相关股东权利，直接影响其享有的股东权益。虽然相关法律法规未明确要求原保监会在撤销许可时应通知利害关系人，但原保监会亦应遵循正当程序原则的要求，在作出被诉决定书前，应当告知原告撤销行政许可的理由并听取其陈述和申辩，使其真正参与到行政程序中，以确保原保监会全面把握案件事实，准确适用法律。原保监会既未告知原告撤销行政许可的理由，又未听取原告的陈述和申辩，有违正当程序原则，构成违反法定程序。

编写人：北京市第一中级人民法院　范术伟　闵雪

16

行政协议与法律法规“冲突”的效力认定

——瑞达公司诉盐城市大丰区人民政府、盐城市大丰区自然资源和规划局海域使用权行政许可案

【案件基本信息】

1. 裁判书字号

上海海事法院（2019）沪72行初19号行政判决书

2. 案由：海域使用权行政许可纠纷

3. 当事人

原告：瑞达公司

被告：盐城市大丰区人民政府（以下简称大丰区政府）、盐城市大丰区自然资源和规划局（以下简称大丰区自然资源局）

【基本案情】

2015年8月，原告通过投标与被告大丰区自然资源局签订东沙紫菜养殖海域使用权出让合同，期限为三年，合同写明：“合同期满，海域使用权终止，本海域使用权不予续期。”2018年5月，原告收到大丰区自然资源局向原告发出的“关于海域使用权不予续期的答复”，写明原告申请海域使用权续期的报告已收悉，答复称

海域使用权合同明确约定，海域使用权到期后不续期。2018 年 8 月，大丰区自然资源局向东沙海域的各紫菜养殖业主发出“关于清理东沙紫菜养殖的通知”，要求东沙海域使用权期满的业主立即停止紫菜养殖行为，拆除全部人工设施设备，清除海洋漂浮垃圾及生产生活垃圾。

原告等十五家公司将被告大丰区政府和大丰区自然资源局一并诉至法院，认为原告与大丰区自然资源局签订的海域使用权出让合同违反了《中华人民共和国海域使用管理法》第二十六条的规定，该条规定海域使用权人到期前有权申请续期，除根据公共利益或者国家安全需要收回海域使用权的外，应当批准续期。遂起诉请求判决：1. 撤销大丰区自然资源局向原告发出的“关于海域使用权不予续期的答复”；2. 大丰区自然资源局和大丰区政府履行法定职责，对原告海域使用权依法予以续期。

两被告辩称，涉案的海域使用权出让合同和海域使用权证书上均写明了到期后不再续期。东沙紫菜养殖海域部分与盐城湿地珍禽国家级自然保护区范围重合或邻近，当前国家对海洋采取更为严格的督察措施，对海洋生态环境的保护力度空前，相关海域能否持续进行养殖开发难以确定。因此，大丰区政府以招投标方式，以三年为一期进行海域使用权的出让，在招投标公告方案中都对到期不予续期进行了明确的说明。

【案件焦点】

1. 涉案海域使用权出让合同中“到期不予续期”的约定是否属于有效约定；2. 在存在前述约定的情况下，原告是否有权依据《中华人民共和国海域使用管理法》第二十六条的规定申请续期。

【法院裁判要旨】

上海海事法院经审理认为：涉案海域使用权出让合同第十条明确写明“合同期满，海域使用权终止，本海域使用权不予续期”，意思清晰明确并无歧义。相关合同的签订并无欺诈、胁迫行为存在，原告对合同相关条款应当是明知且理解其含义的，参加投标并签订合同，即意味着接受招标方案和合同条款的限定条件。《中华人民共和国海域使用管理法》第二十六条是对于一般情况下海域使用权人申请续期权利的规定，并非强制性的规定，其并不排除政府机关与海域使用权人对于使用权到期后是否续期通过明确约定的方式进行变更。由于海域使用权这一国家自然资源具有稀缺性特点，政府机关通过定期招投标的方式进行海域使用权出让，系以市场化手段促进自然资源的优化配置，以竞争性方式最大化保障和体现国有资产的价值，是政府更公开透明行使海域使用权出让管理职权的体现。考虑到涉案海域毗邻国家级自然保护区、盐城黄海湿地以及江苏省海洋生态红线，对于是否能够持续地进行养殖开发，具有一定的不确定性，政府以该条款对相关海域的使用权出让作出一定的限定，具有合理性，也并未违反法律法规的强制性规定。综上，法院认定涉案海域使用权出让合同中“到期不予续期”的约定为有效约定，对原告具有拘束力，在对于续期问题已有明确的特别约定的情况下，原告无权再按照法律规定的一般条款申请续期。

上海海事法院依照《中华人民共和国海域使用管理法》第七条第一款、第十七条第一款、第二十条、第二十六条，《中华人民共和国行政诉讼法》第六十九条，《最高人民法院关于适用〈中华人民共和国行政诉讼法〉的解释》第六十四条之规定，判决如下：

驳回原告的诉讼请求。

【法官后语】

海域使用权出让合同系海域行政机关依法行使海域使用管理职权，与公民、法人或者其他组织协商订立的具有行政法上权利义务内容的协议，属于典型的行政协议。它兼具行政性与协议性的特征，其中的协议性决定了其具有一定的私法性特征，与民事协议一样要求行政机关与行政相对人协商自由，意思自治。倘若一切依照法律法规规定调整双方行为，则不需要签订行政协议。换言之，行政协议的特性和价值决定其产生之初就具有补充、变更甚至排除法律法规规定的功能特征。根据《最高人民法院关于审理行政协议案件若干问题的规定》（发布于本案判决之后）第十二条的规定，人民法院认定行政协议是否无效主要从两个方面着手：一是审查行政协议是否存在“实施主体不具有行政主体资格或者没有依据等重大且明显违法”的情形；二是是否存在依照民法规定应认定无效的情形。

海域使用权出让合同订立双方的意思自治应当在司法审判中予以尊重和保护。订约双方可以有限度地对法律法规的一般内容进行变更，除非协议内容违反法律强制性规定，明显侵害相对人合法权益或者国家、集体、第三人利益，否则不应轻易认定无效。本案中，《中华人民共和国海域使用管理法》第二十六条虽规定了海域使用权人申请续期的权利，但这一权利可以通过约定的方式放弃。原告根据招投标方案签订合同，对合同条款知情同意，既无欺诈、胁迫情节，也无重大误解、显失公平等可撤销合同的理由。“到期不予续期”的约定应认定为有效。

本案裁判可归纳出以下理念，具有典型示范意义：

（1）行政相对人有权在行政协议中处分自己的部分实体或程序性权利。法院只需审查其处分的权利是否为其合法享有的权利，以及处分权利本身是否触犯法律的强制性规定或违背社会公序良俗、权利处分的意思表示真实与否等。

（2）政府机关有权以合法方式提升国家自然资源管理的效率和收益。自然资源使用价格逐年增高，采用分期出让、到期再行招投标的方式更符合市场化要求，而三年一期也已经兼顾了海域使用的稳定性。近海海域使用常受到国家海洋环境保护、海域区划规划等政策、法律法规变化的影响，具有一定的不确定性，限定海域使用期限有助于提升行政管理的效率，减少因政策法律变化而带来的管理难度、成本等一系列问题，具有合理性。

（3）尊重行政协议约定有助于维护政府公信力，也是诚信原则在行政协议中的体现。对于行政协议约定的尊重，不仅针对行政相对人，也是对行政机关的约束。对于海域资源的管理，既可以使用传统的职权式的方式，也可以采用行政协议的方式。但一旦采用契约方式，则应当在契约框架下寻求救济，而不能动辄以协议约定与法律规定不符而主张无效。涉案海域使用权的招投标方案已向社会大众公示，在当地已经形成共同认识。轻易否定协议效力，既是对政府公信的打击，也是对社会诚信的伤害。

编写人：上海海事法院　张健　鲍海跃

17

环境影响评价审批的司法审查方式及听证权利保护

——马某某等诉上海市浦东新区生态环境局环保许可案

【案件基本信息】

1. 裁判书字号

上海市第二中级人民法院（2019）沪02行终84号行政判决书

2. 案由：环保许可纠纷

3. 当事人

原告（上诉人）：马某某等29人

被告（被上诉人）：上海市浦东新区生态环境局

第三人：上海浦东工程建设管理有限公司

【基本案情】

第三人系济阳路（卢浦大桥－闵行区界）快速化改建工程项目（以下简称涉案工程项目）建设单位。29名原告系该项目施工沿线小区居民。2017年12月6日，第三人向被告提交《建设项目环境影响评价审批申请表》及所附《环境影响报告表》等材料，被告于同日依法受理、公示。被告委托上海市环境科学研究院（以下简称上海环科院）开展技术评估，结论为《环境影响报告表》质量合格，基本符合环评导则要求，从环境保护角度工程建设可行。同月25日，被告对涉案工程项目进行拟审批公示。同月27日，位于涉案工程项目沿线的部分居民向被告提交《环评听证会申请书》。2018年1月9日，被告向申请人中的8名居民发出《环境保护行政许可听证通知书》，告知听证会的时间及地点等事项。同月17日，环评审批部门组织召开听证会并制作听证笔录，审批人员介绍申请程序及内容等事项，上述8名居民、环境影响评价机构中海环境科技（上海）股份有限公司（以下简称中海公司）以及第三人发表意见，部分原告旁听。同年2月12日，被告作出被诉《环评审批意见》，送达第三人并网上公示。

原告不服，理由如下：第一，基础数据不实，《环境影响报告表》噪声监测点设置错误，现状数据与原告自行委托监测结果不符，建筑物与道路边界线距离失实。第二，听证程序违法，被告未作听证事先告知及通知，未出示拟作许可的证据及理由，侵害原告听证权利。请求法院依法判决撤销被诉《环评审批意见》。

被告辩称，《环境影响报告表》由具有环境影响评价技术服务资质的中海公司编制，经上海环科院技术评估，评价结论总体可信，认定事实清楚，证据确实充分。被告根据涉案工程项目利害关系人的申请召开听证会，在法定期限内作出被诉《环评审批意见》，执法程序合法。故请求法院判决驳回原告的诉讼请求。

第三人述称，中海公司具有编制《环境影响报告表》的资质，其数据来源于基于测绘数据制作的设计方案图纸，通过将数据完整导入国家环境保护总局认证的噪声模拟软件系统，得出环境影响评价结论，基础数据真实权威。《环境影响报告表》中载明的建筑物至道路边界线的距离等数据，是为了便于记录所作的概括性描述，并非导入噪声模拟系统直接使用的数据。原告认为应实地测量的意见不具有现实可能性且不具权威性。被诉环评审批意见合法，请求法院判决驳回原告的诉讼请求。

【案件焦点】

1.《环境影响报告表》基础数据是否失实；2. 听证程序是否合法。

【法院裁判要旨】

上海市静安区人民法院经审理认为：第一，关于《环境影响报告表》基础数据的审查问题。《环境影响报告表》经具备专业资质的机构进行技术评估，认为评价结论总体可信，被告根据评估结论，从涉案工程项目环境可行性、环境影响分析预测评估的可靠性、环境保护措施的有效性及环境影响评价结论的科学性等方面进行审查，作出被诉《环评审批意见》，认定事实清楚。关于原告主张的噪声现状数据失实问题，原告自行委托监测公司测得数据与《环境影响报告表》中数据存在的差异，系监测时间、监测地点不同所造成，不能据此否定《环境影响报告表》记载数据的真实性。且《环境影响报告表》所载声环境数据为现状评估数据，意在与建设项目施工期及完工后各项声环境指标进行比较，落实环保要求，并非对涉案工程项目建成后声环境数据的预估。关于原告主张的建筑物与道路边界线距离与实际不符问题，该距离表述是对小区位置与涉案工程项目距离的概括性描述，环评基础数据采集来源于测绘部门的测绘数据，而测绘数据包含了不同的相邻建筑物与涉案工程项目之间详细的空间关系，因此该概括描述距离并非环评过程中所采用的基础数据，并不影响环评的科学性与合法性。故原告认为《环境影响报告表》中基础资料数据不真实的主张缺乏事实根据。

第二，关于听证程序是否符合法定要求的问题。被告依申请组织召开听证会，但未依法送达《环境保护行政许可听证告知书》，告知行政许可申请人、利害关系人享有要求听证的权利。首先，听证程序本质上是一种事中救济程序，其目的在于通过参与人对拟处行政决定的证据、依据进行质辩，揭示争议内容，帮助行政机关正确作出行政决定，体现了行政的公正性和衡平性。听证告知的功能不仅在于启动听证程序，更重要的是事先告知行政许可的初步审查意见、证据和理由，便于听证参加主体充分行使质辩权利。而本案被告在组织听证过程中未向行政相对人发送听证告知书，客观上影响了听证参与人充分行使质辩权利的可能，同时，听证笔录也反映出执法人员未在听证程序伊始就开示拟处决定的相关证据和理由，使得听证参与人未能围绕行政机关的初步审查意见和相关证据展开质证和辩论，显著影响到听证参与人程序权利的实现。其次，法律规定环保行政许可申请人、利害关系人人数众多或者其他必要情形时，可以通过报纸、网络或者布告等适当方式，将《环境保护行政许可听证告知书》向社会公告。环保许可涉及的利害关系人可能范围广众，无法让每个人都发表意见，但可以通过委托代表等方式实现其权利主张。由于本案被告未制发听证告知书，更未向社会公告，造成原告未参与听证，实质上克减了原告程序参与权利，因此被诉许可程序违法。

综上，被诉《环评审批意见》实体内容合法而行政程序违法，原应撤销，责令其重新作出，但鉴于原告在庭审过程中已充分发表质辩意见，也未提出足以撤销或改变被诉许可实体认定的事实证据；第三人作为建设单位基于对被诉许可的信赖，已经开展实施相关建设工作，其信赖利益应当依法予以保障；且系争建设项目属于市政重要工程，撤销重作被诉行政行为可能对社会公共利益造成损害。因此，应当确认被诉《环评审批意见》违法。

上海市静安区人民法院依照《中华人民共和国行政诉讼法》第七十四条第一款第一项的规定，判决如下：

确认被告于2018年2月12日作出《关于济阳路（卢浦大桥－闵行区界）快速化改建工程项目环境影响报告表的审批意见》的行政行为违法。

二审法院同意一审法院裁判意见。

【法官后语】

本案系上海市首例环境影响评价审批决定行政机关败诉案件。本案的意义在于明确了法院对于专业技术性事实的审查方式：

一是对于单纯技术性事实的认定方式。在证据和事实审查上，行政诉讼有别于民事诉讼、刑事诉讼之处在于，行政诉讼中的证据与事实往往是经行政机关先行认定之后，再呈现于诉讼程序中的。因此，行政诉讼中的证据与事实认定涉及行政权与审判权的关系。对于单纯的技术性事实，法院一般应当尊重行政机关对于技术问题的首次判断，除非存在明显的相反证据或否定性事实。如确实存在相反证据且能够成立的，法院可以对个别技术性问题通过鉴定、专家咨询或专家证人作证等方式进行审查，但并不适宜对所有技术性问题进行全面审查。

二是对于技术性事实形成程序的审查标准。正因为法院尊重行政机关对于单纯技术性事实的首次判断权，法院应当更为严格地通过对行政程序加以审查，以实现司法对于行政行为合法性及行政裁量合理性的认定。一般而言，法律规定已经从程序上保障了当事人实体权利的实现路径。本案中，被告的行政行为违反了正当程序原则，显著侵害了原告作为许可事项利害关系人的实体权利，具体体现在以下两个方面：首先，由于被告在组织听证过程中未制发听证告知书，也未向社会公告，造成原告未能参与或者委托代表参与听证，实质上克减了原告程序参与权利告知行政许可申请人、利害关系人享有要求听证的权利，使其丧失发表意见、陈述观点的可能性。其次，听证的本质在于质辩，属于一种事中救济程序，本案被告在组织听证过程中，未在听证程序伊始就开示拟处决定的相关证据和理由，使得听证参与人未能围绕行政许可初步审查意见和相关证据展开质证和辩论，实质上剥夺了听证参与人程序权利的实现。

在本案判决方式的选择上，鉴于被诉许可事实认定而执法程序违法，法院本应判决予以撤销。但是，诉讼双方已就被诉环评审批意见的证据及依据进行了质辩，原告未能提供足以撤销本案事实认定的证据和依据，且第三人也已基于被诉环评审批意见开展了工程建设工作，撤销被诉行政行为可能会对社会公共利益造成损害，故法院最终依法判决确认被诉环评审批意见违法。

编写人：上海市静安区人民法院　王秀岩　葛翔

18

建设项目环境影响评价公众参与内容的司法审查

——××小区第二届业委会诉湖北省生态环境厅、中华人民共和国生态环境部行政许可案

【案件基本信息】

1. 裁判书字号

湖北省武汉市中级人民法院（2019）鄂01行终307号行政判决书

2. 案由：行政许可纠纷

3. 当事人

原告（上诉人）：××小区第二届业委会

被告（被上诉人）：湖北省生态环境厅（以下简称省生态环境厅）、中华人民共和国生态环境部（以下简称生态环境部）

第三人（被上诉人）：武汉地铁集团有限公司（以下简称武汉地铁公司）

【基本案情】

2016年2月23日，第三人武汉地铁公司委托铁四院公司承担轨道交通11号线武昌段工程的环境影响评价报告的编制工作。第三人武汉地铁公司通过《武汉晨报》和武汉市环境保护局官方网站对武汉市轨道交通11号线二期工程环境影响评价按要求进行了两次公示。第二次公示载明：该项目环境影响报告书简本已完成，现向公众公告并征求公众意见。公众可在省生态环境厅和铁四院公司的网站查阅详细信息公告及报告书简本，索取信息及提出意见期限为即日起10个工作日。后第三人通过问卷调查、团体意见征询等方式征求涉案工程周边公众意见，其中××小

区的个人问卷和团体问卷结果均为不支持，理由主要为地铁下穿小区影响房屋结构安全、污染环境。

2017 年 12 月 1 日，第三人武汉地铁公司向被告省生态环境厅申请报批铁四院公司编制的《环境影响报告书》。2018 年 1 月 22 日，被告省生态环境厅受理涉案建设项目环境影响报告书，并在湖北省投资项目在线审批平台进行拟批准公示，公示期间为2018 年1 月22 日至2018 年1 月31 日。2018 年2 月13 日，被告省生态环境厅对第三人武汉地铁公司作出鄂环审［2018］12 号《省环保厅关于武汉市轨道交通 11 号线东段二期工程环境影响报告书的批复》，并于 2018 年 3 月 2 日在湖北省投资项目在线审批平台予以公示。

原告××小区第二届业委会向生态环境部就案涉环评批复行为提出行政复议申请。2018 年 7 月 28 日，被告生态环境部作出环法［2018］48 号《行政复议决定书》，维持了省生态环境厅作出的环评批复行为，并于 2018 年 7 月 31 日向原告××小区第二届业委会邮寄送达。原告××小区第二届业委会不服，提起诉讼。

【案件焦点】

案涉环评批复行为是否合法。

【法院裁判要旨】

湖北省武汉市洪山区人民法院经审理认为：第三人武汉地铁公司委托具有相应资质的铁四院公司对涉案建设项目编制环境影响报告书，在编制过程中，第三人武汉地铁公司进行了两次公示，并通过问卷调查、团体意见征询等方式征求涉案建设项目周边公众意见。涉案建设项目环境影响报告书的内容涵盖了法定报批内容。被告省生态环境厅收到第三人武汉地铁公司提交的涉案环境影响报告书审批申请后，组织技术机构对环境影响报告书进行了技术评估，在湖北省投资项目在线审批平台上公告环境影响报告书受理的有关信息，并进行了批前公示，公示完毕后作出被诉环评批复行为，符合法律法规的规定。对于原告认为环评公众参与作假的主张，根据涉案建设项目环境影响报告书中公众参与专章的内容，第三人武汉地铁公司征求了建设项目周边公众意见，其中大部分公众意见为支持涉案项目的建设，××小区业主的意见为不支持，从形式上看并无明显不实。且原告××小区第二届业委会未提供证据证明公众参与作假，故对于原告的该项主张，法院不予支持。综上，对于原告××小区第二届业委会要求撤销被告省生态环境厅作出的被诉环评批复行为的诉讼请求，法院不予支持。被告生态环境部对原告的行政复议申请依法予以受理，并在法定期限内作出行政复议决定，符合法定程序。

湖北省武汉市洪山区人民法院依照《中华人民共和国行政诉讼法》第六十九条、第一百零二条的规定，作出如下判决：

一、驳回××小区第二届业委会要求撤销省生态环境厅于2018年2月13日作出鄂环审［2018］12号《省环保厅关于武汉市轨道交通11号线东段二期工程环境影响报告书的批复》行为的诉讼请求；

二、驳回××小区第二届业委会要求撤销生态环境部于2018年7月28日作出环法［2018］48号《行政复议决定书》行为的诉讼请求。

二审法院同意一审法院裁判意见。

【法官后语】

随着我国城镇化进程的快速推进，城市人口大幅增长，社会公共服务需求不断增加。为进一步提高市民生活水平，需要建设更多的公共服务设施，其中包括对周边环境有一定影响的公共设施，如高压变电站、地铁、高架桥等。由于这些建设项目会对周边居民产生影响，因此项目周边居民基于自身利益考虑，往往持反对意见，由此产生行政争议的现象较为普遍。

本案中，原告以涉案项目环评报告中的公众参与问题存在虚假不实等为由，要求撤销被告省生态环境厅对涉案项目环评报告的批复行为。针对案件涉及的环评行政许可的司法审查问题，实践中存在两种观点。第一种观点认为，建设项目环评行政许可案件中，人民法院应充分尊重行政机关对环境影响评价报告作出的行政判断，仅需从形式上审查环境保护行政主管部门审批行为的合法性，而不需要就建设项目环境影响评价报告书的具体内容作实质审查。第二种观点认为，建设项目环评行政许可案件涉及原告重大利益，与人民群众生产生活密切相关，人民法院不仅需要对环境保护行政主管部门审批行为的程序合法性进行审查，而且需要就原告针对环评报告提出的质疑事项进行实质审查，以判定行政许可行为是否合法。

对此，我们赞同第二种观点，这也是本案生效裁判采纳的意见。主要理由如下：随着行政机关依法行政意识和水平的提升，在环评行政许可程序中做到形式上合法已没有太大障碍。如果人民法院在环评行政许可案件中，针对原告提出质疑的环评报告相关事项，不实质性介入审查而全部采纳行政机关作出的行政判断，仅就审批行为的程序进行形式合法性进行审查，则难以实现行政审判对行政权行使的有效监督，这也是在环评行政许可案件中原告方败诉率高的重要原因。

司法是正义的最后一道防线。在行政审判实践中，对行政机关就专业性问题作出的行政判断，人民法院应给予充分的尊重，但这并不代表人民法院就此完全不予审查。诚然，人民法院以自己的判断优先于拥有专家的行政机关的判断，固然不适当，但如果人民法院一遇到专业问题便无原则地尊重行政机关的专业判断而完全不予审查，那么在行政管理事务日益专业化和复杂化的大背景下，人民法院面临越来越多的专业问题，必将束手无策，这显然不符合设置行政诉讼的制度初衷。

人民法院在推动实现国家治理体系和治理能力的现代化进程中的使命重大，要充分发挥司法监督职能作用，加强对行政机关依法行使职权的监督。因此，人民法院在对行政行为的司法审查中，对有争议的专业性问题进行实质审查判断，不仅是人民法院履行监督行政机关依法行政的需要，更是人民法院履行保护公民、法人和其他组织合法权益的需要，也是推进全面依法治国、建设法治政府的需要。

编写人：湖北省武汉市洪山区人民法院　冉超

四、行政征收

19

被列为不可移动文物的居住用房的可征收性及其补偿价值的确定规则

——钟某诉长沙市开福区人民政府、长沙市人民政府房屋行政补偿及行政复议案

【案件基本信息】

1. 裁判书字号

湖南省高级人民法院（2020）湘行终419号行政判决书

2. 案由：房屋行政补偿及行政复议纠纷

3. 当事人

原告（上诉人）：钟某

被告（被上诉人）：长沙市开福区人民政府、长沙市人民政府

【基本案情】

熙宁街81号公馆在2010年第三次全国不可移动文物普查中被列为开福区不可移动文物，钟某所有的位于长沙市开福区熙宁街87号房屋位于该公馆之内。2013年5月21日，开福区政府对涉案房屋作出开政征补字［2013］第244号房屋征收补偿决定，钟某不服另案提起诉讼。2014年6月9日，开福区政府在该案二审期间作出自行撤销该补偿决定的书面决定，长沙市中级人民法院判决确认该补偿决定违法。

2015年7月27日，长沙市文物局作出《关于〈熙宁街81号公馆迁移工程勘察

设计方案〉的批复意见》（长文物［2015］58号），该批复意见原则同意开福区文化体育新闻出版局报来的《熙宁街81号公馆迁移工程勘察设计方案》；2015年8月15日，开福区政府作出《关于黄兴北路棚改区（二期）不可移动文物熙宁街81号公馆迁移保护的函》（开政函［2015］82号），该函载明熙宁街81号公馆实施迁移保护的具体设计方案通过了专家评审及长沙市文物行政部门审批。该函附件《黄兴北路棚改区（二期）不可移动文物熙宁街81号公馆名录》明确熙宁街81号公馆保护级别为“未定级”、保护方案为“迁移至原地址西北侧重建”。2019年4月30日，开福区政府对钟某作出开政征补字［2019］第38号房屋征收补偿决定（以下简称38号补偿决定）：一、决定对钟某户实行产权调换。二、被征收房屋的补偿总额为805741元（被征收房屋装饰装修和其他设施补偿未计入），其中被征收房屋价值补偿费为804197元，搬迁费为1544元。产权调换房屋的评估总价为794351元，找补差价款11390元。被征收房屋装饰装修价值补偿和其他设施补偿另行补偿。三、限钟某在本决定送达之日起二十日内搬迁。钟某不服，向市政府提起行政复议。2019年8月21日，市政府复议决定维持38号补偿决定。钟某认为涉案房屋属于不可移动文物，且保护方案为“迁移重建”，不能被征收，遂起诉请求撤销38号补偿决定。

【案件焦点】

1. 不可移动文物是否可以被征收；2. 征收补偿时是否应体现文物的价值。

【法院裁判要旨】

湖南省长沙市中级人民法院经审理认为：1. 开福区政府是作出房屋征收补偿决定的适格主体；2. 开福区政府作出的38号补偿决定认定事实清楚、程序合法、适用法律正确；3. 市政府行政复议程序合法；4. 长沙市文物局批复同意对涉案房屋进行迁移保护，开福区政府也作出了迁移保护的函，涉案建筑上的文物价值属性已经发生了转移，开福区政府针对住宅进行征收符合法律规定。且文物保护法仅确定国家级、省级、市县级文物保护单位的划分，并非对不可以定文物评估价格的规定，故钟某所提“征收不可移动文物应当体现历史、艺术、科学价值”的主张，不予采纳。

湖南省长沙市中级人民法院依照《中华人民共和国行政诉讼法》第六十九条之规定，作出如下判决：

驳回钟某的诉讼请求。

钟某持一审起诉意见上诉。湖南省高级人民法院经审理认为：在长沙市文物局批复同意对涉案房屋进行迁移保护且开福区政府也制订了具体迁移保护方案的情况下，开福区政府对涉案房屋的征收符合《湖南省文物保护条例》的相关规定。钟某认为不可移动文物不能被征收缺乏明确的法律依据。

涉案房屋虽然被列为不可移动文物，但该房屋的历史、艺术、科学等价值并不是体现在被征收房屋的市场交换价值上，而是为了加强对该房屋的保护和合理利用。钟某认为其房屋征收补偿的评估价值应体现出历史、艺术、科学价值，没有法律依据。且钟某的房屋并非祖屋，而是从他人处以普通房屋的价格转让而来，故开福区政府按照评估价值确定其补偿价值并没有损害其合法权益。

湖南省高级人民法院依据《中华人民共和国行政诉讼法》第八十九条第一款第一项的规定，作出如下判决：

驳回上诉，维持原判。

【法官后语】

首先，被列为不可移动文物的居住用房的可征收性问题。《国有土地上房屋征收补偿条例》规定的征收对象为国有土地上的房屋，但对于房屋如为不可移动文物是否可以被征收，没有明确规定。该条例第八条第五项规定，政府依照城乡规划法有关规定组织实施的对危房集中、基础设施落后等地段进行旧城区改建的需要，可以作出房屋征收决定。《中华人民共和国城乡规划法》第三十一条规定，旧城区的改建，应当保护历史文化遗产和传统风貌，合理确定拆迁和建设规模，有计划地对危房集中、基础设施落后等地段进行改建。历史文化名城、名镇、名村的保护以及受保护建筑物的维护和使用，应当遵守有关法律、行政法规和国务院的规定。《湖南省文物保护条例》第十三条规定，建设工程选址，应当尽可能避开不可移动文物；因特殊情况不能避开的，对文物保护单位应当尽可能实施原址保护。尚未核定公布为文物保护单位的不可移动文物，因建设工程特殊需要必须迁移异地保护或者拆除的，经设区的市、自治州人民政府文物行政部门同意后，报县级人民政府批准。因此，法律对于不可移动文物的征收并没有禁止性规定。市、县人民政府确需征收不可移动文物，涉及不可移动文物的迁建、拆除、改建等事宜的，应当严格依据文物保护法的相关规定进行。

其次，关于被列为不可移动文物的居住用房的补偿价值认定标准问题。《中华人民共和国文物保护法》第三条第一款规定，古文物遗址、古墓葬、古建筑、石窟寺、石刻、壁画、近代现代重要史记和代表性建筑等不可移动文物，根据它们的历史、艺术、科学价值，可以分别确定为全国重点文物保护单位，省级文物保护单位，市、县级文物保护单位。文物保护法上述关于不可移动文物历史、艺术、科学价值的规定是确定国家级、省级、市县级文物保护单位的划分方法，并非对不可移动文物市场评估价格的规定。而确定不可移动文物的历史、艺术、科学等文物价值，是为了加强对文物的保护，继承中华民族优秀的历史文化遗产，促进科学研究工作，进行爱国主义和革命传统教育，建设社会主义精神文明和物质文明，是为了贯彻保护为主、抢救第一、合理利用、加强管理的方针。本案中，钟某所有房屋的产权登记和实际用途均为居住用房，《国有土地上房屋征收补偿条例》对于被征收房屋的价值也是规定通过评估机构的评估来确定，而根据《国有土地上房屋征收评估办法》的规定，评估主要考虑被征收房屋的区位、用途、建筑结构、新旧程度、建筑面积以及占地面积、土地使用权等影响被征收房屋价值的因素。上述影响评估价值的因素对于住宅而言，主要考虑的就是房屋居住功能与据此体现的居住价值。当事人主张评估价值应体现出历史、艺术、科学价值的，人民法院不予支持。

编写人：湖南省高级人民法院　黄一凡　薛珊珊

20

行政协议案件中原告履责诉求客观不能的裁判路径

——高某诉北京市朝阳区人民政府房屋征收办公室履行征收补偿协议案

【案件基本信息】

1. 裁判书字号

北京市第三中级人民法院（2019）京 03 行终 898 号行政判决书

2. 案由：履行征收补偿协议纠纷

3. 当事人

原告（上诉人）：高某

被告（被上诉人）：北京市朝阳区人民政府房屋征收办公室（以下简称朝阳区房征办）

【基本案情】

2017 年 2 月 24 日，北京市朝阳区人民政府发布《房屋征收决定》，决定对永安里旧城区改建项目用地红线范围内的房屋及其附属物实施征收，房屋征收的实施单位为北京市朝阳区房屋征收事务中心（以下简称区征收事务中心），原告的房屋在上述征收范围内。2016 年 12 月 12 日，区征收事务中心与原告签订了《征收补偿协议》。在该协议中，原告同意按照征收补偿方案中确定的产权调换方案进行产权调换。2017 年 3 月 14 日，区征收事务中心与原告签订《征补协议（一）》。在该协议中，原告自愿选择涉案房屋作为产权调换房屋之一，并在规定的时间内进行了选房确认工作。《征补协议（一）》中对产权调换房屋的确定和结算单价、征收补偿款的确定、协议生效变更及解除等事项进行了约定。

2017 年 4 月 7 日，相关单位向原告交付涉案房屋，交房时的《入住交房验收表》中载明，"主卫设施不完善没有水管、没有地漏、坐便管道、没有下水管道"等内容。被告向原告提供的涉案房屋的户型图显示，原告选中的户型为一室一厅两卫，位于主卧室的小间（即房屋南面）为"卫生间"。实际交付时，涉案房屋户型为一室一厅一卫一储藏间，位于主卧室的小间变为"储藏间"。涉案房屋的建设单位及规划单位分别出具《说明》认定涉案房屋不具备将储藏间改造为卫生间的条件。原告诉至法院，要求判决朝阳区房征办对涉案房屋南面"卫生间"进行修复。

经法庭释明，原告坚持要求被告继续履行《征补协议（一）》的内容，要求将涉案房屋的"卫生间"修复后交付具有两个卫生间的涉案房屋，合议庭当庭向原告告知在已有二审生效裁定认定涉案房屋不具有改造现实可能性的情况下，其坚持要求继续履行合同存在诉讼风险，原告仍表示坚持其诉讼请求。

【案件焦点】

在行政协议案件中，行政机关未能按照约定履行行政协议确定的义务，但继续履行行政协议在客观上无法实现，经法院释明后原告仍坚持要求行政机关继续履行行政协议，对原告的诉请如何裁判。

【法院裁判要旨】

北京市朝阳区人民法院经审理认为：房屋户型情况系影响被征收人确定产权调换房屋的重要信息，也直接涉及房屋征收补偿协议的签订或履行，除被告向原告提供的户型图外，双方未在征补协议中或以其他书面形式对此另行作出约定，故户型图应属被告对原告作出的要约，在双方已经签订征收补偿协议的情况下，该户型图构成合同约定的一部分，涉案房屋的户型信息的内容对双方具有法律拘束力。本案中，现有证据足以证明被告交付的涉案房屋与双方约定的内容不具有一致性，故被告未按照双方约定的内容履行交房义务，已经构成违反合同约定的行为。

根据《中华人民共和国行政诉讼法》第七十八条第一款和《中华人民共和国合同法》第一百一十条第一项的规定，本案中，原告要求被告继续履行合同义务，修复涉案房屋主卧室的小间的卫生间的使用功能后，向其交付具有两个卫生间的房屋。但现有证据可证明原告所主张的卫生间规划的使用功能为储藏，涉案房屋的建设单位及规划设计单位均提交书面《说明》，明确涉案房屋不具有改造的可能性，且二审生效裁定中也已认定涉案房屋不具有改造的现实可能性，故原告以继续履行合同义务为核心的诉请已不能实现。在法院已对此进行明确释明的情况下，原告仍坚持提出此项诉请，对此应予驳回。原告在本案中所提出临时安置补偿、租金可得利益损失赔偿及房屋物业费、供暖费损失的请求，也并非基于合同无法实际履行所主张的违约责任，对此一并予以驳回。

北京市朝阳区人民法院依据《中华人民共和国行政诉讼法》第六十九条、第七十八条第一款，《中华人民共和国合同法》第一百一十条第一项的规定，判决如下：

驳回高某的全部诉讼请求。

高某不服，上诉至北京市第三中级人民法院，请求依法改判，撤销一审判决，支持其一审的全部诉讼请求。朝阳区房征办辩称，同意一审判决，请求予以维持。

北京市第三中级人民法院经审理，确认一审法院认定的事实和证据，并认为：本案中，高某要求被上诉人继续履行合同义务，修复涉案房屋主卧室的小卫生间的使用功能后，向其交付具有两个卫生间的房屋。根据现有证据及（2018）京 03 行终 397 号行政生效裁定，均已认定涉案房屋不具有改造的现实可能性，其要求继续履行合同义务的诉讼请求事实上已不能实现。在一审法院明确释明的情况下，高某仍坚持此项诉讼请求，一审法院予以驳回并无不当。

北京市第三中级人民法院依照《中华人民共和国行政诉讼法》第八十九条第一款第一项的规定，判决如下：

驳回上诉，维持一审判决。

【法官后语】

行政协议兼具行政性和合同性的特征，在裁判方式选择上也应综合运用行政行为合法性审查原则和“不告不理”原则。在行政机关未能按照约定履行行政协议确定的义务情况，公民、法人或其他组织依法提出要求行政机关依法履行或者按照行政协议约定履行义务或撤销、解除行政协议。但在行政协议客观上不能继续履行的情况下，经法院释明后，当事人仍坚持要求行政机关继续履行相应合同义务并主张违约损失赔偿，对于裁判方式的选择有两种不同观点：一种观点是考虑到行政协议的行政性特征，应体现司法审查对行政行为的监督上，对于违法的行政协议，法院应进行主动审查和判断。本案中，被告违反合同约定的事实明确，因此应对于行政行为的合法性作出判断，并直接判决赔偿原告相应的经济损失。另一种观点则是在继续履行协议义务的诉请客观不能的情况下，经释明相对人仍坚持，法院应当驳回原告的全部诉讼请求。

本案最终选择判决驳回原告诉讼请求的裁判方式，此方式更切合行政协议审查的应有之义，具体裁判理由为：

第一，行政协议的司法审查规则独特。由于行政协议兼具有行政性和契约性，在对行政协议案件进入实体审查后，应更注重行政协议契约性的特点和不同于单方行政行为的审查规制。自2020年1月1日起实施的《最高人民法院关于审理行政协议案件若干问题的规定》第二十七条规定，人民法院审理行政协议案件，可以参照适用民事法律规范关于民事合同的相关规定。根据《中华人民共和国民法典》第五百八十条第一款第一项的规定，当事人一方不履行非金钱债务或者履行非金钱债务不符合约定的，对方可以请求履行，但是法律上或者事实上不能履行的除外。本案中，已发生法律效力的司法文书中已认定相关证据材料能够证明涉案房屋不具有改造的现实可能性，故从合同案件的裁判规制看，原告要求继续履行合同的诉请已不能实现。民事诉讼的裁判以当事人的诉请为基础，在法院已进行释明的情况下，原告仍坚持继续履行合同的诉讼请求，对此诉请应予以驳回。

第二，从行政协议的行政性角度分析，亦可参照履责类案件的裁判思路分析此类的案件裁判方式。原告诉请实质仍是要求被告按照合同约定修复涉案房屋或继续交付具有两个卫生间的房屋，但履责指向在客观上无法事实，也属于相对人要求行政机关履行职责理由不能成立的情形，可适用行政诉讼法第六十九条中“原告申请被告履行法定职责或者给付义务理由不成立的”的规定。

第三，原告就被告违约交付房屋有相应救济途径。《最高人民法院关于审理行政协议案件若干问题的规定》第十九条中规定“被告无法履行或者继续履行无实际意义的，人民法院可以判决被告采取相应的补救措施”，但本案中被告亦无采取补救措施修复的可能性。本案虽以涉案房屋客观上不具有改造可能性，而原告经释明坚持履责诉求为由驳回其诉讼请求，但其合法权益维护仍可以通过要求被告承担合同违约责任的方式予以解决。

编写人：北京市朝阳区人民法院　郑瑞涛　杨星星

21

履行行政协议案件的司法审查应将合法性审查与合同审查相结合

——付某诉北京市东城区人民政府房屋征收办公室行政征收协议案

【案件基本信息】

1. 裁判书字号

北京市第二中级人民法院（2019）京02行终2001号行政判决书

2. 案由：行政征收协议纠纷

3. 当事人

原告（上诉人）：付某

被告（被上诉人）：北京市东城区人民政府房屋征收办公室（以下简称东城征收办）

第三人：北京市东城区房屋征收事务中心（以下简称东城征收中心）

【基本案情】

付某承租位于北京市东城区×号院×号平房（以下简称涉案房屋）1间，该房屋位于北京市东城区望坛棚户区改造项目范围内。经过入户调查，该址有正式房屋平房1间，未登记房屋5间，分别由付某及王某甲等四人居住。北京市东城区望坛棚户区改造项目为设置有预签期的改造项目，预签期为2017年4月11日至2017年7月19日。东城征收办为该项目的房屋征收部门，东城征收中心为该项目的实施单位。2017年4月26日，付某办理了房改购房手续。同日，付某与东城征收办、东城征收中心签订了涉案征补协议。该协议约定，付某选择货币补偿方式，选择奖励房源类型为改建地段奖励房源。东城征收办、东城征收中心支付付某被征收房屋评估款、其他补偿费用、住宅房屋相关补助及奖励等。协议第九条约定了相关权证移交的义务。协议第十条约定，付某应在协议生效后15日内将被征收房屋及全部相关未登记房屋及附属物腾空后完整移交，并负责所有人员按期搬迁。在协议及补充协议生效且被征收人履行协议第九条、第十条规定在约定时间内交付房屋权属文件并履行全部交房义务；协议及补充协议经审计审核通过后，东城征收办、东城征收中心委托银行向付某发放协议及补充协议中确定的相关补偿、补助及奖励。项目预签期内预签征收补偿协议比例达75%，北京市东城区人民政府依法作出征收决定的，协议生效。2017年7月21日，北京市东城区人民政府作出征收决定。涉案征补协议签订后，付某履行了相关权证移交的义务。但涉案征补协议生效后，付某与东城征收办、东城征收中心就交付的相关未登记房屋发生争议。付某未交付房屋，东城征收办及东城征收中心未向付某支付各项补偿及奖励。故付某诉至法院，要求被告履行涉案征收补偿协议，接收原告交付的涉案房屋，并按照协议约定向原告支付各项补偿及奖励，让原告选择购买奖励房源。

【案件焦点】

1. 被告是否需要按照协议约定接收涉案房屋并按照协议约定向原告支付各项补偿及奖励并让原告选择购买奖励房源；2. 原告付某是否已经履行了涉案征补协

议所确定的交房义务。

【法院裁判要旨】

北京市东城区人民法院经审理认为：根据《国有土地上房屋征收与补偿条例》的规定，东城征收办作为北京市东城区人民政府确定的房屋征收部门，东城征收中心作为涉案项目的房屋征收实施单位，具有与被征收人付某就其位于望坛棚户区改造项目征收范围内的涉案房屋的征收补偿事宜签订征补协议的主体资格。本案中，东城征收办、东城征收中心依据北京市东城区人民政府作出的关于东城区望坛棚户区改造项目的批复，在预签期内与付某签订涉案征补协议，该协议系付某与东城征收办、东城征收中心的真实意思表示，不违反法律、法规的强制性规定，不存在合同法规定的合同无效的情形，协议签订的过程亦未违反相关行政法律法规的规定，且涉案征补协议已经达到了协议约定的成立及生效条件，故涉案征补协议已经生效。虽然涉案征补协议中未明确约定付某应当交付之“未登记房屋”的范围，但是在2015年8月的《望坛棚改项目入户调查册》调查表及未登记房屋平面图中，明确标明共5间未登记房屋，并明确标明未登记房屋位置及居住人，付某及居住人均在调查表上签字。根据入户调查册结合入户调查结果公示表，可以确认付某未履行涉案征补协议所约定的交房义务。故付某要求被告东城征收办及第三人东城征收中心履行涉案征补协议的诉讼请求，不符合协议约定及涉案征收项目的相关政策规定，本院不予支持。

北京市东城区人民法院依据《中华人民共和国行政诉讼法》第六十九条，《中华人民共和国合同法》第八条、第六十条之规定，判决：

驳回原告付某的诉讼请求。

二审法院同意一审法院判决意见。

【法官后语】

根据《最高人民法院关于审理行政协议案件若干问题的规定》第一条规定，行政机关为了实现行政管理或者公共服务目标，与公民、法人或者其他组织协商订立的具有行政法上权利义务内容的协议，属于行政协议。而本案所涉及的房屋征收补偿协议为一种典型的行政协议。根据行政协议的定义可以看出，行政协议与一般民事协议存在以下不同：一是签订主体不同，行政协议缔约的一方为行政机关，另一方为行政相对人。而民事协议缔约双方为平等主体。二是缔约的目的不同，行政协议缔约的目的是实现行政管理或者公共服务的目标，如果是行政机关签订的为了设立、变更、终止民事法律关系的协议则不是行政协议。三是协议的内容不同，行政协议在内容上具有行政法上的权利及义务。除了上述不同，作为协议，行政协议与民事协议一样，必须是当事人意思表示一致达成的合意。

行政协议的上述特点，使其具有一般民事协议的特征之外，还具有其自身特征，如协议涉及行政机关的职权，因为其是为了实现行政管理目标和公共服务，有可能涉及公共利益问题，行政机关在行政协议中具有行政优益权等。因此，在法院审理行政协议的案件中，除了行政案件的合法性审查，还应该对协议效力、协议的约定、履行的情况等进行审查，即按照《中华人民共和国民法典》等民事法律的有关规定进行合同审查。具体到履行行政协议案件的司法审查，应将合法性审查与合同审查相结合。

首先，必须进行合法性审查。即审查行政机关签订行政协议是否具有法定职权、签订的协议是否履行了相关的法定职责，签订协议及履行协议的过程是否遵守了法定程序，是否符合相应的法律法规的规定、是否存在滥用职权等。此时应由行政机关承担相应的举证责任。其次，应进行合同效力的审查。即审查行政协议是否成立、是否生效、行政协议是否具有民法典规定的合同无效情形。最后，应对合同的约定及履行情况进行审查，行政协议从本质上来说仍是协议，系双方当事人意思表示一致的产物，而双方当事人的意思表示就体现在协议的条款当中，当事人在履行协议的过程中，是否按照合同的约定履行，是判断当事人是否违约的前提。因协议的履行是一个动态的过程，在审理案件时，需要结合协议的约定，一一审查当事人双方的履行情况。本案中，法院先审查了被告的职权及涉案征补协议的效力情况，后根据原告的主张，重点审查了双方履行的情况，因涉案征补协议约定原告履行交房义务后，被告支付相应的补偿款项，故原告是否已经完整履行涉案征补协议，成为本案的焦点。虽然涉案征补协议并未对所交付房屋及全部未登记房屋的具体情况予以详细约定，但在征收过程中的入户调查册中对此有详细的说明且原告及所有的共居人进行了签字确认，由此可以认定原告未履行完毕相应的交付义务，其要求被告履行支付补偿款等义务不符合协议约定，故法院最终判决驳回了原告的诉讼请求。

编写人：北京市东城区人民法院　杨莹

五、行政处罚

22

除有足以反驳的证据外，监控数据可作为认定环境违法行为的关键性证据

——北京市通州机动车检测场诉北京市生态环境局行政处罚案

【案件基本信息】

1. 裁判书字号

北京市第一中级人民法院（2019）京01行终1008号行政判决书

2. 案由：行政处罚纠纷

3. 当事人

原告（上诉人）：北京市通州机动车检测场（以下简称通州检测场）

被告（被上诉人）：北京市生态环境局（以下简称市环境局）

【基本案情】

北京市机动车排放定期检测监管系统（以下简称I/M系统）系市环境局用于监控监管北京市机动车排放检测的技术平台系统。机动车检测机构检测人员检测前，需在简易工况法检测设备控制系统软件中手动输入待检车辆车牌号，向I/M系统发送调取车辆基本信息指令，检测数据则共享至I/M系统。根据I/M系统显示，亚运村机动车检测公司于2018年3月24日对京N××车辆进行了排放检测，检测结果为不合格。2018年3月27日，通州检测场对该车辆进行了三次检测，第一次检测：系统时间显示为12:38:27—12:43:32，监控录像时间显示为12:35:29—12:38:48，

检测线为09460，测量值不合格，检测结果为中止；第二次检测：系统时间显示为16:53:40—16:58:13，监控录像时间显示为16:59:07—17:00:03，但监控录像中车辆车牌号为京G××，检测线为09461，测量值不合格，检测结果为中止；第三次检测：系统时间显示为17:02:08—17:03:04，监控录像时间显示为16:59:07—17:00:03，但监控录像中车辆车牌号为京G××，检测线为09461，检测结果为合格。I/M系统中显示上述三次检测手动录入的车牌号均为京N××，系统当天没有京G××车牌的录入记录。另外，I/M系统的显示时间与监控录像显示时间因未校准而存在误差；在同一条检测线上检测车辆时，如果操作人员未重新登录，前一次的检测监控录像会被后一次检测的监控录像所覆盖。通州检测场认为上述I/M系统中检测数据存在伪造、修改或系统出错，诉讼中申请对检测数据是否存在人为修改进行司法鉴定，法院未予准许。

此外，周某在接受市环境局询问时称，其于2018年3月27日对京N××车辆进行了两次检测，检测结果均为中止，最后一次系对京G××车辆进行检测，但其对I/M系统显示最后一次检测录入的是京N××车牌号、I/M系统中当日并无京G××车辆的上线检测记录等问题均无法作出解释。通州检测场主管副场长丰某在接受询问时承认存在替检情况，但称系因工作人员工作疏忽录入错误车牌号，并非故意替车检测。经听证，市环境局作出行政处罚决定书，认定通州检测场存在替车检测、出具虚假排放检验报告的违法行为，根据《中华人民共和国大气污染防治法》第一百一十二条的规定，决定对通州检测场没收违法所得九十元，并处二十万元的罚款。通州检测场不服，遂成讼。

【案件焦点】

1. 通州检测场是否存在替车检测、出具虚假排放检验报告的违法行为；2. 在线监控手段获取的监控数据能否作为认定违法事实的证据。

【法院裁判要旨】

北京市海淀区人民法院经审理认为：《中华人民共和国大气污染防治法》第五十四条规定，机动车排放检验机构应当依法通过计量认证，使用经依法检定合格的机动车排放检验设备，按照国务院生态环境主管部门制定的规范，对机动车进行排放检验，并与生态环境主管部门联网，实现检验数据实时共享。机动车排放检验机构及其负责人对检验数据的真实性和准确性负责。生态环境主管部门和认证认可监督管理部门应当对机动车排放检验机构的排放检验情况进行监督检查。《环境行政处罚办法》第三十六条规定，环境保护主管部门可以利用在线监控或者其他技术监控手段收集违法行为证据。经环境保护主管部门认定的有效性数据，可以作为认定违法事实的证据。针对环境违法行为的特殊性，环境保护主管部门利用联网在线监控、数据共享等技术监控手段能够更方便、准确、有效地实施监管。除非有足够的证据证明监控数据在形成过程中存在系统漏洞或者人为修改，环境保护主管部门通过联网在线监控手段获取的监控数据应可以作为认定违法事实的证据。

本案中，I/M 系统中的监控数据正源自机动车检测机构检验数据的共享，通州检测场应对检验数据的真实性和准确性负责。根据 I/M 系统显示，2018 年 3 月 27 日，通州检测场检测员进行的三次检测手动录入的均系京 N×× 车牌号，并无京 G×× 车牌号的录入记录，前两次检测结果均因测量值不合格而中止，第三次检测结果虽为合格，但监控视频显示第三次被检测的车辆实际系京 G×× 车辆，并非京 N×× 车辆，且第二次和第三次检测系在同一检测线上，两次检测时间间隔不超过五分钟。同时，结合市环境局对周某、丰某所做询问笔录，足以认定通州检测场存在替车检测、为京 N×× 车辆出具虚假排放检验报告的违法行为。通州检测场提交的证据不足以否定上述监控数据的真实性，其认为 I/M 系统监控数据存在伪造、修改及系统出错的情况，从而不能作为认定违法事实证据的主张，不能成立。因此，市环境局认定通州检测场存在涉案违法行为，能够排除合理怀疑，认定事实清楚。

北京市海淀区人民法院依照《中华人民共和国行政诉讼法》第六十九条之规定，判决如下：

驳回通州检测场的诉讼请求。

通州检测场不服，提起上诉。针对通州检测场的司法鉴定申请，北京市第一中级人民法院经审理认为：启动司法鉴定程序的前提是案件争议的事实需要依据鉴定结论予以认定。但就本案而言，I/M 系统数据来源于通州检测场上传的数据。市环境局提交的检验数据与其他证据相互印证，在无初步证据证明 I/M 系统数据可能被修改的情况下，一审法院未予准许通州检测场的鉴定申请并无不当。

北京市第一中级人民法院依照《中华人民共和国行政诉讼法》第八十九条第

一款第一项之规定，判决如下：

驳回上诉，维持一审判决。

【法官后语】

随着国家环保力度的不断加强，环境监管领域的制度和技术手段也在不断提升。由于环境违法行为的特殊性，利用在线监控、数据共享等技术监控手段来实施环境监管越来越得到环保主管部门的青睐。本案即环保主管部门利用技术监控系统对机动车尾气检测机构的检测行为进行在线监控、获取监控数据并作出相应处理的典型案例。本案认定通州检测场存在环境违法行为的主要事实依据就是监控数据，因而监控数据的真实性、完整性成为双方争议的焦点，这也是原告在诉讼程序中一直要求对监控数据是否存在修改进行司法鉴定的原因。监控数据在证据类型中属于电子数据，虽然市环境局向法院提交的是打印版书面文件，但不影响该监控数据的证据类型定性。也即，本案实际上涉及电子数据的审查判断问题。

三大诉讼法在证据类型中均规定了电子数据，但行政诉讼法及其相关司法解释对电子数据的范围、收集提取以及审查判断并无明确规定。对此，电子数据的审查判断可以借鉴民事诉讼的相关规定。2019年新出台的《最高人民法院关于民事诉讼证据的若干问题》明确了电子数据的审查判断规则。一是电子数据的完整性、可靠性应遵循无损性原则、专业性原则和完整性原则，其真实性应结合电子数据的生成、存储、传输所依赖的计算机系统的软硬件环境是否完整可靠，是否处于正常运行状态以及是否具备有效的防止出错的监测核查手段。在有必要时，可以通过鉴定、勘验的方法，辅助法官形成心证。二是明确电子数据推定真实规则，针对在正常业务活动中形成的电子数据等五种情形，除有足以反驳的相反证据外，法院可以推定其为真实。

本案中，法院对监控数据的审查结合了监控数据的生成方式、其他辅助证据以及推定真实规则，最终认可了监控数据的真实性和完整性，由此能认定替车检测违法行为的存在，因而对原告的鉴定申请亦未准予。第一，本案监控数据系在联网监控系统中生成，检测机构在对汽车检测时需手动输入车牌号调取信息，检测数据会与监控录像一起共享至该系统，系统自身能够形成证据闭环，且该系统是环保主管部门的日常执法监控系统，能够稳定运行。第二，结合检测员周某和主管副场长丰某的询问笔录以及系统运营维护公司的工作人员何某的证言，能够进一步强化对监控数据真实性的认定。第三，根据推定真实规则，原告提交的所有证据均无法对监控数据被修改提供初步证明，无法反驳监控数据的真实性。原告提交了一份I/M系统显示第一次检测也是京G××牌车辆的证据，但并无手动输入日志和监控视频佐证，故法院未予采信，其实原告恰从反面证明了监控系统的科学有效性。需要指出的是，法院对本案监控数据并未严格按照上述电子数据的审查规则进行，如对监控数据的收集提取并未审查，亦未对监控系统的运作方式进行现场勘验等。对此，行政诉讼亦应尽快引入和完善电子数据的审查判断规则。

编写人：北京市海淀区人民法院　周洋

23

吊销机动车驾驶证不应区分准驾车型

——黄某诉厦门市公安局交通警察支队行政处罚案

【案件基本信息】

1. 裁判书字号

福建省厦门市思明区人民法院（2019）闽0203行初310号行政判决书

2. 案由：行政处罚纠纷

3. 当事人

原告：黄某

被告：厦门市公安局交通警察支队（以下简称市交警支队）

【基本案情】

2019年5月11日0时40分，黄某醉酒驾驶车辆在集美区杏北二路与杏北三路交叉口处被民警查获。2019年5月11日，厦门市公安局集美交警大队向黄某进行调查询问，向黄某告知相关的权利和义务。2019年5月31日，市交警支队作出公安交通管理行政处罚决定。黄某以交警只能吊销其驾驶的小型汽车对应的准驾车型为由，诉请撤销交警支队于2019年5月31日作出的公安交通管理行政处罚决定。

【案件焦点】

作出吊销机动车驾驶证的行政处罚是否应区分违法行为时的准驾车型。

【法院裁判要旨】

福建省厦门市思明区人民法院经审理认为：《中华人民共和国道路交通安全法》第九十一条第二款规定，醉酒驾驶机动车的，由公安机关交通管理部门约束至酒醒，吊销机动车驾驶证，依法追究刑事责任；五年内不得重新取得机动车驾驶证。从条文含义来看，该条文规定的吊销机动车驾驶证是一种剥夺持证人上道路行驶资格的处罚，并未限定只剥夺某一准驾车型资格。从立法目的来看，道路交通安全法旨在维护道路交通秩序，预防和减少交通事故，保护公民、法人和其他组织的财产安全及其他合法权益。醉酒驾驶机动车行为不仅危害道路交通安全，还对其他公民的生命财产安全造成隐患。醉酒驾驶机动车行为的社会危害程度并不会因准驾车型的变化而降低或消除，上述条款是对醉酒驾驶任何种类机动车的否定评价，而非指向具体哪种车型的机动车。从执法功能来看，行政机关实施行政管理的目的是对行政相对人的醉酒驾驶机动车行为进行制裁，纠正违法行为，避免其今后再行醉酒驾驶任何种类的机动车，而非狭隘地指向醉酒驾驶某类车型。具体到本案情形，黄某已取得B1B2E准驾车型驾驶资格，可以依法驾驶小型汽车。然，黄某醉酒驾驶小型汽车的行为如果按照黄某的主张只能吊销对应的小型汽车（C1）驾驶资格，在黄某仅具备B1B2E准驾车型资格的前提下，会得出无法吊销黄某机动车驾驶证的结论，显然达不到行政管理目的，也未对案涉违法行为起到震慑作用。综上，黄某关于其已取得的B1B2E准驾车型驾驶资格与违法行为没有关联，不应予以吊销的主张，于法无据，法院不予采纳。

综上，福建省厦门市思明区人民法院依照《中华人民共和国行政诉讼法》第六十九条之规定，判决如下：

驳回原告黄某的诉讼请求。

【法官后语】

实务中，行政机关作出吊销机动车驾驶证的行政处罚时并不区分准驾车型，但各地法院对该类行政处罚的司法审查标准存在差异，导致了司法同案不同判的现象。

一种观点认为，交警部门在对违法行为进行处理时，应当准确区分当事人持有驾驶资格证对应的准驾车型的不同使用范围，仅吊销违法行为时驾驶车辆对应的准驾车型。反之，对违法行为人持有的驾驶资格一并吊销，则与行政处罚法规定的过罚相当原则不相符合，属于明显不当。另一种观点认为，吊销机动车驾驶证是取消醉酒危险驾驶行为人上道路驾车的资格，是对危险驾驶行为的否定性法律评价，与其违法时驾驶车辆的具体种类并无关联。本案采取第二种观点，主要分析如下：

其一，从法律原理而言，过罚相当原则是对行政处罚裁量行为进行约束的法定原则，旨在平衡违法行为和相应处罚种类与幅度的关系。行政机关根据法律规定作出行政处罚时具有一定的选择空间，对其自由裁量部分才存在是否过罚相当的判断问题。

其二，从文义解释而言，《中华人民共和国道路交通安全法》第九十一条的相关表述为“吊销机动车驾驶证”，并没有加上任何描述性的定语，如吊销相应准驾车型的机动车驾驶资格。对该法律字义进行限缩解释，应当基于法律漏洞的填平理论来论证，而非过罚相当原则。

其三，从许可内容而言，每位持证者经申请并审查通过后仅可取得一本机动车驾驶证，不同的准驾车型均记录在该本驾驶证内。一般而言，吊销机动车驾驶证即对持证人持有的唯一机动车驾驶证的吊销，而非对该本机动车驾驶证载明的准驾车型内容进行部分变更。

其四，从处罚宗旨而言，行政处罚重在纠正违法行为、预防和减少交通事故，是对醉酒后驾驶机动车的危险行为的否定性评价，不因准驾车型种类的不同而存在法律适用的不同。

综上，吊销机动车驾驶证是一种剥夺持证人驾驶任何机动车上道路行驶资格的处罚，吊销机动车驾驶证的行政处罚并不存在不同准驾车型驾驶资格的自由裁量幅度，过罚相当原则并不适用于本案行政处罚情形。吊销机动车驾驶证系取消醉酒危险驾驶行为人上道路驾车的资格，是对危险驾驶行为的否定性法律评价，与其违法时驾驶车辆的具体种类并无关联。本案判决支持了行政机关对一揽子吊销机动车驾驶证的做法，对司法同案不同判的现象进行了回应，为今后能否适用过罚相当原则来衡量行政处罚的合理性提供了一种司法样本。同时，本案对于监督行政机关依法行政，对提升其社会治理能力具有指导意义。

编写人：福建省厦门市思明区人民法院 曹玲

24

将非有机农产品加贴有机认证标识销售的法律认定

——有机绿色食品公司诉国家市场监督管理总局行政处罚案

【案件基本信息】

1. 裁判书字号

北京市第一中级人民法院（2018）京01行初1671号行政判决书

2. 案由：行政处罚纠纷

3. 当事人

原告：有机绿色食品公司

被告：国家市场监督管理总局（以下简称市场监管总局）

【基本案情】

有机绿色食品公司获得的有机产品认证证书编号为129OP1200211，有效期至2019年2月28日，认证类别为植物生产（获证蔬菜包括西红柿等23种），生产基地名称为中绿北京顺义有机基地。2018年5月7日，有机绿色食品公司的有机认证证书已经被依法撤销。有机绿色食品公司与北京翠微家园超市连锁经营有限责任公司牡丹园店为联营关系，由有机绿色食品公司员工负责在超市中销售其产品。

2018年5月11日，原北京市质量技术监督局（以下简称原北京市质监局）向有机绿色食品公司作出京（稽）质监罚字〔2018〕5号《行政处罚决定书》（以下简称行政处罚决定），认定有机绿色食品公司将普通西红柿加贴有机认证标志后充作“有机西红柿”销售的行为，属于生产、销售以次充好的有机蔬菜的行为，违反了产品质量法第三十二条的规定，依据该法第五十条的规定，责令其停止生产、销售以次充好的有机蔬菜，给予以下行政处罚：1. 罚款 17505.09 元；2. 没收违法所得 4650.6 元。罚没合计 22155.69 元。

2018 年 7 月 9 日，市场监管总局收到有机绿色食品公司的行政复议申请，复议请求为：撤销行政处罚决定，责令原北京市质监局向有机绿色食品公司退还罚没款 22155.69 元。2018 年 8 月 19 日市场监管总局作出被诉复议决定后送达有机绿色食品公司，有机绿色食品公司收到后不服（国）质检复决字〔2018〕58 号《国家市场监督管理总局行政复议决定书》（以下简称被诉复议决定），决定确认原北京市质监局作出的行政处罚适用依据错误，决定撤销行政处罚决定，责令原北京市质监局重新作出行政处罚。原告不服，诉至法院，要求撤销被诉复议决定。

庭审中，有机绿色食品公司明确表示对市场监管总局作出被诉复议决定的程序没有异议。另查明，因本市行政机关机构改革，新组建的北京市市场监督管理局承继行使原北京市质监局的相应职权。

【案件焦点】

1. 本案行政处罚主体是否适格；2. 行政处罚决定认定事实是否清楚；3. 本案行政处罚法律适用是否正确。

【法院裁判要旨】

北京市第一中级人民法院经审理认为：关于焦点问题一，依据《有机产品认证管理办法》第三条、第四条、第三十三条第一款、第五十五条第二项的规定，本案原告将普通西红柿加贴有机认证标志后充作“有机西红柿”进行销售的行为，属于未在认证证书限定的产品类别、范围和数量内使用中国有机产品认证标志的情形，原北京市质监局有权针对上述行为进行处罚。

关于焦点问题二，法院同意被诉复议决定的相关认定。原告将普通西红柿加贴有机认证标志，充作“有机西红柿”销售的行为确实存在。

关于焦点问题三，法院认为行政处罚的法律适用不正确，本案中西红柿等蔬菜确不属于产品质量法第二条第一款所规定之产品范畴。行政处罚决定依据产品质量法的规定作出处罚适用法律确属不当。

需要指出的是，被诉复议决定认为本案中所涉违法行为也违反了消费者权益保护法第二十三条第二款的规定，根据消费者权益保护法第五十六条第一款第二项的规定，原北京市质监局有权作出行政处罚。法院认为被诉复议决定中的该部分认定对法律适用的理解不正确。本案中原告的行为在农产品质量安全法中作出了应当予以处罚的规定。在此情况下，工商行政管理部门或者其他有关行政部门不宜再依据消费者权益保护法第五十六条第一款第二项对上述违法行为作出处罚。

就本案而言，有权针对涉案违法行为作出处罚的行政主体并不相同，故只要在对同一违法行为不重复处罚的前提下，原北京市质监局若依据《有机产品认证管理办法》的相关规定针对违法行为进行处罚则并不违反上位法的规定，本案亦不存在应当优先适用何种法律规定的情况。被诉复议决定基于此撤销行政处罚决定书结论正确。关于行政复议程序，原告明确表示无异议。法院经审查，对其合法性予以确认。

综上，被诉复议决定结论正确，程序合法，原告要求撤销被诉复议决定的上诉主张，均缺乏事实及法律依据，其诉讼请求法院不予支持。

北京市第一中级人民法院依据《中华人民共和国行政诉讼法》第六十九条之规定，判决如下：

驳回原告有机绿色食品公司的诉讼请求。

【法官后语】

1. 法律规范的选择适用

(1) 本案行政处罚能否依据产品质量法作出

原北京市质监局依照产品质量法第五十条的规定作出本案行政处罚，法律适用不正确。因为产品质量法第二条第二款规定，本法所称产品是指经过加工、制作，用于销售的产品。经过“加工、制作”的产品，不包括内在质量主要取决于自然因素的产品。因此，按照本条的规定，各种直接取之于自然界，未经加工、制作的产品，不适用产品质量法的规定。本案中的西红柿等蔬菜确不属于产品质量法第二条第一款所规定之产品范畴，故本案行政处罚决定不能依据产品质量法的规定作出。

(2) 本案行政处罚依据《有机产品认证管理办法》的规定作出

本案中，有机绿色食品公司其将普通西红柿加贴该公司有机认证标志后销售的行为属于未在认证证书限定的产品类别、范围和数量内使用的情形，市场监管部门有权依据《有机产品认证管理办法》第五十五条第二项、第三十三条第一款的规定进行处罚。

(3) 有机绿色食品公司的行为是否违反了农产品质量安全法的规定

农产品质量安全法第三十二条规定，销售农产品必须符合农产品质量安全标准，生产者可以申请使用无公害农产品标准。农产品质量符合国家规定的有关优质农产品标准的，生产者可以申请使用相应的农产品质量标志。禁止冒用前款规定的农产品质量标志。

农产品质量安全法所称农产品质量标志，是指由国家有关部门制定并发布，加施于获得特定质量认证的农产品的证明性标识，如无公害农产品、绿色食品、名牌农产品、有机农产品的标志。冒用农产品质量安全标志包括很多情况，本案中有机绿色食品公司将普通西红柿加贴有机认证标志后，充作“有机西红柿”销售的行为属于擅自扩大、改变质量安全标志的使用范围的情形，该行为在农产品质量安全法中作出了应当予以处罚的规定，

从我国的法律位阶来看，法律的位阶和效力高于地方性法规、规章，地方性法规、规章的规定不得与法律相冲突和抵触。最高人民法院在2004年出台的《最高人民法院关于审理行政案件适用法律规范问题的座谈会纪要》中，对此类法律规范冲突指明了方向，该座谈会纪要明确了下位法不符合上位法的判断和使用，规定了下位法的规定不符合上位法的，人民法院原则上应当适用上位法。需特别说明，法律位阶虽不同，《有机产品认证管理办法》与农产品质量安全法对涉案应予处罚的行为的规定并不存在法律规定相冲突之处，也不存在下位法不符合上位法规定的情形，拥有处罚权的机关不同，所以没有优先适用哪一个法条的问题，但是否能够由两个部门都对当事人进行处罚，还应当注意不能违反“一事不二罚”的原则。

2. “一事不二罚”原则在本案中的体现

在行政法领域，“一事不二罚”是一个重要的原则，是指对违法行为人的同一违法行为，不得以同一事实和同一依据给予两次或者两次以上的处罚，其目的是在于防止重复处罚，体现过罚相当，保护当事人的合法权益。如前所述，本案原告只有一个行为：将非有机农产品加贴有机认证标识销售。但是处罚依据却有两个。对于这个情况，要以行政处罚法中的规定作为依据。我们知道，在行政处罚法规定的处罚种类中，警告是给予当事人严肃告诫的一种行政处罚，主要适用于情节比较轻

微，尚未造成严重社会危害的违法行为，对当事人同一违法行为进行两次以上的警告没有意义。而没收、责令停产停业、暂扣或者吊销许可证、行政拘留等处罚则通常意义上只能执行一次，不可能重复进行，只有罚款最有可能被重复使用。对此行政处罚法第二十四条规定，对当事人的同一违法行为，不得给予两次以上的罚款的行政处罚。也就是说，对于同一违法行为，如果不同法律法规规定了不同种类的行政处罚，则法律并不禁止并用，但是对于罚款的行政处罚只能给予一次。

本案是行政违法行为的法条竞合，所谓法条竞合是指一个行为同时违反了多个法律条文，从而在法律上构成了多个具有可罚性的违法行为，通常而言有权的行政机关可以分别作出处罚决定，只是不能再作两次以上同样类型的行政处罚。农产品质量安全法对本案所涉违法行为作出了由县级以上人民政府农业主管部门予以决定处理、处罚的规定。《有机产品认证管理办法》亦将本案所涉违法行为的处罚权赋予了地方认证监管部门。就本案而言，有权针对涉案违法行为作出处罚的行政主体并不相同，但根据行政处罚法第二十四条的规定，罚款的处罚只能作出一次。本案中，在农业部门没有针对涉案行为作出过处罚的情况下，工商行政部门依据《有机产品认证管理办法》对当事人进行处罚并无不当。

编写人：北京市第一中级人民法院　徐钟佳

25

福袋机经营模式属于有奖销售，奖品信息需明确

——欣尚公司诉德阳市旌阳区市场监督管理局行政处罚案

【案件基本信息】

1. 裁判书字号

四川省德阳市旌阳区人民法院（2019）川0603行初110号行政判决书

2. 案由：行政处罚纠纷

3. 当事人

原告：欣尚公司

被告：德阳市旌阳区市场监督管理局（以下简称区市场监管局）

【基本案情】

2018 年 8 月，原告欣尚公司作为甲方与乙方四川太平洋悦影影视传媒有限公司签订了《影院广告发布合同》，约定：甲方委托乙方以展示的方式放置福袋机。2018 年 10 月，原告欣尚公司的福袋机在德阳市洋洋百货（南街店）5 楼太平洋影城投放。福袋机机身内分为 5 层，每层 4 个货道，每个货道 4 个盒子，机身内铺满共 80 个盒子。福袋机采用无人售货的方式从事经营活动，消费者扫码支付 23.9 元后，随机获得 1 个盒子，盒子里有相应的奖品。福袋机机身上方和侧面标注有“福袋机专卖统统有礼，每期大奖随机在太平洋影院线旗下各网点产生，礼品定期更新，如中以上大奖，请联系影院工作人员或拨打客服热线；有笔记本电脑、单反相机、手机等奖品图案；幸运福袋、100% 有礼、幸运有礼，惊喜不断、还等什么，幸运属于你”等奖品文字和图案。2019 年 2 月 27 日，被告区市场监管局接群众反映后，派执法人员分别于 2019 年 3 月 8 日、3 月 11 日到德阳市洋洋百货（南街店）5 楼太平洋影城进行现场检查。经初查后，被告认为原告涉嫌违反《中华人民共和国反不正当竞争法》第十条第一项的规定，于同年 3 月 28 日立案调查。被告调查后，在作出行政处罚决定前，向原告送达了行政处罚听证告知书，原告在听证申请期限内向被告提出要求举行听证的书面申请。被告于同年 9 月 5 日就原告欣尚公司涉嫌不正当有奖销售行为案进行了听证。2019 年 9 月 24 日，被告作出德市旌市监罚［2019］194 号《行政处罚决定书》，认定原告投放幸运礼盒抽奖机（福袋机）从事有奖销售行为，未明确奖品的品牌、规格、型号及中奖率等信息，违反了《中华人民共和国反不正当竞争法》第十条第一项之规定，构成不正当有奖销售的违法行为，依据《中华人民共和国反不正当竞争法》第二十二条之规定，决定责令原告立即改正违法行为并罚款 50000 元。原告不服，提起行政诉讼。

【案件焦点】

1. 福袋机的经营模式是否属于有奖销售；2. 被告适用《中华人民共和国反不正当竞争法》第十条第一项的规定是否正确。

【法院裁判要旨】

四川省德阳市旌阳区人民法院经审理认为：关于争议焦点一，有奖销售是指经营者以销售商品、提供服务或者获取竞争优势为目的，向消费者或者相关公众提供奖金、物品或者其他经济利益的行为，主要包括抽奖式有奖销售和附赠式有奖销售。抽奖式有奖销售是指经营者以抽签、摇号、比赛等带有偶然性或者不确定性的方法，决定消费者是否中奖的有奖销售行为。《国家工商行政管理局关于抽奖式有奖销售认定及国家工商行政管理局对〈反不正当竞争法〉具体应用解释权问题的答复》明确指出，《国家工商行政管理局关于禁止有奖销售活动中不正当竞争行为的若干规定》第二条第二款规定：“凡以抽签、摇号等带有偶然性的方法决定购买者是否中奖的，均属于抽奖方式。”抽签、摇号是典型的抽奖式有奖销售方式，但抽奖式有奖销售并不限于这些方式。在有奖销售中，凡以偶然性的方式决定参与人是否中奖的，均属于抽奖式有奖销售，而偶然性的方式亦即具有不确定性的方式。本案中，消费者使用福袋机以休闲、娱乐为主要目的，而不是为了购买特定商品，换言之，原告是为消费者提供休闲、娱乐服务以营利，而不是为销售福袋机中的产品，福袋机中的产品系原告吸引消费者的一种手段、方式，消费者通过支付一定金额后，取得抽奖的机会，获得何种奖品，具有偶然性、不确定性。福袋机虽与传统的抽奖式有奖销售模式存在一定差异，但实质上仍属于抽奖式有奖销售的模式，仍应受《中华人民共和国反不正当竞争法》的规制。因此，原告关于福袋机不属于有奖销售模式的主张不能成立。

关于争议焦点二，根据《中华人民共和国反不正当竞争法》第十条第一项规定，经营者进行有奖销售时，所设奖的种类、兑奖条件、奖金金额或者奖品等有奖销售信息需明确，不得影响兑奖。《国家工商行政管理局关于禁止有奖销售活动中不正当竞争行为的若干规定》第六条规定，经营者举办有奖销售，应当向购买者明示其所设奖的种类、中奖概率、奖金金额或者奖品种类、兑奖时间、方式等事项。经查，原告经营的福袋机机身上只对奖品的种类进行了明示，对奖品的型号、价值、中奖概率等事项未予以明示，极易导致消费者与原告之间就具体的奖品产生分歧。被告据此认定原告进行有奖销售的信息不明确，影响兑奖，违反了《中华人民共和国反不正当竞争法》第十条第一项规定，并无不当。综上，被告区市场监管局作出的德市旌市监罚［2019］194号《行政处罚决定书》，事实清楚，证据确凿，适用法律、法规正确，符合法定程序。原告欣尚公司请求予以撤销的理由不能成立，对原告的诉讼请求，法院不予支持。

四川省德阳市旌阳区人民法院依照《中华人民共和国行政诉讼法》第六十九条之规定，判决如下：

驳回欣尚公司的诉讼请求。

【法官后语】

福袋机起源于日本，日本商超将其作为推广活动的一种形式，后被引进国内，并逐渐成为"自动贩卖机+游戏"的一种零售新模式。福袋机与传统商品销售相比，其娱乐性、趣味性更强，受到消费者的追捧，其热度也不断上升。但与此同时，福袋机中的物品名不符实、假冒伪劣的情形也不断发生。本案正是因福袋机经营者未标注福袋机中物品的型号、中奖概率而被处罚后引发的纠纷。本案中，需要解决的核心问题就是福袋机经营者未标注福袋机中物品的型号、概率的行为如何定性。一种意见认为，福袋机经营模式属于销售商品，该行为属于《中华人民共和国消费者权益保护法》第五十六条第一款第六项规制的对商品或者服务作虚假或者引人误解的宣传行为。另一种意见认为，福袋机经营模式属于有奖销售，该行为属于《中华人民共和国反不正当竞争法》第十条第一项规制的不正当有奖销售行为。

行政机关及本案判决中所采取的为第二种意见。理由如下：首先，本案中的福袋机经营者虽未标注物品型号、概率等，但尚未达到作虚假或引人误解的宣传程度。福袋机机身上标注了物品的种类，如福袋机中有单反相机，只是没有标注单反相机是何种品牌、何种型号、获得该物品的概率等信息，经营者没有采取虚假或引人误解的宣传方式，未达到欺诈程度，故不应适用《中华人民共和国消费者权益保护法》第五十六条第一款第六项予以规制。

其次，从福袋机经营模式的特征来看，福袋机经营者未标注福袋机中物品的型号、概率的行为宜定性为有奖销售行为，福袋机中的物品属于奖品，应适用《中华人民共和国反不正当竞争法》第十条第一项予以规制。第一，从福袋机销售模式的娱乐性来看，消费者使用福袋机的主要目的是娱乐，而不是购买福袋机中的不特定奖品。福袋的未知性，激发了消费者的好奇心与期待感，唤醒了消费者的冒险精神，提起了消费者的购买欲望。换言之，福袋机经营者提供的是娱乐过程，福袋机中的奖品只是其吸引消费者的一种手段、方式，福袋机中的奖品是经营者提供娱乐服务的附带性利益。第二，从福袋机销售模式的不确定性来看，消费者支付一定金额后，是否获得奖品、获得何种奖品，不由消费者自己决定，具有较大的随机性。这与有奖销售模式中的抽奖式有奖销售具有同质性，均具有偶然的特性。对于此问题，可能存在这样一种意见，“凡以抽奖、摇号等带有偶然性方法决定购买者是否中奖的，均属于抽奖方式”，此规定中抽奖式有奖销售是以偶然性方法决定购买者是否中奖，但部分福袋机的消费者在购买服务后，均获得一个福袋，均有相应的奖品，故不存在是否中奖这一问题。笔者认为，不应将抽奖式有奖销售的偶然性局限于是否中奖，还应当包括以偶然性方式获得何种具体奖品，因为两者在实质上并无显著的区别。同时，《中华人民共和国反不正当竞争法》第十条第一项旨在要求有奖销售的奖品信息具有明确性，购买服务后均有奖品也不能免除经营者对奖品的明确的明示义务。第三，从福袋机销售模式的非等价性来看，消费者支付的金额与获得的奖品不具有等价性，奖品可能高于支付金额，可能低于支付金额。这与《中华人民共和国消费者权益保护法》中的商品与支付金额一般所具有的等价性具有显著的区别。

需要指出的是，本案主要争议在于福袋机销售模式下物品不明确的法律适用问题，对于福袋机这一新经营模式的合法性没有进行评价。有意见指出福袋机涉嫌赌博，笔者对此并不赞同。无论是从赌博机的角度，还是从线上赌博角度，福袋机均不符合前述赌博的特征。对于新兴事物，就行政法领域而言，法无禁止皆可为，在法律没有明确禁止的情况下，行政机关应对这一模式持宽容的态度。但与此同时，行政机关也应依据反不正当竞争法等相关法律法规加强对福袋机销售模式的监管，保护消费者的合法权益，营造和谐的消费环境。

编写人：四川省德阳市旌阳区人民法院　龙昱霖

26

高校管理行为的司法审查路径

——高某诉北京××职业学院行政处罚案

【案件基本信息】

1. 裁判书字号

北京市通州区人民法院（2019）京0112行初351号行政判决书

2. 案由：行政处罚纠纷

3. 当事人

原告：高某

被告：北京××职业学院（以下简称××学院）

【基本案情】

原告高某于2017年9月1日入学××学院旅游与艺术学院影视多媒体技术专业。2018年10月24日，××学院作出《2018—2019学年第一学期关于给予2016级、2017级部分学生学业审核处理的决定》（以下简称《决定》），给予部分学生学业警示、留级、留级试读和退学处理，其中包含对原告高某作出的退学处理决定。同年10月25日，××学院作出《北京××职业学院学业审核处理通知书》，告知原告高某对其予以退学处理的决定，并告知其在接到此通知书之日起3个工作日内向学校提出陈述、申辩意见。同年10月30日，原告高某向××学院提交《申诉书》及相关申诉材料。2019年1月8日，××学院就原告高某退学事宜召开学校学生申诉处理委员会第一次会议（2019），会议结论与《决定》一致。同年1月9日，××学院作出《学生校内申诉处理决定书》，维持原处理决定，并于1月11日向原告高某送达，原告高某拒绝签收。同日，××学院作出《关于"高某办理离校手续"的通知》并向原告高某送达，原告高某拒绝签收。后原告高某向市教委提出申诉，同年1月25日市教委向××学院作出《学生申诉提出答复通知书》，后××学院向市教委作出《关于对高某申诉的答复（教务处）》。庭审过程中，××学院补充提交两张网站截屏与班级群的通知，证明《北京××职业学院高职学生学籍管理实施细则（2018）》（以下简称《实施细则（2018）》）已经向原告高某公示并且经过组织学习。

原告高某认为《决定》认定事实错误、程序违法、适用法律错误，应当予以撤销，故提起诉讼请求撤销××学院作出的《决定》中对于原告高某给予的退学处理决定。

【案件焦点】

1. 高校关于认定被处理学生符合退学条件应达到的证明标准；2. 高校是否有权附加退学处理决定的生效时间；3. 高校作出退学处理决定时，除援引学校内部细则，是否需要援引上位法。

【法院裁判要旨】

北京市通州区人民法院经审理认为：第一，《决定》认定事实不清，根据《普通高等学校学生管理规定》第七条第一款第二项与《实施细则（2018）》第二十六条第四款规定，××学院未在举证期限内提交《实施细则（2018）》已经明示告知、任课老师认定原告高某不合格课程的证据，未达到确凿证明标准，因此法院对缺课事实无法认定。第二，《决定》作出程序违法，《决定》作出前未赋予原告高某陈述、申辩的权利，而在作出处罚决定之后又对处罚决定赋予生效日期，主张《决定》于2019年1月8日驳回原告高某申诉之时生效，剥夺其程序参与权，不利于案件事实的全面把握与法律的准确适用，也违反了行政法律制度通过先陈述、申辩后作出决定的方式保护学生的合法权益的宗旨，同时××学院未告知原告高某救济权利，违反了《普通高等学校学生管理规定》第五十五条、第五十六条、第六十条、第六十一条规定，法院不予认可。第三，《决定》适用法律不当，行政机关作出行政行为时必须援引具体而明确的法律依据，××学院作出的退学处理决定系对于学生作出的不利处分，在援引学校内部的管理性规定之外，应当适用效力更高的法律、法规或规章。而××学院作出《决定》的依据仅有《实施细则（2018）》，没有适用具体的法律、法规或规章，故《决定》的作出缺乏法律依据。综上，××学院作出对原告高某退学处理的决定认定事实不清，程序违法，法律适用错误。

北京市通州区人民法院依照《中华人民共和国行政诉讼法》第七十条第三项之规定，判决如下：

撤销××学院作出的《决定》中对高某退学处理的决定。

【法官后语】

根据《中华人民共和国教育法》《普通高等学校学生管理规定》的相关规定，高等学校作为提供教学服务的社会组织，享有高校自治权。高校自治权中最为重要的是学籍管理权与处分权，因为其直接影响学生的受教育权。笔者以“退学处理决定”“行政”为关键词在无讼网中检索出97件退学处理决定相关案例，其中判决撤销的案件共11件，占比11.3%。[①] 对于此类案件的审理，法院已经掌握“证据充分、依据明确、定性准确、程序正当、处分适当”的审理原则，但是还应注意以下几点审理细节：

1. 学校对退学事实的认定应承担确凿证明标准

行政行为应当建立在充分的证据基础之上。[②] 在行政拘留、责令停产停业、吊销证照等对相对人权利义务造成重大影响的不利处分的案件中，行政机关应当证明其认定的违法事实具有充分的基础，并且排除合理怀疑。高校作为自治组织，在学生管理方面有充分的自治权，因此在行使学籍管理权与处分权中享有一定的自由裁量权，法院应当予以尊重。但是，退学决定涉及学生的基本权利即受教育权，法院在审查时应当秉持严格审查强度，在高校无法提供充足且能排除合理怀疑的证据证明学生达到退学条件的情况下，应予否定其主张。

2. 学校在作出不利处分决定时既应履行法定程序，也应遵循正当程序原则

正当程序包含两部分，一是已经被法定化的程序，即《中华人民共和国行政处罚法》《普通高等学校学生管理规定》等规范中设定的行政行为作出的程序；二是尚未被法定化的程序，行政机关也应当遵循正当程序精神、适用正当程序原则作出行政行为，不得滥用权力。行政行为的作出应当同时符合法定程序规定与正当程序的原则要求。

本案中，××学院一方面未履行《普通高等学校学生管理规定》中规定的作出退学处理决定应当履行的法定程序，另一方面依据《实施细则（2018）》第四十八条规定[③]主张《决定》应于2019年1月8日驳回原告高某申诉之时生效。对此法院

---

① 检索时间截至2020年2月18日。

② 何海波：《行政诉讼法》，法律出版社2016年版，第408页。

③ 学校给予退学处理的，由学生所属学院给出意见，教务处审核并报校长办公会通过后，由教务处出具退学处理决定书，学生对退学处理决定有异议的，可以在接到退学处理决定之日起十日内向学校学生申诉委员会申诉。逾期未提出申诉或提出申诉但未予批准的，退学处理决定生效。

认为××学院的解释缺乏合法基础。首先，《普通高等学校学生管理规定》中未对不利处分的生效期限作出延期规定，根据法律保留原则，《实施细则（2018）》无权附加不利处分的生效期限；其次，现行法律并未规定退学处理决定或者其他行政处罚决定的生效时间，但结合《中华人民共和国行政处罚法》《普通高等学校学生管理规定》的立法目的，以及权利救济期限起算来看，行政处罚决定应于送达之日起生效。

3. 高校作出不利处分决定时应援引法律、行政法规等上位法

根据《中华人民共和国行政诉讼法》第三十四条与《普通高等学校学生管理规定》第六十七条规定，学校规章的效力来源于国家的授权，应当通过备案等程序取得法律效力，但由于学校规章的制定机关权力有限，学校规章的效力的适用范围与对象也具有严格限制，所以学校规章与法律、行政法规的效力与调整范围不同。而高校作出退学处理决定系对学生的受教育权直接进行不利处分，其应当通过援引上位法来证明权力来源，并为其决定提供正当性与合法性基础。

编写人：北京市通州区人民法院　李炎铎　毕安迪

27

过罚相当原则在司法裁判中的具体运用

——龙某诉济南市公安局交通警察支队、济南市人民政府公安交通管理行政处罚、行政复议案

【案件基本信息】

1. 裁判书字号

山东省济南市中级人民法院（2019）鲁 01 行终 1059 号行政判决书

2. 案由：公安交通管理行政处罚、行政复议纠纷

3. 当事人

原告（被上诉人）：龙某

被告（上诉人）：济南市公安局交通警察支队（以下简称市交警支队）

被告：济南市人民政府（以下简称市政府）

【基本案情】

龙某依法持有准驾车型为大型货车（B2）的机动车驾驶证。2017年12月27日0时20分许，龙某驾驶电动二轮车至槐荫区经一路纬十二路路口时，与一辆小型轿车相撞。经血液检测，龙某血液中乙醇含量为141mg/100mL，涉案电动车经鉴定机构鉴定属于机动车。市交警支队依照《中华人民共和国道路交通安全法》第九十一条第二款之规定，作出《行政处罚决定书》，决定给予吊销机动车驾驶证，五年内不得重新取得机动车驾驶证的行政处罚。市交警支队作出上述行政处罚决定后，龙某不服并向市政府提起行政复议。市政府经复议对申请人要求撤销被复议行政行为的请求不予支持。

另，龙某提交的国家自行车电动自行车质量监督检验中心作出的《检验报告》载明，生产厂家深圳市阿米尼实业有限公司委托检验的涉案型号电动自行车最高车速≤20km/h，整车质量≤40kg，符合《电动自行车通用技术条件》，结果为合格。在生产销售领域，涉案电动二轮车并未被当作机动车生产和销售。龙某提交的证据足以证明其购买涉案电动车时，索要了正规发票和产品合格证，其作为普通消费者，已尽到一般注意义务。且本案中并无证据证明龙某购买后对涉案电动车进行了改装、提速等。在公安交通行政管理领域，执法机关并未将涉案电动车纳入机动车范畴进行管理；在登记管理层面，交管部门未将涉案电动车作为机动车要求车辆登记、核发牌照、购置交强险、建立档案等；在道路执法层面，交管部门亦未要求涉案电动车须悬挂检验合格标志、上机动车道行驶等。

【案件焦点】

市交警支队对龙某作出的“吊销机动车驾驶证，五年内不得重新取得机动车驾驶证”的行政处罚是否合理。

【法院裁判要旨】

山东省济南市历下区人民法院经审理认为：市交警支队委托第三方鉴定机构进行专业技术鉴定，并以该鉴定结论作为认定案件事实的根据，进而将龙某的行为定性为醉酒驾驶机动车，主要证据充分，适用法律正确。尽管如此，被诉处罚决定仍存在不合理、不适当之处。本案中，龙某没有醉酒驾驶机动车的主观过错，其驾驶行为亦未造成严重社会后果，属于情节轻微，危害程度不大。且如前所述，执法部门对涉案电动车的管理存在缺位。在这种情况下，市交警支队对龙某作出吊销机动车驾驶证，五年内不得重新取得机动车驾驶证的行政处罚，与行政处罚法规定的过罚相当原则不完全符合，具有不合理性，应予撤销，被诉复议决定亦应一并撤销。

山东省济南市历下区人民法院依照《中华人民共和国行政诉讼法》第七十条第六项之规定，判决如下：

一、撤销市交警支队作出的《行政处罚决定书》；

二、撤销市政府作出的《行政复议决定书》。

市交警支队上诉称，一审法院已经认定市交警支队将龙某的行为定性为醉酒驾驶机动车主要证据充分、适用法律正确。在此前提下，又以市交警支队所做处罚具有不合理性，违反过罚相当原则为由，判决撤销，属于适用法律失当。龙某答辩称，一审判决认定事实清楚，证据确实、充分，适用法律准确，请二审法院驳回上诉，维持原判。

山东省济南市中级人民法院经审理认为：《中华人民共和国道路交通安全法》虽对“非机动车”进行了界定，但最高时速、空车质量等技术参数显然无法通过肉眼或者常识直接判断，涉案电动车属于合格电动车而非机动车，更符合一般社会大众的认知。龙某作为一般社会大众，对于涉案电动车属于“机动车”不具备鉴别能力和注意义务，其不具有醉酒驾驶机动车的主观过错。除此之外，市交警支队作出涉案处罚决定时，国家关于电动车管理的相关意见尚未发布，济南市公安交警部门当时并未明确提出电动车需要挂牌才能上路的要求，对超标电动车的相关管理制度亦不完善。结合《关于加强电动自行车国家标准实施监督的意见》相关规定，在对电动车管理制度尚不完善的时期，对行政相对人作出的行政处罚应体现行政法的谦抑性，适度、必要、合理。故一审法院认定市交警支队所作行政处罚，违背过罚相当原则，具有不合理性，应予撤销，并无不当。

山东省济南市中级人民法院依照《中华人民共和国行政诉讼法》第八十六条、第八十九条第一款第一项之规定，判决如下：

驳回上诉，维持原判。

【法官后语】

该案涉及过罚相当原则在司法裁判中的具体运用。《中华人民共和国行政处罚法》第五条第二款规定“设定和实施行政处罚必须以事实为依据，与违法行为的事实、性质、情节以及社会危害程度相当”，这是过罚相当原则在我国法律里的具体表述。《中华人民共和国行政诉讼法》第六条规定：“人民法院审理行政案件，对行政行为是否合法进行审查。”行政机关进行行政处罚具有一定的自由裁量权，即有在法律许可的情况下，在作为、不作为、怎样作为等方面进行权衡确定，并在方法、种类、幅度、结果、程序、适用法律等诸多细节上进行选择的权力。人民法院对其自由裁量权进行适度的审查，是行政诉讼的合法性审查制度的应有之义。

法院在对行政处罚行为进行审查时，需要适用过罚相当原则。这一原则同时也体现了比例原则的要求，二者有着共同的价值导向。比例原则作为行政法的基本原则，体现了对公权力的约束和对公民合法权益的保护，体现了人权保障的精神，行政处罚领域的过罚相当原则是比例原则的具体体现。通过梳理二者关系，我们可以得出：过罚相当原则是比例原则的具体体现，比例原则是过罚相当原则的判断标准。运用比例原则的三个子原则进行分析判断——适当性原则可以检验行政机关采取的手段是否符合立法目的，能否达到一定的效果；必要原则检验采取此种措施能否对相对人造成最小的损害；均衡性原则检验行政行为对相对人造成的损害限度是否超过所要保护的公共利益。在裁判中，应具体考虑主观过错、损害后果、性质、手段以及处罚的种类和幅度等进行综合认定。在司法实践中，行政机关进行行政处罚时，应综合考量相对人的主观过错程度、后果严重程度等因素。作出的行政处罚决定，应以达到行政执法目的为限，尽可能使相对人的权益遭受较小比例的侵害。这有利于促进公平正义，缓解社会矛盾，也符合法治社会的内在要求。

需要指出，醉酒后驾驶电动车在道路上行驶，亦具有较大危险性，是对自己及公众生命财产安全的一种漠视。对于此类违法行为，人民法院坚决支持公安机关依法严格予以规制。

编写人：山东省济南市中级人民法院　张振明　石璐璐

28

涉食品安全类行为违法性判断应以“常识判断+理由补强”为标准

——加增公司诉北京市朝阳区市场监督管理局行政处罚案

【案件基本信息】

1. 裁判书字号

北京市第三中级人民法院（2019）京03行终682号行政判决书

2. 案由：行政处罚纠纷

3. 当事人

原告（被上诉人）：加增公司

被告（上诉人）：北京市朝阳区市场监督管理局（原朝阳区食药局）

【基本案情】

2017年8月28日，原朝阳区食药局接举报人举报称于2017年8月10日在京客隆华安店购买的加增牌老北京粉肠内有异物，并提交购物小票及其举报的产品实物。

2017年8月31日，原朝阳区食药局经过现场检查未见被举报产品。2017年9月15日，原朝阳区食药局对京客隆华安店进行现场检查，在未见被举报产品的基础上，要求该店提供相应证照和进货查验记录等材料，京客隆华安店按要求提供了部分材料。2017年10月10日至2018年1月5日期间，该局五次对京客隆华安店进行询问调查，该店委托代理人认可加增牌老北京粉肠由该店经销且混有异物，并提交生产商及供货商许可证、食品出厂检验报告、销售单据等材料。2017年11月29日，因情况复杂，原朝阳区食药局经审批将办理期限延长30个工作日。2018年1月8日，原朝阳区食药局向京客隆华安店送达《听证告知书》，告知其涉嫌经营混有异物的食品的行为，违反了《中华人民共和国食品安全法》第三十四条第六项的规定，依据《中华人民共和国食品安全法》第一百二十四条第一款第四项的规定，拟对京客隆华安店进行如下处罚：1. 没收违法所得 8.47 元；2. 罚款 5 万元以上 7 万元以下。2018 年 2 月 2 日，应京客隆华安店申请，原朝阳区食药局组织听证会，加增公司法定代表人以京客隆华安店委托代理人身份参与该听证会，听证会上，京客隆华安店主张疑似调料色块应该是调料原材料的外壳，疑似猪毛应该是在处理肠衣时外壁粘上的毛，不应适用《中华人民共和国食品安全法》第一百二十四条第一款第四项的规定进行处罚。同日，原朝阳区食药局出具《案件调查终结报告》并经过内部合议。次日，原朝阳区食药局出具《听证意见书》。2018 年 2 月 28 日，原朝阳区食药局经审批作出被诉《处罚决定书》《责令改正通知书》，并向京客隆华安店送达。

【案件焦点】

原朝阳区食药局认定加增公司生产的涉案“加增牌老北京粉肠”构成“混有异物”，调查是否充分、认定依据是否充分及其执法程序是否适当。

【法院裁判要旨】

北京市朝阳区人民法院经审理认为：原朝阳区食药局执法人员仅通过对生产日期为 2017 年 8 月 7 日和 2017 年 8 月 29 日的“加增牌老北京粉肠”实物的肉眼观察，发现透明塑料袋里分别有黑色异物和黑色毛发状异物，并未进行开封检查。在执法调查程序中通过听证程序给予了加增公司合理的陈述、申辩权利，但结合加增公司的陈述可判定，从粉肠所用调料的外壳以及猪肠衣等因素考虑，存在出现黑色点状物质和黑色毛发物质的可能性。执法人员并未开封结合配料的属性及粉肠生产加工工艺的特殊性对粉肠中出现黑色点状物质以及黑色毛发物质是否属于合理范畴进行分析判断，即径行作出“混有异物”的事实认定。该局作出的涉案《处罚决定书》事实认定证据不足、法律适用错误。

北京市朝阳区人民法院依照《中华人民共和国行政诉讼法》第七十条第一项、第二项之规定，判决如下：

撤销被告于 2018 年 2 月 28 日作出的（京朝）食药监食罚〔2018〕290285 号《处罚决定书》。

二审法院同意一审法院裁判意见。

【法官后语】

通过预包装食品标识披露食品相关信息，消费者能够对食品进行相对有效的辨别、区分。同时，消费者积累的购买经验，也能够为其提供辨别、区分支持。对于食品安全监管机关而言，其具有相较于普通消费者更专业的能力，能够通过食品标识所披露的信息及感官判断，就食品是否符合相应安全标准作出认定，司法审查中对此应予必要尊让。但是，若对该认定能够产生合理怀疑，则需要行政机关提出经验判断外的理由补强，以排除合理怀疑。此也即本案确立的行政违法事实认定司法审查“经验判断+理由补强”标准。具体到本案中，审理难点在于食药监管执法人员依据实践执法经验和专业能力所作出的行政违法事实认定，是否足以支撑行政处罚结论，并排除食品生产商所提出的合理怀疑。

原朝阳区食药局认定原告生产的“加增牌老北京粉肠”存在涉案食品“混有异物”行为，主要是依据行政执法人员在执法过程中，结合涉案食品属性及配料成分，凭借感官作出的符合普通常识的执法判断。在诉讼中，原告提出原朝阳区食药局在“加增牌老北京粉肠”中发现的所谓“黑色异物”，其实是食品添加剂花椒粉末，“黑色毛发物”其实是猪的鬃毛，并且猪肉类产品存在极细微的鬃毛现象实属常见。该理由是否构成对上述认定的合理怀疑？对此，法院认为“混有异物”的判断具有现实复杂性，食品安全监管机关需要考虑食品生产、流通等流程环节的实际流转情况，食品生产过程中从最初原料到加工成可食用的食品，其间涵盖原料采集、存储、物流、加工、包装等诸多环节，客观上食品中混有异物可能是由食品原料混入、接触人员混入、设备设施混入、环境卫生导致等多种因素引发。将法律规定中的“异物”解释为一切所谓异物的禁止混入并非尊重现实的理性理解。所以，法院认定该理由构成合理怀疑。对于该合理怀疑，原朝阳区食药局在行政执法过程中并未提供补强理由予以排除，径行以经验判断即作出涉案食品“混有异物”的事实认定错误。

“经验判断+理由补强”标准既为法院的司法审查提供了可兹借鉴的审查范式，也为食品安全监管机关的执法提供了执法标准的思维路径。该标准的适用，既能够体现对行政行为的司法尊让，提升行政执法资源使用效率；又为食品生产商、供应商或销售商提供了陈述、申辩的机会，有力保障其权益。

编写人：北京市朝阳区人民法院　唐伟伟　鞠仁

29

生产商在食药监管部门针对销售商违法行为执法程序中的权利范围

——丘比公司诉北京市朝阳区市场监督管理局行政处罚案

【案件基本信息】

1. 裁判书字号

北京市第三中级人民法院（2019）京03行终305号行政判决书

2. 案由：行政处罚纠纷

3. 当事人

原告（被上诉人）：丘比公司

被告（上诉人）：北京市朝阳区市场监督管理局（原朝阳区食药局）

第三人：北京华联综合超市股份有限公司安贞分公司（以下简称华联超市安贞店）

【基本案情】

2017年4月23日，某举报人举报其在华联超市安贞店购买的丘比菠萝果酱混有异物。次日，经批准，原朝阳区食药局对举报事项立案调查。后，原朝阳区食药局对华联超市安贞店进行现场检查，并对华联超市安贞店委托代理人进行询问调查。2017年6月27日，原朝阳区食药局向华联超市安贞店送达《听证告知书》，告知其涉嫌的违法行为，依据相关法律有权要求听证。

2017年7月12日，原朝阳区食药局作出被诉《行政处罚决定书》，认定华联超市安贞店于2017年4月21日至6月20日销售了包括丘比公司生产的丘比果酱在内的7种混有异物的食品，食品货值金额52.9元，违法所得52.9元。有部分混有异物的食品，华联超市安贞店不能提供该产品的食品出厂检验合格证或者其他合格证明。该店的上述行为违反了《中华人民共和国食品安全法》第三十四条第六项的规定，依据该法第一百二十四条第一款第四项的规定，对华联超市安贞店给予如下处罚：没收违法所得52.9元；罚款80000元。

华联超市安贞店已履行了缴纳罚款的义务并从经销商的货款中扣除，经销商亦向丘比公司进行了追偿并获得相应款项。

丘比公司不服：首先，违法事实认定错误。原朝阳区食药局未开瓶验证，仅凭经验对是否存在“异物”作出判断，造成误认的可能性非常大，属于滥用自由裁量权。其次，程序违法。该公司作为与被诉行政处罚行为有直接利害关系的当事人，原朝阳区食药局也未给予当事人充分的陈述、申辩和举行、参加听证的权利。

原朝阳区食药局辩称，丘比公司既不是本案所涉举报的举报人，也不是本案所涉行政处罚的相对人，且该局作出的行政处罚决定也未对其合法权益产生实际影响，因此丘比公司不符合法定起诉条件，应予以驳回。该局作出的行政行为认定事实清楚，适用法律正确，程序合法。

【案件焦点】

对“混有异物”的理解和食品安全执法中应采取何种适当程序保障生产商程序权利问题。

【法院裁判要旨】

北京市朝阳区人民法院经审理认为：原朝阳区食药局在被诉行政处罚决定中对丘比公司生产的丘比果酱所作的“混有异物”的事实违法性的评价势必对生产者的权利义务产生一定实际影响。因此，从充分保证诉讼权利的角度出发，本案应认定丘比公司具有原告主体资格，但其作为原告能主张的权利范围应区别于行政处罚的直接相对人。

综合考察食品安全法的立法本意，“混有异物”应是指食品中混有与食品属性不同、影响食品质量安全且可能对人体健康造成伤害的物质。对于“混有异物”的判断，不能仅凭感官观察，应结合食品配料表中的食品原料属性及食品本身属性、加工工艺流程等因素综合判断，必要时应启动鉴定程序进行深入调查。同时，关于执法程序，行政执法机关应结合案件具体情况，采取合理方式赋予食品生产商就其生产食品涉嫌违法定性的陈述、申辩权利。

本案中，原朝阳区食药局的执法调查既未开瓶排除黑色点状物质可能存在于瓶体的可能性，又没有结合配料的属性及果酱生产加工工艺的国家标准对果酱中出现黑色点状物质是否属于合理范畴进行分析判断，在执法程序中也未以合理方式向丘比公司开展调查，未出于查明案件事实的需要给予丘比公司就涉案食品涉嫌违法的定性陈述、辩解的权利，即径行作出“混有异物”的事实认定。鉴于被诉行政处罚决定中的没收违法所得和罚款的处罚内容具有不可分性，应依法予以整体撤销。

北京市朝阳区人民法院依照《中华人民共和国行政诉讼法》第七十条第（一）、（二）项之规定，判决如下：

撤销原朝阳区食药局作出的《行政处罚决定书》。

二审法院同意一审法院裁判意见。

【法官后语】

本案系生产商就食药监管部门针对销售商销售环节的违法行为作出的处罚决定不服而提起的诉讼。在该类案件中，生产商可以主张的行政权利范围，直接影响食药监管部门的执法程序、方式，以及对相关人合法权益的保障。对此，本案形成了以下不同的意见：

第一种意见认为，生产商并非《中华人民共和国行政处罚法》第四十四条、第四十五条规定的“当事人”，处罚决定的相对人是销售商，生产商不应参与行政处罚执法程序，并不享有陈述、申辩、听证的程序性权利。

第二种意见认为，食药监管部门的处罚决定中包含对生产商的食品违法性的评价，对其权利义务产生实际影响，应遵循正当程序原则，按照《中华人民共和国行政处罚法》第四十四条、第四十五条的规定，告知食品生产商拟认定其产品存在的违法情形及作出该认定所依据的事实及理由，并听取食品生产商的陈述和申辩，使食品生产商与销售商一样真正参与到行政程序中，享有与销售商完全相同的程序性权利。

第三种意见认为，生产商并不享有《中华人民共和国行政处罚法》规定的行政处罚相对人应享有的陈述、申辩等程序性权利。但为查清案件事实，准确适用法律，保证收集的定案证据的完整性、真实性和证明效力，行政执法机关应赋予食品生产商就其生产食品涉嫌违法定性的陈述、申辩权利。该程序的设置并非法定要求，但未给予生产商相应权利，导致事实认定不清的法律后果，应由行政机关承担。

本案采取第三种意见。具体理由为：首先，被诉行政处罚决定涉及直接行政相对人和事实利害关系人，针对两个主体形成不同的处理方式："违法行为+处罚""事实违法性评价+未处罚（线索移送或者另案处理）"。针对以上两种处理方式，直接行政相对人应当享有相关程序性权利，但事实利害关系人在被诉处罚决定中缺少处罚结果要件，则不享有相关程序性权利。其次，生产商不享有相关程序性权利，并不意味着生产商完全被排除在针对销售者的行政处罚程序之外。当法律并未对违法行为的界定、判断标准、执法程序和方式作出明确规定时，食药监管部门仅针对销售商的调查无法达到事实清楚、法律适用正确，则需要生产商参与到执法程序中，就其生产的食品从原材料、加工环节、适用国家标准等方面进行特定陈述、申辩。需要强调的是，生产商的陈述、申辩，区别于销售商的程序性权利。最后，尽管生产商参与针对销售商的执法程序并非法定程序，但如果无法通过针对销售商的一般执法程序达到事实清楚、证据充分、适用法律正确的行政执法效果时，那么生产商的参与则成为必要环节。

本案中，在食药监管部门对"混有异物"法律判断标准不明确、认定步骤简单化的情况下，将生产者纳入执法程序具有必要性和合理性。这一方面可以确保食药监管部门全面把握案件事实，准确适用法律；另一方面可以保障相关人的合法权益，规范执法程序，以实现食品安全监管的目的。

值得注意的是，本案涉及生产商在食药监管部门就销售商涉嫌违法执法过程中权利保障的问题，本案的裁判直接影响食药监管部门的执法程序和方式，具有重要的司法指导意义。

编写人：北京市朝阳区人民法院　朱军巍　刘会霞

30

未及时更新广告信息的被动行为不宜认定为虚假广告

——蚂蜂窝公司诉北京市朝阳区市场监督管理局行政处罚案

【案件基本信息】

1. 裁判书字号

北京市第三中级人民法院（2019）京03行终922号行政判决书

2. 案由：行政处罚纠纷

3. 当事人

原告（被上诉人）：蚂蜂窝公司

被告（上诉人）：北京市朝阳区市场监督管理局（以下简称朝阳市监局）

【基本案情】

2018年4月9日，朝阳市监局对蚂蜂窝公司作出京工商朝处字［2018］第612号《行政处罚决定书》（以下简称被诉处罚决定），认定虹桥喜来登上海太平洋大饭店于2017年3月22日更名为虹桥锦江大酒店。但蚂蜂窝公司在2017年3月23日至3月27日，仍然通过其官网www.mafengwo.cn对虹桥喜来登上海太平洋大饭店进行宣传销售，并且在2017年3月24日通过网络完成了一个订单。直至2017年3月27日13:01:07，蚂蜂窝公司才在网络系统中将虹桥喜来登上海太平洋大饭店修改为虹桥锦江大酒店。朝阳市监局认定，蚂蜂窝公司的上述行为违反了《中华人民共和国广告法》（本案以下简称《广告法》）第四条和第二十八条第二款第二项的规定。依据《广告法》第五十五条第一款的规定，决定给予蚂蜂窝公司罚款300000元的行政处罚。蚂蜂窝公司不服，向法院提起行政诉讼，请求撤销朝阳市监局于2018年4月9日作出的被诉处罚决定。

【案件焦点】

1. 蚂蜂窝公司是否为涉案广告广告主的主体性质认定问题；2. 蚂蜂窝公司是否发布了虚假广告的事实认定问题。

【法院裁判要旨】

北京市朝阳区人民法院经审理认为：蚂蜂窝公司在其网站上发布酒店信息的目的是推销其便捷的酒店预订服务，并从中获取利益。蚂蜂窝公司在涉案酒店经营主体变更后，未能及时更新相关信息，这并非蚂蜂窝公司为了欺骗或者误导消费者而故意实施的行为，且在经营主体变更之前，涉案广告并无虚假内容，并非《广告法》规定的虚假广告行为。朝阳市监局所作认定缺少相应的事实和法律根据。

北京市朝阳区人民法院依据《中华人民共和国行政诉讼法》第七十条之规定，判决如下：

撤销朝阳市监局对蚂蜂窝公司作出的被诉处罚决定。

朝阳市监局上诉称，其作为行政执法机关，在认定虚假广告时，主要评判广告主发布广告虚假的客观后果是否已经存在或是否已潜在对消费者造成对商品或服务的误认，而并非考量广告主的主观故意或过失，此处涉及行政审查与司法审查的分歧，望二审法院重新审查。蚂蜂窝公司同意一审判决，请求法院驳回上诉，维持原判。

北京市第三中级人民法院经审理认为：虽然存在提供的服务信息与实际情况不符的情形，但是不能因此认定蚂蜂窝公司未能及时更新相关信息，存在欺骗或者误导消费者的故意或者重大过失。蚂蜂窝公司的行为，与对外积极主动发布虚假广告、为获取相关利益而欺骗、误导消费者的行为相比，存在实质性不同。蚂蜂窝公司在得知酒店信息变更后，即在相对合理期间内进行了更改。对于在此期间未及时更改信息，且仅有一单预订的情形，朝阳市监局即给予300000元罚款的行政处罚，显属不当。蚂蜂窝公司未能及时更新相关信息，应当在未来加强管理并予以改进，但市场监督管理机关在实施监督管理活动中，亦应对市场主体适度的错误行为予以一定的宽容。同时，朝阳市监局认定“对购买行为有实质性影响”系其主观判断，其提交的证据并不足以证明上述事实，且考虑到涉案酒店在经营主体变更之前，涉案广告并不存在虚假内容，综合判断蚂蜂窝公司发布涉案广告的行为并不构成发布虚假广告的违法行为。

北京市第三中级人民法院依照《中华人民共和国行政诉讼法》第八十九条第一款第一项之规定，判决如下：

驳回上诉，维持一审判决。

【法官后语】

市场经济是竞争经济，广告已成为市场主体获取竞争优势、扩大销量、树立品牌形象的法宝。“广告创意没有上限，广告宣传要有底线。”这个底线就是法律。本案就是一起关于互联网在线旅游广告是否应当认定“虚假广告”的案件。

认定虚假广告首先要确认法律法规是否有明确的禁止性规定。根据“法无禁止即自由”的原则，如果内容触犯具体法律规定，当然可以认定为虚假广告；但如果没有触犯具体法律规定，应尽量避免对相关法律规定进行类推、引申或扩大解释。

《广告法》第二十八条第一款规定：“广告以虚假或者引人误解的内容欺骗、误导消费者的，构成虚假广告”。根据上述法律规定，虚假广告属于违法广告，但并不是所有的违法广告都是虚假广告。被诉处罚决定认定涉案广告违反《广告法》第二十八条第二款第二项的规定。该条文的表述分两层意思：一是商品或服务在其广告中宣传的各种信息与实际情况不符，二是这些信息对购买行为有实质影响。因此，构成该款规定的虚假广告需同时具备上述两个要件，即既需要“商品的性能、功能……等信息与实际情况不符”，又需要“对购买行为有实质性影响”。而“对购买行为有实质性影响”的判断，则需要在执法实践中结合《广告法》第二十八条第一款的原则性条款“广告以虚假或者引人误解的内容欺骗、误导消费者的，构成虚假广告”来理解。“欺骗、误导”，含有主观因素的认定。

本案中，2017年3月23日至3月27日，蚂蜂窝公司提供的涉案服务信息显示的酒店为“虹桥喜来登上海太平洋大饭店”，但该酒店对外名称已经变更为“虹桥锦江大酒店”。但无论是“虹桥喜来登”还是“虹桥锦江”，该酒店对外一直使用以“上海太平洋大饭店有限公司”为抬头的票据。蚂蜂窝公司的上述行为虽然存在提供的服务信息与实际情况不符的情形，但是不能因此认定蚂蜂窝公司存在欺骗或者误导消费者的故意或者重大过失。蚂蜂窝公司的行为属于被动的未能及时更新相关信息的行为，与《广告法》意图打击的那种欺骗、误导消费者的行为相比，存在实质性不同。市场监督管理机关在实施监督管理活动中，对市场主体适度的错误行为予以一定的宽容，能产生良好的社会预期，保障经济平稳健康运行。这也是优化营商环境，解放生产力、提高竞争力的必然要求，也有利于增强企业和群众获得感、推动经济高质量发展。

《中华人民共和国行政诉讼法》第七十条第六项规定，对于明显不当的行政行为，法院可以撤销。行政机关要适当行使自由裁量权。由于法律、法规、规章不可能对行政管理的方方面面作出事无巨细的规定，总会赋予行政机关一定的自由裁量权，行政机关可以在法律、法规、规章规定的范围、幅度内选择适当的方式、手段、数额等。但行政机关在选择的过程中，如果考虑了不应考虑的因素，或者没有考虑应该考虑的因素，或者针对相同的情况作出不同的处理，或者针对不同的情况作出不同的处理，都属于未适当行使自由裁量权，行政机关需承担行政行为被法院撤销或变更的败诉后果。

编写人：北京市第三中级人民法院　韩勇　陈金涛

31

证券从业人员“以化名、借用他人名义”买卖股票的认定标准

——林某诉中国证券监督管理委员会证券行政处罚及行政复议案

【案件基本信息】

1. 裁判书字号

北京市高级人民法院（2018）京行终6494号行政判决书

2. 案由：证券行政处罚及行政复议纠纷

3. 当事人

原告（上诉人）：林某

被告（被上诉人）：中国证券监督管理委员会（以下简称中国证监会）

【基本案情】

林某系证券从业人员。2004 年 7 月 9 日至 2009 年 6 月 8 日，林某操作其朋友姜某的账户进行证券交易，共获利 70653391.23 元。中国证监会作出〔2017〕72 号《行政处罚决定书》（以下简称被诉处罚决定），认定林某的行为违反 2005 年《中华人民共和国证券法》（以下简称原证券法）第四十三条的规定，构成了原证券法第一百九十九条所述禁止参与股票交易的人员持有、买卖股票的情形，决定没收林某全部违法所得并处以同等数额的罚款。后，中国证监会于 2017 年 12 月 12 日作出〔2017〕169 号《行政复议决定书》（以下简称被诉复议决定），决定维持被诉处罚决定。林某诉至法院，请求撤销被诉处罚决定和被诉复议决定。诉讼中，林某主张：原证券法第一百九十九条的适用应当以股票、资金等财产所有权归属于违法行为人为前提。而本案中，林某使用的是姜某的证券账户。涉案股票、资金的归属并不明确，被告也未进行查明。在事实不清的情况下，将相关交易行为及后果归责于原告，属于认定事实错误。

【案件焦点】

原证券法第一百九十九条有关证券从业人员“直接或者以化名、借他人名义持有、买卖股票”的理解与适用问题。

【法院裁判要旨】

北京市第一中级人民法院经审理认为：在行政处罚案件中，执法机关应当对存在违法行为承担证明责任，但对于具体的案件事实还应当遵循举证便利原则，由掌握案件事实并具有举证便利的一方承担一定的证明责任。由于证券从业人员身份的特殊性，“以化名、借他人名义持有、买卖股票”与接受客户委托买卖股票在行为外观上具有一定相似性，二者的核心区别在于交易收益的实际归属。由于资金的归属往往涉及当事人与其他主体之间民事法律关系的确认，如果要求执法机关必须在法律上确认交易收益归属的情况下才能作出处罚，则当事人只需要就此问题提出简单的抗辩就可以导致执法无法正常进行。因此，在此类案件中，如果执法机关已经掌握初步证据证明交易资金由证券从业人员实际控制并处分，而证券从业人员自己又不能提供相反证据证明交易收益归属于他人的，即可认定证券从业人员构成前述规定的“持有、买卖股票”之情形。本案中，姜某账户及其资金由林某控制、占有、使用、处分，且林某在行政处罚程序中自认姜某账户中的资金归其所有，又无相反证据证明交易收益为他人所有，故可以认定林某作为证券从业人员实施了违反原证券法第一百九十九条规定的违法行为。

北京市第一中级人民法院依照《中华人民共和国行政诉讼法》第六十九条、第七十九条之规定，判决：

驳回林某的诉讼请求。

林某不服一审判决，提起上诉。北京市高级人民法院经审理认为：从原证券法第一百九十九条规定的文义理解和立法目的上看，违法行为的构成，并不是以禁止参与股票交易的人员享有涉案股票、资金所有权为前提条件，即不论当事人的资金来源以及是否为其自有资金，只要能够实际控制并利用该资金持有、买卖股票，就符合该条规定的处罚要件。林某认为被诉处罚决定未查清案涉股票资金来源构成事实不清的主张，不能成立。

北京市高级人民法院依照《中华人民共和国行政诉讼法》第八十九条第一款第一项的规定，判决：

驳回上诉，维持一审判决。

【法官后语】

无论是原证券法，还是2019年修订的证券法，均明确规定，证券从业人员在任职期间内或法定期限内，不得持有、买卖股票。此类违法行为具有高度隐蔽性，查处和认定难度大。生效裁判从违法行为构成要件的角度进行了分析认定，并对举证责任进行了明确。

（一）证券从业人员违法买卖股票行为的构成要件分析

如何认定行为人系“以化名、借他人名义的方式持有、买卖股票”，需要回到该行为的构成要件上进行分析。

1. 义务违反及其认定

违反行政法上的义务，是应受行政处罚行为的客观要件。[①] 根据原证券法第四十三条、第一百九十九条规定，证券从业人员负有在任期或者法定期限内，不得买

① 江必新：《论应受行政处罚行为的构成要件》，载《法律适用》1996年第6期。

卖股票[1]的法定义务。有观点认为，“以化名、借用他人名义持有、买卖股票”，意味着证券从业人员以化名、借用给他人的方式，用自己的资金去买卖股票，资金、股票及收益均应当归属于该证券从业人员。也有观点认为，只要证券从业人员客观上控制了资金和交易，即可认为是“以化名、借用他人名义持有、买卖股票”。这两种观点均是对“以化名、借用他人名义持有、买卖股票”的误解。禁止证券从业人员买卖股票，禁止的是为己之买卖。因此，判断是否构成“以化名、借用他人名义持有、买卖股票”，核心在于股票收益的归属。林某在涉案期间控制、使用并处分姜某的证券账户及资金（包括相关收益），且无相反证据证明交易收益为他人所有，符合原证券法第一百九十九条规定的客观要件。

2. 主观过错及其认定

有观点认为，只要行为人实施了违反原证券法第一百九十九条规定的法定义务之行为，即应受到处罚。这种观点失之偏颇。“任何公正合理的制裁都须以被制裁的行为具有可谴责性为基础。”[2] 对某一行为进行处罚，须以行为人具有主观过错为前提。这就涉及举证责任的分配问题。一般而言，证明行为人具有过错的责任在于行政处罚机关。但是否具有过错，很难有直接证据予以证明，反而是行为人对自己不具有过错更容易举证。因此，主观过错的证明责任，往往采过错推定。当行为人具有违反法定义务的事实，即可以推定行为人具有过错；此时，行为人如果主张自己不应当受到处罚，则应举证证明自己违反义务不具有过错。

在证券从业人员违法买卖股票行为的案件中，资金归属往往被违法行为人用作抗辩理由，尤其在“化名、借用他人名义”这一情形下。但是，一方面资金归属往往涉及当事人与其他主体之间的民事法律关系的确认，如果要求行政处罚机关必须在确认资金归属的情况下才能作出处罚，则行政执法将会因当事人一句简单的抗辩即无法正常进行；另一方面对于此类违法行为而言，核心在于股票收益归属的判断。因此，在行政处罚机关经过调查证明交易资金系由证券从业人员所实际控制使用并具有处分权的情况下，证券从业人员应当就自己不享有交易收益、交易收益归属于他人进行举证说明，否则应当认定该证券从业人员的行为构成证券法所规定的

---

① 为便于行文，以下将“持有、买卖股票”统称为“买卖股票”。

② 江必新：《论应受行政处罚行为的构成要件》，载《法律适用》1996年第6期。

禁止买卖股票之情形。本案林某仅以自己与姜某存在未决的民事纠纷，涉案资金归属尚不明确进行抗辩，并不能推翻业已形成的证明其控制、使用及处分涉案账户及资金的证据链条。

（二）延伸思考：为何要禁止证券从业人员买卖股票

关于证券从业人员禁止买卖股票的规定，是从1998年颁行的证券法沿袭下来的。这一规定系基于维护证券市场“三公”秩序的两方面考虑：其一，较普通投资者而言，证券从业人员基于职务便利具有信息优势，有必要防范证券从业人员进行内幕交易。其二，避免证券从业人员与投资者利益发生冲突而损害投资者权益。

此项禁止性规定的正当性与必要性存在争议。[①] 从西方资本市场的治理实践来看，允许证券从业人员买卖股票已经是较为通行的制度安排。[②] 但这样的制度安排，是建立在完备的立法、有力的自律监管基础之上的。立足于我国证券立法尚不完备、相关配套制度尚不健全、行业自律管理乏力、证券中介机构发展还不成熟，证券从业人员整体素质还不够高、证券市场“野蛮生长”的发展现状，尚不宜放开对证券从业人员买卖股票的限制。这或许正是2019年修订的证券法不仅没有对证券从业人员买卖股票的限制予以放宽，反而将“其他具有股权性质的证券”也纳入限制持有买卖之列[③]的缘由。

编写人：北京市第一中级人民法院　张婷婷

---

① 梅慎实、张雨骅：《证券从业人员买卖股票：禁止还是放开》，载《中国证券》2015年第2期；白家勇：《证券从业人员买卖股票法律规制研究》，南京大学2018年硕士学位论文；等等。

② 郭文英、丁海筠：《中外证券从业人员买卖股票制度之比较研究》，载《环球法律评论》2012年第3期。

③ 见2019年证券法第四十条第一款。

32

具有公共特征的私人修建院坝是否属于酒驾中的“道路”

——黄某诉重庆市公安局北碚区分局行政处罚案

【案件基本信息】

1. 裁判书字号

重庆市第一中级人民法院（2019）渝01行终165号行政判决书

2. 案由：行政处罚纠纷

3. 当事人

原告（上诉人）：黄某

被告（被上诉人）：重庆市公安局北碚区分局（以下简称北碚公安分局）

【基本案情】

2018年6月8日晚，黄某酒后在重庆市北碚区东阳街道上桥村坟坝组桥香居门口地坝内驾驶一辆驾校教练车行驶约十米远。经在场人报案后，警察到现场进行处理。后经酒精测试仪检测，黄某的酒精测试结果为41mg/100mL。2018年6月8日、9日，7月6日、25日，北碚公安分局对黄某及相关人员进行了询问；2018年8月9日，北碚公安分局告知黄某拟作出的行政处罚及其依法享有的陈述、申辩权。黄某当场提出“桥香居堤坝是否属于国家正式公路；本车交强险和商业险性质一栏上显示，此车属非营运车；要求申请行政复议”。同日，北碚公安分局作出复核意见书：“一、根据《中华人民共和国道路交通安全法》（本案以下简称《道路交通安全法》）规定，‘道路’是指公路、城市道路和虽在单位管辖范围但允许社会机动车通行的地方，包括广场、公共停车场等用于公众通行的场所。二、根据《中华人民共和国公共安全行业标准》中机动车类型属于定义中的表3‘机动车使用性质细类表’的规定，显示教练车属于营运车辆。三、根据《道路交通安全法》第九十一条第三款之规定，拟对你处十五日拘留。如不服本决定，可以在收到处罚决定书之日起六十日内向重庆市公安局或者北碚区人民政府申请行政复议。”2018年10月29日，北碚公安分局作出渝公北碚（黄）行罚决字〔2018〕73号《行政处罚决定书》，给予黄某行政拘留十五日的行政处罚。黄某不服，向法院提起诉讼，请求撤销该《行政处罚决定书》。

【案件焦点】

具有公共特征的私人修建院坝是否属于《道路交通安全法》规定的“道路”。

【法院裁判要旨】

重庆市北碚区人民法院经审理认为：本案的争议焦点为黄某酒驾的地点是否属于《道路交通安全法》第一百一十九条第一款规定的“道路”。根据该条规定，“道路”是指公路、城市道路和虽在单位管辖范围但允许社会机动车通行的地方，包括广场、公共停车场等用于公众通行的场所。通常，人们判定道路主要是依据技术标准，如道路的宽度、路基、路形等。从《道路交通安全法》的立法原意可以看出，该法采取的判定标准是功能标准，即为道路修建单位专用还是用于公众通行。如属后者，则是“道路”。黄某当天酒驾的现场位于桥香居门口地坝，该饭馆属于对外营业的经营性机构，针对不特定顾客开放，任何社会车辆及行人均可自由通行其门口的场所，故该地应属于《道路交通安全法》第一百一十九条第一款规定的“公众通行的场所”。

重庆市北碚区人民法院依照《中华人民共和国行政诉讼法》第六十九条之规定，作出如下判决：

驳回黄某的诉讼请求。

二审法院同意一审法院裁判意见。

【法官后语】

本案对保护人民群众的道路交通安全权益具有典型意义，审查的重点在于道路“公共属性”的司法认定。

1.《道路交通安全法》中“道路”的含义

道路认定的标准不同，不同的组织和个人对道路有不同的认识。通常人们主要以道路的宽度、路基、路形等外在特征来判定是否属于道路，主要依据的是外在技术标准。从立法的发展来看，1988 年公布施行的道路交通管理条例第二条对道路的定义为，公路、城市道路和胡同（里巷），以及公共广场、公共停车场等供车辆、行人通行的地方。1992 年《最高人民法院、公安部关于处理道路交通事故案件有关问题的通知》第二条对何为公路进行了明确，即公路是指《中华人民共和国公路管理条例》规定的，经公路主管部门验收认定的城间、城乡间、乡间能行驶汽车的公共道路（包括国道、省道、县道和乡道）。2004 年施行的道路交通安全法第一百一十九条规定："道路，是指公路、城市道路和虽在单位管辖范围但允许社会机动车通行的地方，包括广场、公共停车场等用于公众通行的场所。"2013 年最高人民法院、最高人民检察院、公安部联合出台的《关于办理醉酒驾驶机动车刑事案件适用法律若干问题的意见》第一条第二款规定，危险驾驶罪中的"道路"适用于道路交通安全法的有关规定。从上述规定来看，"道路"的范围呈不断扩大趋势，且以列举的方式对何为"道路"进行了明确直观的界定，同时又以"公众通行场所"这一内在功能标准进行了兜底和补充，这就意味着在上述罗列地点以外发生的违法驾车行为，只要是允许社会车辆通行的地方，都应当属于《道路交通安全法》的调整范畴，以更好地维护这些路段的交通秩序，保护广大人民群众的道路交通权益。

2. 道路"公共属性"的司法认定

因公路、城市道路的标准明确，实践中在适用方面往往并无争议，但对如何理解道路交通安全法规定的"虽在单位管辖范围但允许社会机动车通行的地方"则有不同的声音。例如，机关、企事业单位、厂矿、住宅小区等单位管辖范围内的路段、停车场在何种情况下属于"允许社会机动车通行的地方"。笔者认为，对上述地点是否属于道路的认定关键在于对"公共属性"的理解。"公共属性"最本质的特征就在于通行对象的不特定性。无论上述地点的管理方式如何，只要允许不特定的社会车辆自由通行，就属于道路。如果仅允许与特定单位、人员有业务往来等特定事由的来访者的车辆通行，则不属于允许社会车辆通行。故对上述地方的认定应当与道路交通安全法的规定精神保持一致，采用内在功能标准，即看其是否符合道路的公共性特征。无论修建场所的主体是谁、位置如何、外形怎样、是否收费、登记与否，只要面向公众、允许不特定社会车辆通行，就属于道路。在明确这一立法意图的基础上，将私人修建具有较强公共性的地坝纳入"道路"范畴不仅符合立法的价值取向，而且顺应了司法实践发展的需要。

具体到本案，案发时段前后，东阳街道上桥村坟坝组桥香居门口地坝有群众开车到餐馆就餐、有不少群众在餐馆地坝跳坝坝舞、地坝内还停放有其他社会车辆用于出入，该地坝已经符合公共性特征，该餐馆地坝应当认定为道路，受《道路交通安全法》调整，人民群众的道路安全权益应当受到保护。若该餐馆地坝不受《道路交通安全法》调整，在面对酒后驾车行为时，人民群众的道路交通安全权益就得不到保障，人民群众的生命财产安全就可能受到酒后驾车的危害。

编写人：重庆市第一中级人民法院　彭英　王健康　李遵礼

33

将APP名称登记为企业字号并从事相关经营活动是否构成不正当竞争的认定

——蓝鲸公司诉广州市越秀区市场监督管理局工商行政处罚案

【案件基本信息】

1. 裁判书字号

广东省广州市越秀区人民法院（2019）粤0104行初4号行政判决书

2. 案由：工商行政处罚纠纷

3. 当事人

原告：蓝鲸公司

被告：广州市越秀区市场监督管理局

【基本案情】

北京字节跳动科技有限公司（以下简称字节跳动公司）是第21881287号“抖音”、第24282642号“　（抖音图形）”等商标的注册人。北京微博视界科技有限公司是“抖音”APP内展示的营业执照持有人。原告于2018年12月12日经被告核准登记成立，登记名称为广州抖音信息技术有限公司，于2019年9月25日变更名称为蓝鲸公司。

经字节跳动公司投诉，被告于2019年5月15日对原告经营场所进行现场检查，发现原告经营场所内有大量“”标识及“抖音网红品牌孵化中心”“抖音短视频记录美好生活”等宣传内容。原告法定代表人现场提供一份《广州抖音信息技术服务明细－优品汇服务》以及十份《抖音信息技术服务合同》，《抖音信息技术服务合同》主要内容约定原告为客户提供抖音信息运营服务，《广州抖音信息技术服务明细－优品汇服务》载明服务内容包括“官方申请商业版账号，由北京抖音总部1－2工作日内发放”“抖音账号的基础设置，包括关键词、昵称、个性标签等内容”“账号定位，报送北京运营中心，进行标签登记”等。

被告对原告提供的部分合同相对方进行询问，其中广州番禺胜辉服饰贸易有限公司称经原告介绍后签订了《抖音信息技术服务合同》，原告员工表示原告公司是“抖音”APP官方的广州办事处，目前合同款尚未支付；暨研医药生物科技（广州）有限公司称经原告介绍后签订了《抖音信息技术服务合同》并支付了合同款36800元，原告员工介绍原告是“抖音”APP所属公司字节跳动公司的全资子公司，其可通过运营维护“抖音”APP的账号从而增加销售渠道及销售量等，因为原告公司名称中有“抖音”字样，所以该公司相信原告与字节跳动公司存在母子公司关系。

被告于2019年8月28日作出编号为穗越市监工处字［2019］263号《行政处罚决定》，认为原告企业名称的字号包含“抖音”注册商标及其擅自使用“抖音”“抖音图形”注册商标进行宣传，引人误认为原告与字节跳动公司存在特定联系的行为，构成混淆行为，责令原告立即停止混淆的违法行为，在收到处罚决定书30日内办理名称变更登记，并处罚款9万元。

原告蓝鲸公司诉称：第一，原告经被告核准后登记设立，现被告行政处罚认定原告公司名称与北京字节跳动科技有限公司存在特定联系而构成不正当竞争，被告的处罚决定与其向原告作出企业名称核准登记的许可行为不符，违反了行政信赖保护原则。第二，被告认定原告存在“足以引人误认为与他人存在特定联系的混淆行为”缺乏事实与法律依据。第三，抖音短视频APP权利人为北京微博视界科技有限公司，而非北京字节跳动科技有限公司，被告对本次处罚决定事实查明不清。第四，原告在公司注册成立后，仅在办公区域使用“抖音”商标，使用区域有限，且未给“抖音”商标专用权人或抖音短视频APP权利人造成任何损失，亦未造成不良影响。退一步而言，即便原告存在不正当竞争行为，被告处罚决定的9万元属处罚明显过重。

被告广州市越秀区市场监督管理局辩称：第一，被告严格按照法定程序进行执法检查，依法查处原告利用他人注册商标混淆误导消费者的不正当竞争行为。被告通过现场检查、询问等方式进行调查，相关事实均有证据相互印证支持。第二，原告虽通过企业名称自主申报的方式取得工商注册登记，但不意味着为其利用混淆行为实施不正当竞争行为牟取不当利益的行为披上合法的外衣。第三，被告对原告的行政处罚合理恰当，符合法律规定。

【案件焦点】

1. 以他人已经获准注册的商标为字号进行企业名称登记，又以相关商标标识从事经营相关内容业务的，是否构成不正当竞争；2. 以方便实施不正当竞争行为为目的而申报注册企业名称的，能否适用行政法中的信赖利益保护原则。

【法院裁判要旨】

广东省广州市越秀区人民法院经审理认为：由于原告企业名称中包含“抖音”，与“抖音”APP名称以及字节跳动公司注册的相关商标重合；而原告恰恰是从事提供“抖音”APP账号及内容服务的经营活动，且在经营场所中大规模使用“抖音”及“ ”标识，在合同文本中又有“北京抖音总部”“北京运营中心”等字样，以上种种相互叠加，根据公众的一般认知理解，极易认为原告公司及其提供的服务与“抖音”等商标的权利人或“抖音”APP的权利人存在特定联系，从而产生混淆。而从对原告的客户广州番禺胜辉服饰贸易有限公司、暨研医药生物科技（广州）有限公司所作询问来看，客观上也已经切实产生了混淆的后果。故被告认定原告的企业名称以及相关经营行为构成不正当竞争，理据充分。被告基于此责令原告办理名称变更登记并处罚款9万元符合《中华人民共和国反不正当竞争法》第十八条第一款、第二款的规定，并无不当。

广东省广州市越秀区人民法院依据《中华人民共和国行政诉讼法》第六十九条之规定，判决如下：驳回原告蓝鲸公司的诉讼请求。

【法官后语】

随着信息网络的日益繁荣发展以及全民自媒体化的趋势进展，“抖音”APP因其形式、内容以及传播性而火爆全国，更是逐渐成为个人、企业进行宣传、“带货”的新型渠道和平台，随之而来的一方面是新的产业和商机，另一方面则是新的争议纠纷。

1. 以他人注册的商标以及运营的手机APP名称“抖音”作为字号登记，又以相关商标标识从事经营“抖音”APP账号及内容业务的，构成不正当竞争

在适用《中华人民共和国反不正当竞争法》第六条认定是否构成不正当竞争行为时，核心是认定被诉行为是否形成了混淆的后果或者较高可能性。本案中，“抖音”是他人已经获准注册的商标，且“抖音”手机APP为公众所熟知，原告以“抖音”为字号进行企业名称登记，在经营过程中大量使用“抖音”“”标识并且在合同文本中使用“北京抖音总部”“北京运营中心”等带有误导性的文字内容，来从事为客户提供“抖音”APP账号及内容服务的经营活动。从相关公众特别是潜在客户的视角来看，以上各项行为相互叠加，无疑会认为原告及其提供的服务是与“抖音”等商标权人或者是“抖音”APP权利人存在特定联系，能够为客户提供更优质的服务，具有较高的混淆可能性；再从对原告部分客户所作询问笔录来看，已经切实产生了混淆的后果，故原告所作的以上行为属于混淆行为。原告通过实施这种“搭便车”的混淆行为，可达到在同类经营者中占据有利地位的目的，额外获取了更多的交易机会，显然有违市场经营公平、诚信的原则，构成不正当竞争。被告据此对原告处以责令变更企业名称登记以及罚款的处罚符合《中华人民共和国反不正当竞争法》第十八条的规定，并无不当。

2. 申请登记企业名称用于实施不正当竞争行为不适用行政信赖保护原则

由于原告的企业名称系经被告核准登记，被告现又处以责令变更名称登记的处罚是否自相矛盾，原告就此认为该处罚违背了行政信赖保护原则。对此我们认为所谓行政信赖保护原则一般是指基于维护法律秩序的安定性和保护社会成员正当利益

的考虑，当社会成员对行政程序或行政行为中的某些因素的不变性形成合理信赖，并且这种合理信赖值得被保护时，行政主体不得更改这些行政程序、行政行为或更改行政程序、行政行为后合理补偿社会成员的信赖损失。应该强调的是，行政信赖保护原则的核心是保护社会成员的正当利益以维护法律秩序的安定性，即受保护的是社会成员应当享有的正当利益，若此种利益本身具有不当性，则自然不适用该原则。在本案中，原告通过自主申报获准登记了原企业名称固然是基于被告的行政行为，但从原告登记该名称后所实施的一系列经营行为不难看出其登记该名称是为了以该名称从事“搭便车”的不正当竞争行为，主观上即存在过错和恶意，其获准注册的企业名称所形成的利益本身就具有不当性，难称为值得被保护的正当利益，故不适用信赖保护原则。

此外，原告还提出涉案处罚金额过高，有悖于我国鼓励、扶持民营企业发展，为民营企业成长创造宽松发展环境的政策。全面推进经济建设、鼓励支持经济发展包括民营企业发展固然是我国一直以来的大政方针，但经济建设与法治建设相辅相成，互为因果，两者不可偏废。公平、正义的法治环境是市场经济完善和发展的重要保障。无论是行政机关的执法行为抑或司法机关的司法行为均以营造公平、正义的法治环境为目标。市场监督管理部门依据法律规定作出行政处罚正是为了制止原告不正当竞争行为，鼓励、保障各市场主体公平、诚信经营，以维护良好的市场经营秩序，促进市场经济健康发展，符合立法以及执法本意。在整个市场体系中，没有任何一个主体是独立存在的，试想倘若今日放任原告的不正当竞争行为，则他日原告也会因他人的不正当竞争行为而受损。原告以及其他经营者应当以之为鉴，在法律法规允许的范围内诚信开展经营活动，共同营造公平、有序的市场经济环境。

编写人：广东省广州市越秀区人民法院　赵咏

34

定作人是否属于《中华人民共和国安全生产法》规定的对生产安全事故负有责任的生产经营单位

——香喷喷食府诉珠海市香洲区应急管理局安全生产监督行政处罚案

【案件基本信息】

1. 裁判书字号

广东省珠海市中级人民法院（2019）粤04行终155号行政判决书

2. 案由：安全生产监督行政处罚

3. 当事人

原告（被上诉人）：香喷喷食府

被告（上诉人）：珠海市香洲区应急管理局（原珠海市香洲区安全生产监督管理局）

【基本案情】

香喷喷食府与某广告公司签订合同，约定由其负责香喷喷食府户外招牌拆改及LED字的安装。后某广告公司口头将搭建拆除竹排架的工作发包给自然人林某，林某安排了没有高空作业资质的王某负责搭拆排架。2017年3月13日，王某在拆除竹排架时坠落至地面，被送至医院抢救，于29日医治无效身亡。2017年3月23日，珠海市香洲区城市管理局对香喷喷食府颁发户外广告设施和招牌设置许可证。

原珠海市香洲区安全生产监督管理局在作出行政处罚案件调查报告和行政处罚集体讨论记录后，作出（珠香）安监罚〔2017〕9号《行政处罚决定书》。香喷喷食府不服，向珠海市人民政府申请行政复议，珠海市人民政府对《行政处罚决定书》予以维持。香喷喷食府不服，依法提起行政诉讼。珠海市金湾区人民法院作出行政判决书，以（珠香）安监罚〔2017〕9 号《行政处罚决定书》程序违法为由，判决撤销上述行政处罚决定书和行政复议决定书。

2018 年 11 月 28 日，原珠海市香洲区安全生产监督管理局向香喷喷食府直接送达行政处罚告知书和行政处罚听证告知书。香喷喷食府书面放弃听证。2018 年 12 月 3 日，原珠海市香洲区安全生产监督管理局作出（珠香）安监罚〔2018〕6 号《行政处罚决定书》（以下简称被诉行政处罚决定）认定香喷喷食府未经许可擅自设置户外招牌，将旧的户外招牌拆除和新的户外招牌安装承揽给没有设计、施工等相关资质的某广告公司，导致事故发生，对事故负有责任。根据《生产安全事故报告和调查处理条例罚款处罚暂行规定》第三条，认定香喷喷食府为事故发生单位。依据《中华人民共和国安全生产法》第一百零九条第一款第一项和《生产安全事故罚款处罚规定（试行）》第十四条的规定，决定给予其 20 万元罚款的行政处罚。香喷喷食府不服，提起本案诉讼。

【案件焦点】

1. 被诉行政处罚决定认定香喷喷食府是事故发生单位是否正确；2. 被诉行政处罚决定适用法律是否正确。

【法院裁判要旨】

广东省珠海市金湾区人民法院经审理认为：住建部《城市户外广告设施技术规范》发布在《珠海市户外广告设施设置技术规范》之后，应适用住建部《城市户外广告设施技术规范》。被诉行政处罚决定是依据《珠海市户外广告设施设置技术规范》而作出，法律适用错误。假设《珠海市户外广告设施设置技术规范》可以作为被诉行政处罚决定的法律依据，其第 5.1 条规定的是户外广告设施的设计行为应由具备相应资质的单位设计，原珠海市香洲区安全生产监督管理局拟处罚的是安装行为没有承揽给有相关资质的企业，其适用第 5.1 条亦属错误。

广东省珠海市金湾区人民法院依照《中华人民共和国行政诉讼法》第七十条之规定，判决如下：

撤销原珠海市香洲区安全生产监督管理局于 2018 年 12 月 3 日作出（珠香）安监罚〔2018〕6 号《行政处罚决定书》。

珠海市香洲区应急管理局不服，提起上诉。广东省珠海市中级人民法院经审理认为：香喷喷食府与某广告公司之间形成的是加工承揽合同关系，组织员工生产、完成工作任务、收取工作报酬的主体是承揽人某广告公司，定作人香喷喷食府只是验收工作成果、支付报酬而已，不是组织本次生产活动的主体单位。从户外广告设施和招牌设置许可证可知，香喷喷食府设置的是户外招牌。根据住建部《城市户外广告设施技术规范》的规定，户外招牌不属于户外广告设施。户外广告设施的设计和施工单位应具备相应的资质，但户外招牌的制作、安装、施工没有此项规定。香喷喷食府没有审查承揽单位相关资质的法定义务。本案不属于《中华人民共和国安全生产法》第四十六条第一款“生产经营单位不得将生产经营项目、场所、设备发包或者出租给不具备安全生产条件或者相应资质的单位或者个人”规定的情形，香喷喷食府不是本案生产安全事故责任单位。一审判决虽没有评述被诉行政处罚决定的处罚对象是否准确，但认定事实无误，且最终处理结果正确，应予维持。

广东省珠海市中级人民法院依照《中华人民共和国行政诉讼法》第八十九条第一款第一项的规定，判决如下：

驳回上诉，维持原判。

【法官后语】

本案以承揽合同关系的本质特征为落脚点，认定定作人香喷喷食府不属于《中华人民共和国安全生产法》第一百零九条规定的对生产安全事故负有责任的生产经营单位，对于规范安全生产监督管理部门正确认定生产经营单位的安全生产义务以及生产安全事故责任主体具有典型意义。

当生产经营单位存在违法发包行为时，若发生生产安全事故，行政机关往往不区分该发包行为是承包关系还是承揽关系，均以违反《中华人民共和国安全生产法》第四十六条第一款“生产经营单位不得将生产经营项目、场所、设备发包或者出租给不具备安全生产条件或者相应资质的单位或者个人”的规定，对“发包方”和“承包方”采取双罚制。实际上，发包是指法律上的承包合同关系，而非现实生活中所使用的“发包”，尤其是被称为“发包”实为“承揽”的行为。因此，正确区分承揽关系与承包关系，对于认定生产安全事故责任主体而言，尤为重要。

在承揽合同关系中，承揽人按照定作人的要求以自己的设备、技术和劳力完成工作，对工作成果的完成负全部责任，定作人根据约定验收工作成果、支付工作报酬。在承包合同关系中，发包人将生产经营项目部分或全部发包给承包人，由承包人自行经营管理。两者本质区别在于，承包关系涉及自行经营管理权，而承揽合同的标的物是特定的劳动成果，不涉及经营管理权。本案中，某广告公司只负责香喷喷食府户外招牌拆改及LED字的安装，不涉及经营管理权，香喷喷食府与某广告公司之间形成的是承揽关系，香喷喷食府是定作人，不是违法发包人，因此不是涉案生产安全事故责任单位。

本案判决认定定作人不是《中华人民共和国安全生产法》第四十六条第一款所指的“违法发包人”，因此不属于该法第一百零九条规定的对生产安全事故负有责任的生产经营单位，既有效发挥了行政诉讼的监督职能，督促行政机关正确履行职责、规范此类执法活动；又充分保护了企业的合法权益，让企业放心经营、安心经营，对创造公开、透明、稳定、可预期的营商环境具有积极影响；也为类案的处理提供了一定的参考价值。

编写人：广东省珠海市中级人民法院　王智斌　宋义明

六、行政强制

35

承租人起诉强制拆除行为的原告主体资格认定标准

——同心家园公司诉北京市海淀区人民政府北太平庄街道办事处、北京市海淀区城市管理综合行政执法监察局强制拆除行为案

【案件基本信息】

1. 裁判书字号

北京市海淀区人民法院（2019）京0108行初700号行政裁定书

2. 案由：强制拆除行为纠纷

3. 当事人

原告：同心家园公司

被告：北京市海淀区人民政府北太平庄街道办事处（以下简称北太平庄街道办）、北京市海淀区城市管理综合行政执法监察局（以下简称海淀城管监察局）

【基本案情】

同心家园公司（承租方）2008年与刘某（出租方）签订的《房屋租赁协议》约定：至2013年5月20日租期届满后，同心家园公司自费承建的二层房屋无偿收归刘某所有。上述合同到期后，双方再次签订租赁协议，约定租期至2014年5月20日届满。之后双方再也没有签订任何租赁协议，房屋由其他散户承租。另，(2013）海民初字第25997号民事判决及（2018）京01民终814号民事判决认定，位于北京市海淀区学院路大王花园土地上的房屋系刘某所建，无正式房屋所有权。

大王花园于2002年更名为明光村甲43号院，位于北京市海淀区明光路西侧。

2018年1月11日、2018年4月20日，原北京市规划和国土资源管理委员会（以下简称原市规土委）分别作出市规土委规（海）执函〔2018〕003号函、市规土委规（海）执函〔2018〕街镇001号函，认定北京市海淀区明光路西侧所建建筑物（以下简称涉案西侧建筑物）第二层及以上所建的4处建筑物，涉案西侧所建四处建筑物，未依法取得建设工程规划许可证。同年5月8日，北太平庄地区环境整治领导小组（以下简称环境整治小组）作出拆违通知书，告知北太平庄辖区居民，相关部门将于2018年5月11日开始对涉案西侧建筑物的违法建设进行拆除，请各位居民在2018年5月10日前将违建房屋内的物品腾空并主动拆除。一审庭审中，北太平庄街道办明确称强制拆除涉案房屋的行为系其以环境整治小组的名义组织实施，拆除时间为2018年5月8日，至同年5月12日整体拆除完毕。海淀城管监察局亦称拆除行为系城管人员参与，以环境整治小组名义进行。后同心家园公司认为海淀城管监察局和北太平庄街道办的强制拆除行为违法，向法院提起行政诉讼。

此外，(2018）京0108行初589号行政判决确认北太平庄街道办于2018年5月8日作出的拆违通知书违法。(2019）京01行终162号以同心家园公司不具备原告主体资格为由，撤销了（2018）京0108行初589号行政判决，裁定驳回同心家园公司的起诉。

【案件焦点】

1. 同心家园公司是否因其对承租房屋的扩建部分而享有对强制拆除行为的原告主体资格；2. 同心家园公司作为承租人的原告主体资格认定标准。

【法院裁判要旨】

北京市海淀区人民法院经审理认为：根据同心家园公司提交的证人证言等证据，可以认定其自建房屋包含在涉案被拆除房屋之中，故其为本案适格原告。

本案中，海淀城管监察局在对涉案建筑物进行强制拆除前，未作出限期拆除决定，亦未报经违法建设所在地的区县人民政府批准，即径行对涉案房屋实施强制拆除，其行使行政职权的行为违反了《北京市城乡规划条例》第六十六条第二款及《北京市禁止违法建设若干规定》第十二条第二款、第十三条所规定的法定程序，确有不当，应予以纠正。

北太平庄街道办并不具有对本案所涉房屋进行强制拆除的法定职权，其实施强制拆除的行为，应属违法。鉴于涉案房屋已被强制拆除，不具有可撤销的内容，故应当确认违法。

北京市海淀区人民法院依据《中华人民共和国行政诉讼法》第七十四条第二款第一项之规定，判决如下：

确认海淀城管监察局及北太平庄街道办对同心家园公司在北京市海淀区明光路西侧所建建筑物实施的强制拆除行为违法。

同心家园公司上诉称：1. 其从未作出“其自建房屋确属于违法建设”的自认。2. 北太平庄街道办没有认定其自建房屋属于违法建设的职责。3. 北太平庄街道办、海淀城管监察局在一审庭审中提交的现场照片等证据，均非在执法过程中产生，不能作为证据使用。请求维持一审判决，依法纠正并撤销一审判决中“同心家园公司称其自建房屋确属于违法建设”的认定。

北太平庄街道办上诉称：1. 同心家园公司仅租赁过房屋，不是本案适格原告。2. 其行为属于受涉案房屋土地使用权人的委托实施的合法行为。3. 其拆除被认定为违法建设的涉案房屋，正当合法。4. 其城管科具有行政执法权。请求二审法院撤销一审判决，驳回同心家园公司的起诉。

北京市第一中级人民法院经审理认为：本案中，同心家园公司 2013 年与刘某签订的《房屋租赁协议》租赁期届满后，该公司在租赁地上加建的房屋无偿归刘某所有。生效的民事判决亦查明，涉案被拆除房屋系刘某所建，无正式房屋产权。因此，同心家园公司以其为被拆除房屋的建设人而主张对房屋享有权利，缺乏事实依据，一审法院仅以同心家园公司系被强制拆除房屋建设者而具有原告主体资格的认定错误。对于同心家园公司是否存在室内物品等合法权益因本案强制拆除行为受到实际影响的情形，同心家园公司与北太平庄街道办各执一词，海淀城管监察局认可北太平庄街道办的意见，上述问题关系到同心家园公司是否具有以承租人身份提起本案诉讼的主体资格，但是一审法院对此并未查清。故一审法院对案件的事实认定不清，应发回一审法院重新审理。

北京市第一中级人民法院依照《中华人民共和国行政诉讼法》第八十九条第一款第三项之规定，裁定如下：

一、撤销一审判决；

二、发回北京市海淀区人民法院重审。

北京市海淀区人民法院经审理认为：同心家园公司虽是涉诉房屋的承租人，但并非该房屋的建设人。同心家园公司未能提供相关证据证明在涉诉房屋拆除时房屋内存有其相关物品以及强拆行为对其室内物品造成毁损的情况。因此，无法认定被诉行为对同心家园公司的相关权益产生了实际影响，同心家园公司与被诉行为没有行政法上的利害关系。综上，同心家园公司并非本案适格的原告，对同心家园公司的起诉应当予以驳回。

北京市海淀区人民法院依照《中华人民共和国行政诉讼法》第二十五条第一款、第四十九条第一项，《最高人民法院关于适用〈中华人民共和国行政诉讼法〉若干问题的解释》第六十九条第一款第一项之规定，裁定如下：

驳回同心家园公司的起诉。

【法官后语】

行政诉讼的原告资格涉及谁有权提起行政诉讼。根据行政诉讼法第二十五条第一款的规定，利害关系是判断当事人有无提起行政诉讼原告主体资格的标准。所谓利害关系，就是有可能受到行政行为的不利影响。具体要考虑以下三个要素：是否存在一项权利；该权利是否属于原告；该权利是否可能受到了被诉行政行为的侵害。[①]

1. 承租人不能基于后续的加建、扩建行为而当然具有对强制拆除行为提起诉讼的原告主体资格

承租人与出租人出租房屋之间形成的租赁关系属于民事法律关系，而出租的房屋被行政机关强制拆除，强制拆除行为是否合法则属于行政法律关系。承租人是否具备起诉强制拆除行为的原告主体资格，实际上是民行交叉案件。该类案件需判断承租人对加建、扩建部分享有何种权益，进而判断承租人的合法权益是否受到强制拆除行为的侵害。就承租人后续加建、扩建部分的归属而言，先看出租人与承租人是否有约定。如果后续的加建、扩建与原建设行为共同成就了承租房屋、难以区分，承租人与出租人约定承租人享有对后续加建、扩建部分的所有权，或约定双方共同共有出租房屋的，且双方均认可约定内容无争议，则出租人具有提起诉讼的原

---

① （2016）最高法行申2560号行政裁定书。

告主体资格。当然，出租人与承租人对此约定若有争议，应当先解决民事争议，再进一步判定出租人是否享有对强制拆除行为的原告主体资格。

如果承租人与出租人没有就后续加建、扩建部分的归属进行约定，承租人对后续加建、扩建部分的权益区分下面两种情况判断：一种情况是如果加建、扩建部分并未形成独立的构筑物，或者不易拆除，或者拆除不经济，无论出租人的加建、扩建行为是否经出租人同意，可依据民法中的添附制度由不动产所有人取得该加建、扩建部分的所有权。通常认为，承租人未经出租人同意的加建、扩建行为构成对不动产所有权人的侵权，承租人对加建、扩建部分不享有财产权益，甚至还要承担恢复原状、赔偿损失的责任。此种情况，承租人不能基于加建、扩建行为具有对强制拆除行为的原告主体资格。另一种情况是出租人后续加建、扩建部分能够从承租房屋上完好拆除且不会造成毁损，拆除后的加建、扩建部分可以归承租人所有。此种情况，承租人对拆除后的加建、扩建部分享有所有权。在后续加建、扩建部分未被拆除的情况下，已发生的强制拆除行为就有可能侵害承租人的合法权益。根据《最高人民法院关于审理城镇房屋租赁合同纠纷案件具体应用法律若干问题的解释》第十二条的规定，承租人对承租房屋的加建、扩建部分享有财产权益，强制拆除行为可能侵害承租人的合法权益，笔者认为此种情况下承租人应当具有原告主体资格。

本案中，同心家园公司经出租人的同意，在被拆除房屋上加建了二层房屋。双方还约定，租赁期满后，加建部分同心家园公司不得拆除，归出租人所有。且已有民事判决确认，同心家园公司加建的房屋系出租人所建。同心家园公司对承租房屋加建部分不享有所有权，也不存在可以拆除后归其所有的情形。因此，同心家园公司对加建部分已不享有民事权益，与拆除行为之间不具有利害关系，不能基于对加建部分而具有对强制拆除行为的原告主体资格。

2. 承租人可基于被拆除房屋内物品的合法权益而享有对强制拆除行为的原告主体资格

强制拆除房屋的行为是将房屋归于消灭的行为，是事实行为，影响的范围不仅包括房屋本身，还可能涉及房屋内的物品。这意味着强制拆除房屋的行为不仅会对房屋所有权人的权利造成损害，也有可能对房屋承租人的权利造成损害。因此，房屋拆除行为的利害关系人除了房屋所有权人之外，也可能是房屋的承租人。被拆除房屋内是否有承租人物品的合法权益是此类案件的审理焦点。

本案中，同心家园公司未能提供相关证据，以证明其在涉诉房屋拆除时房屋内存有其相关物品等情况。因此，无法认定被诉行为对同心家园公司的相关权益产生了实际影响，同心家园公司并非本案适格的原告。

编写人：北京市第一中级人民法院　王素南

36

当事人针对无主车辆行政强制措施提起诉讼仅需承担初步证明责任

——李某诉北京市朝阳区城市管理综合行政执法监察局等确认行政行为违法案

【案件基本信息】

1. 裁判书字号

北京市第三中级人民法院（2019）京03行终539号行政判决书

2. 案由：确认行政行为违法纠纷

3. 当事人

原告（被上诉人）：李某

被告（上诉人）：北京市朝阳区城市管理综合行政执法监察局（以下简称朝阳城管局）、北京市公安局公安交通管理局朝阳交通支队劲松大队（以下简称劲松交通大队）、北京市朝阳区人民政府潘家园街道办事处（以下简称潘家园街道办）

【基本案情】

原告居住房屋位于朝阳区劲松七区某楼，方丹苑路系位于该楼南侧的小区外公共道路。在方丹苑路上长期停放着一辆改装后的无牌照三轮摩托车，该三轮摩托车玻璃上印着“惊奇牌电动防暴窗”字样，并有客服加盟热线及邮件地址，其中热线电话与原告在法院留存的手机号码一致。2013 年 6 月 12 日，原告取得国家知识产权局核发的《发明专利证书》，发明名称为“一种多功能窗户结构”。

2015 年 4 月，潘家园街道办对“僵尸车”进行清理，其中包括涉案三轮摩托车。2015 年 6 月 7 日，潘家园街道办的工作人员在涉案三轮摩托车上张贴一份《告知书》，告知车主根据《中华人民共和国道路交通安全法》《北京市市容环境卫生条例》，于 2015 年 6 月 17 日前将三轮车自行移走，或携带相关合法手续到朝阳城管局潘家园执法队主张权利，逾期不自行移走的将由三被告依法对该车辆进行处理，由此造成的后果由车主本人承担。《告知书》落款处有朝阳城管局、潘家园街道办及劲松交通大队的名称，但均未加盖公章。2015 年 7 月 1 日，涉案三轮摩托车被强制拖走至指定停车场停放。

2016 年 4 月 7 日，原告向区城管局反映三轮车被查扣及物品丢失赔偿问题。2016 年 5 月 26 日，朝阳城管局作出《行政答复意见书》，告知原告潘家园城管执法队未参与。经原告申请行政复议，北京市朝阳区人民政府（以下简称朝阳区政府）决定撤销朝阳城管局作出的《行政答复意见书》、朝阳城管局对原告提出的赔偿申请重新作出答复。2016 年 12 月 1 日，朝阳城管局再次作出《行政处理意见书》，答复原告朝阳管局未实施查扣行为，原告未提供证据证明损失是由朝阳城管局的行政行为造成，故决定不予赔偿。经原告再次行政复议，朝阳区政府决定驳回原告的行政复议申请。

另查，潘家园街道办曾于 2016 年 11 月 8 日出具一份《情况说明》，其中载明：“2015 年 7 月 1 日，在潘家园街道综治办组织下，由朝阳交通支队劲松大队牵头，城管、社区等部门配合，对辖区违法停车问题进行集中整治。按照职责分工，道路僵尸车及违法停车由交通部门负责，交通部门将查扣的车辆拖至指定停车场停放并负责后续处理。2015 年 7 月 5 日，李某到潘家园城管队认领涉案三轮车，城管人员告知其清理僵尸车是交通所为，但为帮助其找车，城管队让其出示车辆的驾驶证、行驶证及购车手续，但其均无法提供。”

【案件焦点】

当事人就行政机关针对无主车辆实施的行政强制措施提起行政诉讼，需提供何种证据材料证明其起诉符合法定条件，应承担何种程度的证明责任。

【法院裁判要旨】

北京市朝阳区人民法院经审理认为：《中华人民共和国行政诉讼法》第二十五条第一款规定，行政行为的相对人以及其他与行政行为有利害关系的公民、法人或者其他组织，有权提起诉讼。本案中，原告提交的照片显示被查扣三轮摩托车的窗户上有"惊奇牌电动防暴窗"字样及手机号码，原告同时提交了为发明人的《发明专利证书》，结合原告居住、拍摄张贴《告知书》的照片、事后去停车场找寻车辆和到相关部门反映等因素综合判断，原告已完成初步举证责任，证明其与被查扣三轮摩托车有直接的关联性，故应具有提起本次行政诉讼的原告主体资格。

三被告均不认可直接实施了查扣涉案三轮摩托车的行为，但三被告曾共同下发《告知书》，可以证明三被告共同参与了行政执法过程，潘家园街道办出具的《情况说明》也载明三被告分别实施了相应行为，故应认定三被告共同实施了涉案行政事实行为，在三被告均未提交有效证据证明实施涉案强制查扣行为合法性的情况下，应共同承担相应的法律后果。

北京市朝阳区人民法院依据《中华人民共和国行政诉讼法》第七十四条第二款第一项之规定，判决如下：

确认朝阳城管局、劲松交通大队、潘家园街道办对李某的三轮摩托车共同实施的强制查扣行为违法。

朝阳城管局不服一审判决，上诉称：潘家园街道办出具的《情况说明》可以证明朝阳城管局并未实施查扣涉案三轮车的行为，上诉人并未实施涉案行政事实行为，一审法院认定与实际不符，故请求二审法院撤销一审判决，发回一审法院重新审理。

劲松交通大队不服一审判决，上诉称：购车发票和车辆整车出厂合格证明是车辆所有人的合法证明，在被上诉人不能提供上述合法证明手续的情况下，仅以被上诉人提供的一种发明专利和一张照片上专利的宣传和其手机号码，即认定涉案车辆为被上诉人实际占有是错误的。请求二审法院撤销一审判决，驳回被上诉人的诉讼请求。

潘家园街道办不服一审判决，上诉称：一审认定被上诉人为涉案三轮车的实际占有人，系认定事实错误。一审将上诉人的综合组织行为认定为具体行政行为，系适用法律错误。综上，请求二审法院撤销一审判决，驳回被上诉人的诉讼请求。

北京市第三中级人民法院经审理认为：本案中，三上诉人均不认可直接实施了查扣涉案三轮摩托车的行为，但根据三上诉人共同下发的《告知书》，可以证实三上诉人共同参与了行政执法过程，同时结合潘家园街道办出具的《情况说明》，可以确认三上诉人共同实施了涉案行政行为。三上诉人并未提供证据证明其实施的涉案强制查扣行为具有合法性，故一审法院认定由三上诉人共同承担相应的法律后果，并判决确认三上诉人于2015年7月1日对李某的三轮摩托车共同实施的强制查扣行为违法并无不当。

综上，北京市第三中级人民法院依照《中华人民共和国行政诉讼法》第八十九条第一款第一项的规定，判决如下：

驳回上诉，维持一审判决。

【法官后语】

停放在公共区域内的无主车辆长期占用社会公共资源，影响到公共秩序、交通出行及城市形象，存在较大的交通安全和消防安全隐患，也被形象地称为“僵尸车”。由于无主车辆一般闲置时间较长，缺乏车辆有效登记信息，车辆的所有人和实际使用人难以有效查找，对于无主车辆的社会治理存在较大的执法困难。从行政诉讼的法定起诉条件角度来看，针对无主车辆行政强制措施提起诉讼的原告应承担何种程度的举证责任，直接关系到是否能启动司法救济程序，对此司法实践中存在两种不同意见：

第一种意见认为原告应承担初步的举证责任，即原告提交的证据能够反映出与其无主车辆之间的关联性，便具备提起行政诉讼的原告主体资格。具体理由是：从司法审查的角度看，无主车辆的所有权或实际控制人的问题主要涉及原告起诉是否符合法定起诉条件，对此不应让原告承担过多的举证责任。如在本案中，原告提交了照片，显示被查扣三轮摩托车的窗户上有“惊奇牌电动防暴窗”及手机号码，并同时提交了其为发明人的《发明专利证书》，结合原告居住、拍摄张贴《告知书》的照片、事后去停车场找寻车辆和到相关部门反映等因素，虽不能直接体现出原告是车辆的所有人，但原告从证据角度完成了初步举证责任，体现出原告与被查扣无主车辆的关联性，故应具有原告主体资格。

第二种意见认为原告应承担优势证据的举证责任，即原告提交的证据应达到证明原告为无主车辆所有人的程度，才具备提起行政诉讼的原告主体资格。具体理由是：行政机关对于无主车辆进行行政执法的前提是车辆长期处于无人实际管理状态，车辆的实际所有和控制问题是此类案件的核心问题，应采取相对严格的证明标准。具体到本案中，原告提交的《发明专利证书》中仅载明“一种多功能窗户结构”，其提交的照片中窗户上显示“惊奇牌电动防暴窗”，二者并不能对应，原告提交的执法现场照片中仅是一辆车窗上贴满小广告的三轮摩托车。因此，原告提交的均为辅助性证据，不具有直接证明其为车辆所有人的证据效力。从社会效果上看，无主车辆多为私自改装和未上牌照的车辆，长期放置在公共场所和公共道路上占用共用资源，行政机关对于无主车辆实际执法成本较高、难度较大，对于无主车辆信息和车辆所有人的情况难以实际掌握，如果对于原告的主体资格采取过于宽松的标准，则会将大量举证义务转移给行政机关，不仅会对行政执法造成实际困难，也会引发更多的纠纷和诉讼。

合议庭最终采纳了第一种意见，即认为针对无主车辆行政强制措施提起诉讼的原告，仅需承担初步证明责任证明其起诉具有相应的事实根据，具体理由是：第一，符合行政诉讼举证责任的一般规制。行政诉讼中强调被告的举证责任，并不意味着排除原告在特定情况下承担举证责任，但行政诉讼原告的证明责任系初步证明责任，这在行政诉讼证据规则中有明确体现。与被告举证责任指向与案件实体裁判有关事实不同，原告的证明责任系从起诉条件的角度进行判断，对原告赋予过重的举证义务不利于司法救济的有效实现。第二，无主车辆的社会危害性不应体现在原告主体资格的限制方面。从执法难度和社会现状的角度看，对于无主车辆的行政执法工作具有较大的执法难度和耗费较多的执法成本，无主车辆对于社会公共资源确实会造成较大的浪费，但行政执法现状并不能决定司法审查的标准，也不能因此对当事人赋予更多的限制条件。第三，原告承担初步证明责任兼顾了原告举证能力和行政执法实践。“证明责任应当包括行为与后果两个方面，即行为意义上的证明责任与结果意义上的证明责任。前者指当事人对所主张的事实负有提供证据证明的责任；后者指在事实处于真伪不明状态时，主张该事实的人承担不利的诉讼后果。”因此，原告的初步举证责任更多是行为意义上的证明责任，对此采取相对宽松的初步证明责任，并不意味着行政机关当然承担结果意义上的不利后果，反而可以更好地通过司法审查实现原告正当权益的有效维护和行政执法行为的有效监督的兼顾，促进对于无主车辆社会治理的法治化。

编写人：北京市朝阳区人民法院　郑瑞涛

37

房屋承租人对行政机关就违法建筑物向水务部门发送的停水通知是否享有诉权

——沃达建筑公司诉厦门市海沧区城市管理行政执法局行政强制案

【案件基本信息】

1. 裁判书字号

福建省厦门市中级人民法院（2019）闽02行终38号行政裁定书

2. 案由：行政强制纠纷

3. 当事人

原告（上诉人）：沃达建筑公司

被告（被上诉人）：厦门市海沧区城市管理行政执法局（以下简称海沧行政执法局）

【基本案情】

被告海沧行政执法局于2018年9月13日作出厦海城执协〔2018〕S159号协助执行通知书（以下简称S159号协执通知），查明位于厦门市海沧区保税港区三都路以东，港中路以北“厦门中天海航运服务中心项目”2楼和3楼存在未经规划主管部门批准擅自增设混凝土楼板夹层，砌墙进行室内分隔的建设行为，且正在实施。依据《厦门经济特区城市管理相对集中行使处罚权规定》第二十四条第一款规定，特提请厦门市水务集团海沧营业所于2018年9月14日16时前暂停对上述房屋的供水服务。

【案件焦点】

被告作出案涉行政强制措施有无事实和法律依据，程序是否符合法律规定。

【法院裁判要旨】

福建省厦门市集美区人民法院经审理认为：供水部门根据行政机关的协助执行通知书所作出的停水行为，应视为行政机关的行政强制行为。公民、法人或其他组织对该行政强制行为不服提起诉讼，属于人民法院行政诉讼的受案范围。

有权提起行政诉讼的为行政行为相对人以及与行政行为有利害关系的公民、法人或其他组织。本案中，被告作出的停水行为针对的系“厦门中天海航运服务中心项目”2楼和3楼，该房产的权属人为中天海公司，故中天海公司系该行政强制行为的相对人，而非原告。关于原告是否与案涉停水行为存在利害关系方面，“厦门中天海航运服务中心项目”系独立的项目，整体产权归属中天海公司，在内部结构上该项目未由房产管理部门依法划分具体单元，在对外用水上原告所承租的单元亦未直接与供水部门签订独立的用水合同，原告在案涉单元的用水权利来源为与中天海公司签订的租赁合同。原告根据租赁合同用水并向中天海公司缴纳水费，与水务部门建立直接用水合同关系的系中天海公司而非原告。水务部门依被告的协助执行通知书停止供水，仅对水务部门与中天海公司的供用水关系产生直接影响。原告因中天海公司所有的案涉房产被停水后，中天海公司未能按租赁合同向原告供水导致原告无法用水，原告属于因民事合同而与案涉停水行为产生关联，但这种关联属于事实上的关联，而非公法上的利害关系。且从原告的权利救济角度来看，原告可以通过民事途径向中天海公司主张合同权利，而非径行对案涉强制措施提起行政诉讼。综上，原告在本案中既非行政行为相对人，亦不与案涉停水行为具有法律上的利害关系，原告提起本案诉讼，主体不适格，应驳回其起诉。

福建省厦门市集美区人民法院依照《中华人民共和国行政诉讼法》第二十五条第一款、第四十九条，《最高人民法院关于适用〈中华人民共和国行政诉讼法〉若干问题的解释》第六十九条第一款第一项规定，作出如下判决：

驳回沃达建筑公司的起诉。

沃达建筑公司上诉称：其与被上诉人作出的停止供水的行政强制措施行为具有法律上的利害关系，具备适格的原告主体，请求撤销原审裁定，责令原审法院继续审理。

被上诉人厦门市海沧区城市管理行政执法局辩称：1. S159号协执通知系行政机关内部的过程性文件，不对外发生法律效果，不符合行政诉讼法的受案范围；

2. 上诉人不是S159号协执通知的相对人和直接利害关系人，其在违法建筑内的承租行为不受法律保护，不具备诉讼主体资格；3. S159号协执通知事实清楚，程序合法。请求二审法院驳回上诉人的上诉请求。

福建省厦门市中级人民法院经审理认为：根据《厦门经济特区城市管理相对集中行使行政处罚权规定》第二十四条规定，城市管理行政执法部门对在建的违法建筑物、构筑物、设施，应当责令当事人立即停止建设、限期拆除；当事人不停止建设或者逾期不自行拆除的，城市管理行政执法部门可以查封施工现场、扣押施工工具和强制拆除，并可以书面通知供水、供电单位不予提供施工用水、用电。本案中，海沧区行政执法局作出的S159号协执通知，属于行政强制措施，且供水部门已按照S159号协执通知履行了停止供水服务，海沧区行政执法局作出的S159号协执通知已实际发生，符合行政诉讼法规定的可诉的行政行为。海沧区行政执法局主张S159号协执通知非行政诉讼受案范围的理由，不予支持。

根据《中华人民共和国行政诉讼法》第二十五条第一款规定，行政行为的相对人以及其他与行政行为有利害关系的公民、法人或者组织，有权提起诉讼。本案系海沧区行政执法局在查处违法建筑的同时作出的行政强制措施，所针对的系登记为中天海物流公司为权属人的“厦门中天海航运服务中心项目”的2楼、3楼存在的违建。虽沃达建筑公司向中天海物流公司承租了2楼的部分房间，但主张其非涉嫌违建的主体。因此，沃达建筑公司并非海沧区行政执法局作出的行政强制措施的相对人或利害关系人，其基于承租权主张与本案被诉的行政强制措施存在利害关系的理由，不能成立。综上，原审裁定认定事实清楚，适用法律正确，程序合法。

福建省厦门市中级人民法院依照《中华人民共和国行政诉讼法》第八十九条第一款第一项之规定，作出如下判决：

驳回上诉，维持原判。

【法官后语】

“与行政行为具有利害关系”系法律对行政诉讼原告主体资格的强制性规定，该规定相当于当事人进入行政诉讼的门槛，不符合该规定的，不享有相应的起诉权利。行政行为利害关系的影响范围，应当限于对行政相对人或公民、法人或其他组织本身创设的行政法上的权利或对其课以的相应义务，而对于与行政相对人之间存在民事法律关系而被行政行为反射性影响的其他主体，在行政行为不直接指向该当事人，且其仍可循民事法律途径对行政相对人主张权利的情况下，不应当笼统地认定为与行政行为具有“利害关系”而赋予其原告的诉讼主体资格。

在司法实践中，非行政行为的直接相对人而提起行政诉讼的案件大量存在，如违法建筑的承租人对行政机关的强制拆除行为提起的确认违法之诉，又如举报投诉人对行政机关对被举报投诉方的处理结果不服而提起的撤销之诉。此类案件的原告主体资格认定存在一定争议：一方面，行政行为确实对原告的权利造成一定程度的影响，如房屋被强制拆除后，承租方基于租赁合同对于该房屋享有的占有、使用、收益的用益物权即告灭失；另一方面，行政行为的直接作用对象并非此类当事人，其只是因行政行为而产生反射性的利益受损。在行政相对人对相关行政行为不直接通过诉讼主张权利的情况下，其越过行政相对人直接行使诉讼权利的资格有待商榷。笔者认为，对于在何种情况下非行政行为的直接相对人提起诉讼具备原告主体资格，即如何判决其与行政行为具有法律上的利害关系目前尚无法律或司法解释予以直接判定，而在实践操作中类似问题的判断则有赖于法官基于全案证据，以及当事人是否有其他的权利救济途径可供行使作为判断参考的依据。

具体到该案中，由于案涉“厦门中天海航运服务中心项目”存在未经规划主管部门批准的建设行为，被告海沧行政执法局作为执法部门遂根据《厦门经济特区城市管理相对集中行使处罚权规定》第二十四条第一款规定，向厦门市水务集团海沧营业所作出协助执行通知书暂停对上述房屋的供水服务，而原告沃达建筑公司所租赁的房屋位于该项目2楼内。从客观上说，原告沃达建筑公司的生产经营活动确实会因该通知书而产生影响，但是该协助执行通知书所直接指向的相对人系该项目业主，而并非原告，若在该案中赋予原告诉讼主体资格，进入案件实体审理，必然对海沧行政执法局与中天海项目的业主间的行政法律关系产生实质性影响，甚至会对违法行为的查处造成阻碍。原告因该行政强制行为而造成的损失，可依据与中天海项目业主的租赁合同关系进行追索，而非通过行政诉讼的形式直接要求撤销行政行为。

编写人：福建省厦门市集美区人民法院　谢正琰

38

公司在集体土地上实施强制拆除行为的性质认定及责任承担

——范某诉北京市怀柔区人民政府城建行政强制案

【案件基本信息】

1. 裁判书字号

北京市第四中级人民法院（2019）京04行初508号行政判决书

2. 案由：城建行政强制纠纷

3. 当事人

原告：范某

被告：北京市怀柔区人民政府（以下简称怀柔区政府）

【基本案情】

2015年8月4日，被告怀柔区政府向怀柔区庙城镇人民政府（以下简称庙城镇政府）作出批复，同意授权银地公司作为庙城村棚户区改造土地开发项目的实施主体，负责办理前期手续，融资贷款和经营性土地入市交易等具体工作。2016年4月28日，银地公司与北京城安兴鑫建设投资有限公司（以下简称城安兴鑫公司）、庙城镇政府签订《委托拆除合同》，银地公司委托城安兴鑫公司对本项目拆除工程二标段范围内的建筑物、构筑物及地上附属物进行拆除。原告述称其在北京市怀柔区庙城镇庙城村拥有承包土地，用于种植果树。被告认可原告所述土地在涉案项目用地范围内。2018年5月11日，原告土地上的果树被强制清除。

【案件焦点】

1. 公司以行政机关授权名义对集体土地上地上物实施拆除行为的性质；2. 相应的法律责任由何主体承担。

【法院裁判要旨】

北京市第四中级人民法院经审理认为：关于认定强制清除原告土地地上物的行为主体问题。根据《中华人民共和国土地管理法》[①] 第四十三条、第四十六条的规定和《中华人民共和国土地管理法实施条例》第四十五条的规定，使用国有土地或集体土地进行建设的，必须依法申请并经法定审批程序。征收原属于农民集体所有的土地的，应当依法进行征收，给予补偿安置。以上征收土地、强制清退地上物、审批使用土地的行为均系行政权力运行的范畴，属于行政法律关系。应当由法定的行政主体作为责任主体，承担行政法律责任。在具体实施过程中，相关行政主体可以独立进行或者委托其他主体实施，但不能改变上述行为的行政属性。根据《最高人民法院关于适用〈中华人民共和国行政诉讼法〉的解释》第二十条第三款规定，接受委托的其他主体在此过程中实施的拆除或清退行为不能视为民事行为，由其独立承担民事法律责任没有法律依据。本案中，涉案土地为集体土地，本案被告授权银地公司作为涉案项目的建设主体，办理相关手续，并负责立项、征地、拆迁、工程建设及资金筹措等具体工作。因此，根据本案情况，在没有法律授权依据，双方当事人未就地上物腾退达成一致意见的情况下，银地公司委托城安兴鑫公司实施的被诉清除行为应认定为行政机关行使行政职权，委托其他主体实施的行政行为。清除行为的责任应当由委托的行政机关承担，而非被委托的其他组织。本案强制清除原告土地地上物的行为主体应当认定为怀柔区政府。关于强制清除行为是否履行法定程序的问题。《中华人民共和国行政强制法》规定，行政强制的设定和实施，应当依照法定的权限、范围、条件和程序。本案中，现没有证据证明强制清除行为履行了作出决定、告知权利等法定程序，应认定为违反法定程序。综上，被告怀柔区政府强制清除原告土地地上物的行为没有法律依据，程序违法。

北京市第四中级人民法院依照《中华人民共和国行政诉讼法》第七十四条第二款第一项之规定，判决如下：

确认怀柔区政府强制清除土地上的树木的行为违法。

---

① 该法于 2019 年 8 月 26 日第十三届全国人民代表大会常务委员会第十二次会议修正，于 2020 年 1 月 1 日施行。

【法官后语】

1. 无法律、法规、规章规定的情况下，公司以行政机关授权名义对集体土地地上物实施的拆除行为应当认定为行政行为

有观点认为，公司属于民事主体，其实施的拆除行为是民事侵权行为，不属于行政诉讼的受案范围。但实践中，行政机关基于专业性、效率性等角度考虑，可能委托其他组织包括公司实施一定的行政行为。故行为主体只是判断要素之一，并不是判断行为性质的唯一标准。

行政行为的产生是行政权力行使和运行的结果，故行政行为性质判断的核心是行政权力。如何甄别被诉行为是否存在行政权力，从司法审查的角度来分析，实质上是对行政职权和权力内容的查明。根据《中华人民共和国土地管理法》第四十三条规定，行政机关需要通过集体土地征收改变土地性质方可进行项目建设。该规定也表明集体土地上房屋的拆迁、地上物的强制拆除行为是行政征收权运行。故涉案强制拆除行为属于行政行为。

2. 行政机关授权其他组织拆除集体土地地上物的行为属于行政委托，相应法律责任应当由行政机关承担

根据权责一致原则，行政法上承担责任的主体应当是法定职权主体，但也应考虑可能存在事实上的实施行政主体。因而，确定涉案强制行为的责任承担问题既要考虑法定职权主体，还要考虑事实上实施强制拆除行为的行政主体。根据《中华人民共和国土地管理法实施条例》第四十五条的规定，对集体土地的强制执行行为的法定职权主体应当是市、县级政府的土地行政管理部门。该案中，虽然土地行政管理部门拥有强制执行的法定职权，但其并未参与、实施涉案强制拆除行为，所以无须承担违法强制拆除行为的法律责任。如何认定怀柔区政府作出行政批复，授权同意银地公司作为集体土地棚户区改造建设实施主体的性质？司法实践中，行政授权与行政委托往往适用于行政管理过程中，二者的制度逻辑容易混淆。

（1）行政授权是指法律法规直接将某些行政职能及行政权授予行政机关以外的组织行使的法律制度。被授权组织实施的行政行为所产生的法律责任由被授权者承担。从《中华人民共和国行政诉讼法》第二条第二款规定分析，行政授权行为的成立必须遵循严格的条件，必须是法律、法规、规章的授权，而非行政机关的授权。该案中，《中华人民共和国土地管理法》《中华人民共和国土地管理法实施条例》

没有授权其他组织可以对集体土地地上物实施强制拆除行为的规定。故这里所谓的“授权”并非规范意义上的行政授权。

（2）行政委托是指行政机关将职权委托其他组织予以行使的行为。相应的法律责任由委托的行政机关承担。一般情况下，行政委托应当通过书面的委托协议确定有资质的组织完成委托事务。但是，为了规避行政行为的违法责任承担，有时行政机关在法律、法规、规章没有授权的情况下，通过函件、批复等方式“授权”其他组织实施行政行为。故该案中，虽然银地公司系强制拆除行为的事实实施主体，但被告怀柔区政府通过批复形式作出的授权应当属于行政委托，违法强制拆除行为的行政责任应当由委托人被告怀柔区政府承担。

编写人：北京市第四中级人民法院　武楠　李世邦

39

违法建设立即拆除情形的适用及审理标准

——张某诉北京市朝阳区城市管理综合行政执法监察局确认强制拆除行为违法案

【案件基本信息】

1. 裁判书字号

北京市第三中级人民法院（2019）京03行终1247号行政判决书

2. 案由：确认强制拆除行为违法纠纷

3. 当事人

原告（上诉人）：张某

被告（被上诉人）：北京市朝阳区城市管理综合行政执法监察局（以下简称朝阳城管局）

【基本案情】

2019年5月6日，被告下属的双井城管队收到北京市朝阳区房屋管理局供暖中心出具的《供暖中心关于协调供暖阀门井被占用的函》，主要内容为：2019 年 5 月 5 日，供暖中心劲松九区锅炉房在夏季检修时发现，劲松九区 901 楼北面楼与院墙之间的供暖主管道及供暖主阀门井被 901 楼某住户所建房屋盖于屋中。由于无法保养及更换阀门管件，一万多平方米的住户冬季无法正常供暖，望贵队予以协调解决。当日，被告和社区工作人员、供暖中心工作人员到现场进行检查并制作现场录像。录像中显示，现场正在进行施工，在建房屋将供暖阀门井圈入房间之内，已经形成密闭空间。被告工作人员当场要求工作人员停止施工。同日，被告工作人员和原告取得联系，通过短信告知原告其实施的建设行为的违法性和危害性，要求其自行拆除上述建设，并要求原告于 2019 年 5 月 7 日到被告处接受谈话。因原告未予配合，被告于 2019 年 5 月 8 日再次到现场进行检查，发现原告并未拆除上述建设。同日，被告向原告出具《谈话通知书》，要求原告于当日下午 3 点到被告处接受谈话，原告仍旧未予配合。2019 年 5 月 9 日，被告再次到现场进行检查，发现原告仍未拆除上述建设。2019 年 5 月 10 日，被告对上述房屋实施了强制拆除。原告不服，即诉至法院。

【案件焦点】

立即强制拆除的适用条件及司法审查标准。

【法院裁判要旨】

北京市朝阳区人民法院经审理认为：根据《北京市城乡规划条例》第七十四条的规定，对正在搭建、开挖的违法建设，执法机关应当书面责令违法建设当事人立即停止建设、自行拆除或者回填；并可以查封违法建设施工现场、扣押违法建设施工工具和材料。当事人拒不停止建设或者拒不拆除、回填的，执法机关应当依法立即强制拆除、回填。本案中，现有证据能够证明原告实施的建设未取得相应的规划许可手续，属于正在搭建的违法建设，法院对此予以确认。被告根据该事实，要求原告停止建设，并多次要求其自行拆除已经建设的违法建设。在原告不予配合的情况下，被告考虑到涉案建设存在的安全隐患，立即对该建设实施了强制拆除。被告上述处理方式符合上述规定，虽然未履行书面告知义务，但考虑到涉案违法建设存在的安全隐患，该形式要件的欠缺不足以构成被诉强制拆除行为违法的事由。因此，原告的诉讼请求不能成立。

北京市朝阳区人民法院依据《中华人民共和国行政诉讼法》第六十九条之规定，判决如下：

驳回张某的诉讼请求。

二审法院同意一审法院裁判意见。

【法官后语】

本案涉及立即强制拆除违法建设情形的适用。

关于立即强制拆除违法建设，《中华人民共和国城乡规划法》并未明文规定行政机关具有该项职权，但在第六十八条中赋予了地县级以上地方人民政府可责成有关部门采取查封施工现场、强制拆除等权力。根据该条规定并结合本市实际情况，北京市于2019年颁布实施的《北京市城乡规划条例》第七十四条创设性地规定了这一执法模式。但是，基于无需经过作出强制拆除决定、催告、现场公告等法定程序即可实施强制拆除，对于此种强制执行的适用，法院在审查时应当慎重。结合本案的审理情况，可重点从以下几个方面进行审查：

第一，对象要件，即被拆除的对象应当是违法建设。如果已经取得规划许可手续、许可手续尚在办理过程中或者可以补办等可能属于合法建设的，均不符合立即强制拆除的适用情形。案件审理过程中，应重点审查被告是否履行了相应的调查义务、原告能否向法庭提交证明合法性的初步证明材料、是否存在补救可能等。本案中，原告无法向法院提供规划许可手续，且考虑到涉案建设将供暖管道及阀门井盖圈于其中，亦不存在补办规划许可手续的可能，故合议庭对于适用对象未持异议。

第二，时间要件，即被拆除对象正在建设。如果是业已存在的建设、建设已经完成或者对原有建设的部分修葺，都不属于正在建设的情形。对此，应以执法机关开始调查的时点为认定标准，如果在该时点涉案建设尚处于建设过程中，即使实际拆除时已经建设完毕，亦不应当以此要件作为排除立即拆除适用的事由。当然，除了调查时点之外，还应当考虑执法行为的连续性，如果执法机关发现后未作后续处理，而是间隔了较长一段时间导致建设已经完工，因属于执法机关怠于行使职权导致的后果，故不应再以第一次调查的时点作为认定标准。

第三，程序要件，即执法机关责令拆除而相对人予以拒绝。强制拆除系执法机关对公民财产权利最强有力的处分行为，其虽然能够达到行政执法的最终目的，但对公民财产权利的损害是巨大的。在启动该项权力之前，向相对人履行告知义务，保证其基本的知情权和陈述申辩权是程序正当性原则的基本要求。因此，法院在对此程序要件进行审查时，不仅要审查程序履行的完备性，还需要对告知内容予以审查，即执法机关应当将违法事实、理由和依据告知相对人，并听取相对人的意见。如果只是简单告知必须拆除，未说明相应的理由和根据，则不应当认定执法机关履行了该项义务。

编写人：北京市朝阳区人民法院　寇天功

40

"无主"坟墓被强拆后原被告主体资格认定及举证责任承担问题

——庄某诉仙游县鲤南镇人民政府、仙游县人民政府行政强制行为违法案

【案件基本信息】

1. 裁判书字号

福建省高级人民法院（2019）闽行终992号行政判决书

2. 案由：行政强制行为违法纠纷

3. 当事人

原告（被上诉人）：庄某

被告（上诉人）：仙游县鲤南镇人民政府（以下简称鲤南镇政府）、仙游县人民政府（以下简称仙游县政府）

【基本案情】

2005年12月27日，福建省人民政府批复仙游县政府《关于仙游县2005年度第十批次城市建设（工业）农用地转用和土地征收的批复》（闽政地［2005］448号），征收包括鲤南镇柳坑社区坝垅山在内的集体土地。2018年6月5日，被告鲤南镇政府

在湄洲日报社刊登《迁墓公告》，告知相关权利人应在2018年6月12日前到所在社区进行登记和核实，逾期将按照无主墓进行处理。2018年11月6日，原告庄某位于仙游县鲤南镇乌头坝垅山祖坟被强制拆除。原告以其祖坟坐落于该征地范围内被两被告强制拆除为由，于2019年5月5日提起该案诉讼。原告庄某曾于2018年8月23日以鲤南镇政府为被告向莆田市涵江区人民法院提起行政诉讼，要求确认鲤南镇政府于2018年7月27日挖掘毁坏其位于仙游县鲤南镇乌头坝垅山祖坟的行为违法。涵江区人民法院于2018年12月13日作出行政裁定，驳回原告的起诉。

【案件焦点】

1. 原告庄某是否具备原告主体资格；2. 两被告主体是否适格，即被告仙游县政府、鲤南镇政府是否于2018年11月6日强制拆除原告所诉的祖坟；3. 两被告实施涉案行为是否有事实和法律依据。

【法院裁判要旨】

福建省宁德市中级人民法院经审理认为：1. 该案原告主张其祖墓位于涉案征地范围，两被告实施强制拆迁行为。分析原告举证并结合案件实际情况，可以认定原告确有祖坟在征地范围。2. 在两被告无法明确被诉行为具体实施主体的情况下，确定拆迁坟墓行为应由被告仙游县政府、鲤南镇政府共同承担法律责任，两被告均为该案适格被告。因两被告实施强制拆除行为未举证证明其已依法履行必要程序，且该案强制拆除行为已实施完毕，不再具有可撤销内容，故原告主张确认被告实施强制拆除行为违法有事实和法律依据，依法予以支持。

福建省宁德市中级人民法院依照《中华人民共和国行政诉讼法》第七十四条第二款第一项的规定，判决如下：

确认被告仙游县人民政府、仙游县鲤南镇人民政府2018年11月6日强制拆除原告位于仙游县鲤南镇乌头坝垅山祖坟的行为违法。

二审法院同意一审法院裁判意见。

【法官后语】

1. “无主”坟墓的原告主体资格认定

《最高人民法院关于行政诉讼证据若干问题的规定》第四条第一款规定，公民起诉时应当提供其符合起诉条件的相应的证据材料。从举证责任角度来看，原告就其与坟墓之间的利害关系负有举证义务。此时，应结合实际情况，综合判断原告是否已穷尽其举证。在没有充分证据反证的情况下，只要原告已对其祖坟情况尽到了初步举证责任，可以证明原告为涉案被拆坟墓的权利人之一，即可确认原告与被诉行政行为存在利害关系，具备原告主体资格。坟墓这类构筑物的权利主体，权利人众多，增加全部利害关系人进行诉讼并无必要，也不现实。

就案件本身而言，首先，从原告举证情况看，原告提供了证据墓地契文、族谱及户口簿、照片、视频等证据，且被告对于视频所载地点系征地范围无异议，上述证据能相互印证，证明原告曾祖父母、祖母的坟墓在涉案征地范围内。从举证角度看，原告已尽到相应的举证义务，坟墓这类构筑物的权利主体，不应苛求原告提交其他证据材料，而且也不现实。在没有充分证据反证的情况下，原告已对其祖坟情况尽到了初步举证责任，即可以确认其曾祖父母、祖母的坟墓已被拆除。其次，从两被告履行征地职责的情况看，被告仙游县政府确认其系涉案土地征收的组织实施主体，被告鲤南镇政府确认其受仙游县政府委托实施征地过程的登记、丈量、迁坟公告等工作。而被告鲤南镇政府对征地范围内的坟墓未进行具体核查，无法反证原告的上述举证。最后，从情理分析，认祖归宗是中国的传统，也是一项极为严肃的问题，按常理来说，一般人亦不可能去确认与己无关的坟墓为祖坟。综上，在原告已经初步举证，而被告又无法提供充分证据反证的情况下，可以确认原告确有祖坟在涉案征地范围并已被拆除，也即原告与被诉行政行为存在利害关系。

2. 实施拆除“无主”坟墓主体不明时的被告主体资格认定

根据《中华人民共和国行政诉讼法》第二十六条第一款规定，公民、法人或者其他组织直接向人民法院提起诉讼的，作出行政行为的行政机关是被告。《中华人民共和国土地管理法》第四十六条第一款规定，国家征收土地的，依照法定程序批准后，由县级以上地方人民政府予以公告并组织实施。实践中，行政机关往往否认自己实施了强制拆除行为，拒不提供证据，又不告知具体实施机关，导致无法查清坟墓何时被拆、被何行政机关拆除，也即具体实施拆除主体不明。此时，被告主体资格认定，应从行政职权角度分析，并结合已有的证据进行综合判断，从而确定适格被告。就案件本身而言，该案涉案征收土地坐落于仙游县鲤南镇乌头坝垅山。被告仙游县政府确系涉案征收土地的组织实施机关，鲤南镇政府又实际实施了土地征收的前期登记、丈量、发布迁坟公告等工作。在涉案坟墓确有被强制拆除的情况下，两被告否认其应对该强制拆除行为承担责任，则应当对强制拆除行为由其他主体实施或承担法律责任的问题进行相应举证，但两被告既没有明确合理地说明，也没有在举证期限内提供相应证据予以证明。因此，法院综合在案证据，结合案件具体情况，确定拆迁坟墓行为应由被告仙游县政府、鲤南镇政府共同承担法律责任，两被告均为适格被告。

3. 强制拆除“坟墓”行为的举证责任分配

《中华人民共和国行政诉讼法》第三十四条第一款规定，被告对作出的行政行为负有举证责任，应当提供作出该行政行为的证据和所依据的规范性文件。《中华人民共和国行政强制法》第三十四条规定，行政机关依法作出行政决定后，当事人在行政机关决定的期限内不履行义务的，具有行政强制执行权的行政机关依照本章规定强制执行。该法第三十五条、第三十七条第一款、第二款以及第四十四条规定了行政机关作出行政强制行为的具体程序。而该案两被告均未举证证明其实施强制拆除坟墓行为的合法性。因此，法院依法确认两被告实施强制拆除行为违法。

编写人：福建省宁德市中级人民法院　缪义文　林玉芳

七、行政赔偿

41

被确认违法的行政行为并不必然导致行政赔偿

——朱某诉北京市公安局顺义分局治安行政赔偿案

【案件基本信息】

1. 裁判书字号

北京市第三中级人民法院（2019）京03行赔终223号行政赔偿判决书

2. 案由：治安行政赔偿纠纷

3. 当事人

原告（上诉人）：朱某

被告（被上诉人）：北京市公安局顺义分局

【基本案情】

2018年7月9日16时许，在北京市顺义区石门市场淡水鱼区内，原告一家三口与范甲、范乙一方因卖鱼一事发生纠纷，后双方发生互殴。被告依法受理案件后，经调查取证认定了原告殴打他人的事实。2018年10月22日，被告对原告作出3892号处罚决定书，根据《中华人民共和国治安管理处罚法》第四十三条第二款第一项之规定，决定给予原告行政拘留十日，并处罚款人民币500元。行政拘留执行完毕后，原告针对3892号处罚决定书向北京市公安局申请行政复议，要求予以撤销。2019年1月25日北京市公安局作出424号《行政复议决定书》，认定：1. 关于处罚实体问题。根据《中华人民共和国治安管理处罚法》第四十三条第二款第一项之规定，本案中原告殴打他人的事实可以认定，其违法行为应予处罚，被告作出的行政处罚决定符合法律规定。原告以事实不清、证据不足等为由，请求复议机关撤销被告对其作出的行政处罚决定没有事实和法律依据。2. 关于处罚程序问题。根据《中华人民共和国治安管理处罚法》第九十九条第一款之规定，公安机关办理治安案件的期限，自受理之日起不得超过三十日；案情重大、复杂的，经上一级公安机关批准，可以延长三十日。本案中，被告办理案件超期，属程序违法。复议机关应予纠正。综上所述，被告作出的3892号处罚决定书认定事实清楚，证据充分，处罚适当，但程序违法，确认被告作出的3892号处罚决定书违法。该《行政复议决定书》已经发生法律效力。

2019年2月19日，原告通过快递向被告邮寄了行政赔偿申请书，要求被告赔偿因处罚违法给原告造成的各项损失104万元（误工费2万元、经营性损失2万元、精神损害抚慰金100万元），但被告拒收该邮件，该邮件被退回。原告遂提起涉案赔偿之诉，要求被告赔偿各项损失104万元。

【案件焦点】

原告主张的各项损失赔偿是否应当支持。

【法院裁判要旨】

北京市顺义区人民法院经审理认为：根据《中华人民共和国国家赔偿法》第二条第一款和《最高人民法院关于审理行政赔偿案件若干问题的规定》第三十二条规定，赔偿请求人取得国家赔偿，应以其合法权益受到国家机关和国家机关工作人员违法行使职权行为的侵害为前提条件，且赔偿请求人应对其主张承担举证责任。本案中，虽然被告对原告作出的处罚决定书被复议机关确认违法，但因确认违法的原因只是被告办案超期，对于被告作出处罚决定在认定原告的违法事实和适用法律方面，复议机关均认为符合法律规定，且原告亦未提交证据证明被告超期办案的行为对其权利产生了实际影响，即原告不能证明被告的上述行为侵犯了其合法权益并造成了损害，故原告要求被告赔偿各项损失并向其赔礼道歉缺少事实和法律依据，法院不予支持。一审法院遂判决：

驳回原告全部赔偿请求。

二审法院同意一审法院裁判意见。

【法官后语】

本案争议的唯一焦点问题是，被告对原告作出的行政处罚决定书被确认违法后，原告是否应当得到行政赔偿。

根据《中华人民共和国国家赔偿法》第二条第一款、《中华人民共和国行政诉讼法》第三十八条第二款和《最高人民法院关于审理行政赔偿案件若干问题的规定》第三十二条的规定，公民、法人或其他组织取得国家赔偿，必须具备两个条件：一是国家机关和国家机关工作人员行使职权时，侵犯了公民、法人或其他组织的合法权益；二是侵犯行为造成了损害结果，且公民、法人或其他组织对此应当承担举证责任。

本案中，被告因办案超期，导致其对原告作出处罚决定的执法程序违法，被复议机关依法确认违法。首先，虽然被告办案超期，但被告在办案期间并未对原告限制人身自由，也未对其财产采取任何强制措施，因此被告办案超期的违法行为并未侵犯原告的合法权益；其次，原告主张被告赔偿的损失包括误工费、经营性损失、精神损害抚慰金和赔礼道歉。根据《中华人民共和国国家赔偿法》第三十四条规定，侵犯公民生命健康权的，造成身体伤害的，应当赔偿因误工减少的收入。第三十五条规定，有本法第三条或者第十七条规定情形之一，致人精神损害的，应当在侵权行为影响的范围内，为受害人消除影响，恢复名誉，赔礼道歉；造成严重后果的，应当支付相应的精神损害抚慰金。《中华人民共和国国家赔偿法》第三条和第十七条规定的是行政、侦查、检察、审判机关以及看守所、监狱等部门及其工作人员侵犯人身权的情形，上述第三十四条规定的也是侵犯人身权的情形，而本案被告并未侵犯原告的人身权，故不存在赔偿误工费、支付精神抚慰金以及赔礼道歉的前提条件。根据《中华人民共和国国家赔偿法》第三十六条第八项规定，对财产权造成其他损害的，按照直接损失给予赔偿。因原告主张的经营性损失并非直接损失，所以该项请求也得不到支持。最重要的一点是，原告对于其因被告超期办案导致其身体造成损害并造成财产发生直接损失的主张，并未提交证据予以证明。因此，本案原告要求被告行政赔偿的两个条件均不具备，其诉讼请求无法得到支持。

此外，虽然本案被告作出的行政处罚决定是在行政复议程序中被确认违法的，未经过行政诉讼程序，但是其情形属于《中华人民共和国行政诉讼法》第七十四条第一款第二项中规定的“程序轻微违法”，该条款规定，行政行为程序轻微违法，但对原告权利不产生实际影响的，法院判决确认违法，但不撤销行政行为。《最高人民法院关于适用〈中华人民共和国行政诉讼法〉的解释》第九十六条列举了三种轻微违法情形，其中第一种是“处理期限轻微违法”，本案就属于此种情形。因为程序轻微违法未对当事人依法享有的陈述、申辩、听证等重要程序性权利产生实质损害，即对当事人的权利没有予以实质性剥夺或减损，为了防止撤销重作判决造成程序空转，所以法律才规定对于程序轻微违法，但对原告权利不产生实际影响的，只判决确认违法，而不撤销被诉行政行为。由此也可以得出结论，程序轻微违法但对原告权利不产生实际影响的行政行为，不可能对原告造成损失，此种情况下，原告要求被告进行行政赔偿，不应支持。

编写人：北京市顺义区人民法院　宋颖

42

担保性商品房买卖合同登记备案被违法撤销后行政机关对担保债权不承担行政赔偿责任

——李某诉如皋市住房和城乡建设局行政赔偿案

【案件基本信息】

1. 裁判书字号

江苏省南通市中级人民法院（2019）苏06行赔终11号行政赔偿判决书

2. 案由：行政赔偿纠纷

3. 当事人

原告（上诉人）：李某

被告（被上诉人）：如皋市住房和城乡建设局（以下简称如皋住建局）

第三人：南通陈门置业有限公司（以下简称陈门公司）

【基本案情】

2013 年 6 月，陈门公司向李某借款 300 万元，并制作了经公证的债权文书。同年 6 月 9 日，陈门公司与李某签订商品房买卖合同共计 19 份，作为上述借款的担保。19 份商品房买卖合同均经如皋住建局登记备案，本案所涉合同即为其中一份。后因陈门公司清偿了部分借款，陈门公司与李某申请撤销了其中 6 份登记备案。

2013 年 7 月 7 日，陈门公司向如皋住建局申请撤销案涉合同登记备案。如皋住建局在李某未到场且未与李某核实的情况下撤销了登记备案。一同撤销的还有其他 7 份商品房买卖合同登记备案（已另案诉讼）。陈门公司申请撤销登记备案后，与他人另行签订了商品房买卖合同，并业经登记备案。

2017 年 1 月 24 日，李某向海安市人民法院提起诉讼，请求确认如皋住建局上述撤销登记备案行为违法，并责令其恢复登记备案。该院审理后认为，案涉合同登记备案的撤销申请是陈门公司单方提交和虚伪的意思表示，而不是基于李某和陈门公司一致的意思表示。如皋住建局在履行职责时未尽到合理审慎义务，在案涉合同（已填写有李某电话联系方式）落款处的李某签字与撤销登记备案申请书中李某签字相互之间存在明显差异，且李某未到场的情况下，作出的撤销登记备案行为事实不清、依据不足。该院遂判决确认如皋住建局作出的上述撤销登记备案行为违法。

2018 年 8 月，李某向如皋住建局提出行政赔偿申请。如皋住建局认为案涉商品房买卖合同名为买卖合同实为借贷担保，所涉损失不符合《中华人民共和国国家赔偿法》关于行政赔偿的相关规定，故不予赔偿。李某遂以如皋住建局的违法行政行为使其无法继续履行案涉商品房买卖合同，给其造成了重大经济损失，严重侵害了其合法权益为由，诉至法院，请求判决如皋住建局向其支付行政赔偿款项 403004 元及相应利息。

【案件焦点】

李某主张的损失与如皋住建局违法撤销登记备案行为之间有无法律上的因果关系。

【法院裁判要旨】

江苏省南通经济技术开发区法院经审理认为：李某所主张的损失非案涉登记备案行为所涵涉的范畴。

江苏省南通经济技术开发区法院依照《中华人民共和国行政诉讼法》第六十九条、《最高人民法院关于审理行政赔偿案件若干问题的规定》第三十三条之规定，判决如下：

驳回李某的诉讼请求。

李某不服，提起上诉。江苏省南通市中级人民法院经审理认为：

第一，李某所主张的损失实际上是因陈门公司到期不能完全偿还借款造成的。李某与陈门公司签订案涉合同的目的实际上是为双方之间的借款合同提供担保，双方之间不存在真实的买卖房屋的意思表示，李某也未针对案涉合同中约定的商品房支付价款。因此，李某实际上只有一个债权，即因借款合同所形成的债权。李某所主张的损失根本上是因陈门公司不履行借款合同的约定所导致的，而非案涉登记备案撤销所致。

第二，李某所主张的损失与撤销案涉登记备案行为无法律上的因果关系。首先，撤销案涉登记备案对李某的合法权益无实质影响。房地产管理部门对商品房预售合同办理登记备案，只是将商品房开发企业与承购人之间签订的商品房预售合同予以记载在案、存档备查或者在互联网上予以公开，并不涉及预售合同效力的确认或改变。同样，撤销该登记备案，无论违法与否，都不会对承购人或开发企业的合法权益造成任何实际的损失。其次，李某与陈门公司签订的借款合同及其担保也不属于如皋住建局撤销案涉登记备案时审查的职责范围。如皋住建局在撤销案涉登记备案时不需要也不可能考虑和保护李某与陈门公司之间签订的借款合同及其担保。最后，即使案涉登记备案未被撤销，也不能防止李某所主张的损失发生。商品房预售合同登记备案后，承购人最终能否取得商品房，还取决于双方后续的履约情况及权属登记。事实上，有未被撤销登记备案的商品房被陈门公司“一房二卖”，进而妨碍了李某债权的实现。

综上，李某所主张的损失是因陈门公司的失信和违约行为造成的，与如皋住建局违法撤销案涉登记备案没有法律上的因果关系，如皋住建局不承担行政赔偿责任。

江苏省南通市中级人民法院依照《中华人民共和国行政诉讼法》第八十九条第一款第一项之规定，判决如下：

驳回上诉，维持原判。

【法官后语】

担保性商品房买卖合同性质及效力的认定，无论在民事审判实践还是行政审判实践中，均是一个热点和难点问题。房地产开发企业与承购人将该类合同进行登记备案，一方面是执行有关城市商品房预售的管理规定，另一方面也是意图增强担保性商品房买卖合同的“保险”作用，进而规避借款合同的商业风险。因此，准确把握商品房买卖合同登记备案行为的属性及其引发的行政责任，不仅有利于加强城市商品房销售管理，促进房地产市场健康发展，也有利于规范开发企业与承购人之间的交易行为，维护交易双方的合法权益。

我国现行法律法规对“名为买卖、实为借贷担保”的“让与担保”方式并无明文规定，也未予禁止。从《最高人民法院关于审理民间借贷案件适用法律若干问题的规定》第二十四条第一款的规定看，在“名为买卖、实为借贷担保”的情形下，承购人的损失仅能依借款合同向开发企业主张，而不能依商品房预售合同或同时依两个合同向开发企业主张。也就是说，对“让与担保”中的买卖合同的效力并不持支持的态度。究其原因，是这种担保方式存在特殊性，对担保权人和设定人都会造成不确定的商业风险，极可能损害其中一方的利益。本案中，李某所主张的损失就是因陈门公司违约处置了仍受其控制的买卖合同中的“担保物”而导致的。

商品房预售合同登记备案是房地产管理部门基于管理的需要对商品房开发企业设定的一项程序性行政管理措施，它的法律价值在于通过行政管理的手段加强对商品房预售的管理，进而实现对商品房市场的宏观调控。这种登记备案与物权法上为保护当事人权益设立的预告登记、抵押权等有本质的区别，既不具有为当事人之间的借贷关系提供担保的功能，更不能为当事人防范和规避“让与担保”中商业风险提供“防火墙”。即使当事人将“让与担保”中的买卖合同进行了登记备案，也不能将其中的商业风险和民事责任转由行政机关承担。因此，行政机关当然不会为“让与担保”中的商业风险和民事责任“埋单”。

编写人：江苏省南通市中级人民法院　杨德华

43

法院执行环节违反附随义务的，应当承担国家赔偿责任

——绿山儿童乐园申请北京市石景山区人民法院错误执行赔偿案

【案件基本信息】

1. 裁判书字号

北京市第一中级人民法院（2019）京01委赔1号国家赔偿决定书

2. 案由：错误执行赔偿

3. 当事人

赔偿请求人：绿山儿童乐园

赔偿义务机关：北京市石景山区人民法院（以下简称石景山法院）

【基本案情】

2016年12月28日，石景山法院作出（2015）石民初字第4020号民事判决（以下简称4020号判决），判决绿山儿童乐园于本判决生效后十五日内，将位于北京市石景山区五里坨小青山公园内的租赁场地全部腾退并返还给北京市石景山区五里坨街道社区服务中心（以下简称五里坨社区服务中心）；绿山儿童乐园于本判决生效后十五日内，给付北京市石景山区五里坨街道社区服务中心2014年至2015年的物业费4500元。判决后，绿山儿童乐园不服，上诉至二审法院，后二审判决驳回上诉，维持原判。

判决生效后，绿山儿童乐园未主动履行判决确定的义务，五里坨社区服务中心向石景山法院申请执行，案号为（2017）京0107执2053号（以下简称2053号）。2017年7月6日，石景山法院在与五里坨社区服务中心和绿山儿童乐园的谈话中，告知绿山儿童乐园自行腾退及未按期腾退的法律后果。之后，绿山儿童乐园未自行履行义务，石景山法院在小青山公园张贴2053号公告。

2017年8月17日，石景山法院在小青山公园实施强制执行措施，开始腾退场

地。拆除绿山儿童乐园在小青山公园内自建的房屋及固定游乐设施，部分材料以及可移动的设施等财物均已迁出运至存放院落。在执行过程中，制作了《北京市石景山区人民法院查封扣押财产清单》（以下简称《财产清单》）。次日，石景山法院将已腾空的小青山公园内的租赁场地全部返还给五里坨社区服务中心。之后，五里坨社区服务中心申请撤回另一项执行请求。2017 年 9 月 11 日，石景山法院以执行完毕（强制执行）方式结案。绿山儿童乐园认为石景山法院超范围执行，一直未告知到何处领取被执行财物，损害其合法权益，应当赔偿损失，据此向石景山法院申请国家赔偿，2018 年 12 月 6 日，石景山法院作出（2018）京 0107 法赔 1 号国家赔偿决定（以下简称 1 号赔偿决定），驳回其国家赔偿申请。绿山儿童乐园不服该决定，向法院赔偿委员会申请作出赔偿决定。

【案件焦点】

1. 强制执行行为是否存在超范围执行及合法性评价；2. 是否存在损害结果及确定；3. 石景山执行行为与损害结果之间是否存在因果关系。

【法院裁判要旨】

北京市第一中级人民法院经审理认为：根据 4020 号判决和 2254 号判决，2053 号执行案件的执行标的是将小青山公园内的租赁场地全部腾退并返还五里坨社区服务中心。订立合同时小青山公园内没有建筑物和附着物，房屋、游乐设施均属于绿山儿童乐园自行建造，拆除房屋及游乐设备是达到执行目的的必要行为，绿山儿童乐园主张石景山法院超范围执行的主张不能成立。

依据《中华人民共和国民事诉讼法》第二百五十条第三款的规定，强制迁出房屋被搬出的财物，由人民法院派人运至指定处所，交给被执行人。被执行人是公民的，也可以交给他的成年家属。因拒绝接收而造成的损失，由被执行人承担。石景山法院称其执行人员在执行现场口头告知绿山儿童乐园搬出财物存放地点及领取相关事宜，但 2053 号执行案件卷宗中无记录。虽然证人谭某某在法院赔偿委员会公开质证时出庭作证，但其与本案存在利害关系，对其证言不予采信。

本案中，告知被执行人被搬出财物存放的处所及领取财物的相关事宜以及法律后果属于法院强制执行行为的附随义务，是执行行为的一部分。石景山法院未依法将在执行中被搬出的财物交付给绿山儿童乐园，导致被搬出的绝大部分财物丢失或者损坏，应当依法承担国家赔偿责任。鉴于被搬出的绝大多数财物已经丢失或者被损坏，无法评估，法院赔偿委员会将根据本案的证据酌定绿山儿童乐园的损失。

北京市第一中级人民法院依据《中华人民共和国民事诉讼法》第二百三十六条、第二百五十条第三款，《中华人民共和国国家赔偿法》第三十六条第三项、第四项、第八项以及第三十八条，《最高人民法院关于人民法院赔偿委员会审理国家赔偿案件程序的规定》第十九条第三款之规定，决定如下：

一、撤销石景山法院作出的（2018）京0107法赔1号国家赔偿决定；

二、由石景山法院向绿山儿童乐园支付赔偿金十三万四千元；

三、驳回绿山儿童乐园其他赔偿请求。

【法官后语】

石景山法院完成执行行为后将相关财物变更放置地点，未告知赔偿请求人财物存放地点，通知赔偿请求人领取，积极与赔偿请求人妥善处理后续事宜，由此引发国家赔偿。

就本案的争议焦点有以下思考：

1. 强制执行行为是否存在超范围执行及合法性评价

根据生效的民事判决书记载，执行案件的标的为“腾退租赁场地”。执行行为是否与判决主文一致要结合案件的具体情况进行判断，本案中，腾退租赁场地的目的是恢复至场地租赁前的初始状态，那么拆除绿山儿童乐园自建的房屋、游乐设施并不构成超范围执行。

超范围执行不成立，是否代表石景山法院的执行行为符合合法性的要求，答案是否定的。根据《中华人民共和国民事诉讼法》第二百五十条第三款的规定，石景山法院在完成执行行为后，要履行善管、告知、交付等一系列保障赔偿请求人权益实现的义务，以上均属于强制执行行为的附随义务，是执行行为的一部分。本案中，石景山法院在执行当日及至本案受理之前未曾告知绿山儿童乐园财物存放的具体地点，违反了相应的附随义务。

2. 是否存在损害结果及如何确定

国家赔偿责任成立的要件之一是合法权益受到损害，该种损害是现实的已经发生的直接权利的减损。本案中，根据在案证据可以判断被搬出的绝大部分财物丢失或者损坏。正常情况下，经被执行人确认的执行中制作的财产清单可以作为认定财产损失的依据或者被执行人拒绝签字，但执行法官和见证人签字确认亦可赋予该清单效力。本案中，《财产清单》没有执行员的签字，仅有一名公证员和一名公证员的书记员签字。因其他原因前述公证员所在的公证处未出具公证书。综合在案证据，该清单记载内容不够全面准确，故不能成为本案直接的定案依据。另一相关证据为京评（涉）字2017第3049号价格评估报告书，该评估报告是石景山法院在审理绿山儿童乐园与五里坨社区服务中心的其他案件时，委托某价格评估有限公司对其内自建房屋及地上附着物（不可移动）残值在评估基准日的市场价格进行评估形成的报告。考虑到强制执行后零部件价值与原整体设施价值相差较大及报告的不完整性，其亦不能作为直接定案依据。故损害赔偿金额需要法官结合赔偿请求人主张和在案证据，遵循法官职业道德，运用逻辑推理和生活经验、生活常识等对损失酌情确定赔偿数额。

3. 石景山法院执行行为与损害结果之间是否存在因果关系

石景山法院主张应由绿山儿童乐园自担损失。但考虑到一是施加义务的目的在于防止该类行为向相反方向发展，石景山法院作为执行法院对执行中搬出的财物负有告知领取和善管义务。二是财物处于石景山法院的控制之下，绿山儿童乐园无现实管领的可能性。按照社会一般常识，绿山儿童乐园显然不愿意看到损害结果的发生，其行为并不产生否定在先因果关系的作用，进而不能苛责其对损害之发生承担比其原有之损害更大的后果。绿山儿童乐园的财产损失与石景山法院不履行附随义务之间具有直接的因果关系，其应当承担赔偿责任。

编写人：北京市第一中级人民法院　喻珊　齐伟娟

44

房屋拆除行为已被确认违法的情形下当事人请求赔偿损失的认定

——金某诉黄冈高新技术产业开发区管理委员会行政赔偿案

【案件基本信息】

1. 裁判书字号

湖北省黄冈市中级人民法院（2019）鄂11行赔初33号行政赔偿判决书

2. 案由：行政赔偿纠纷

3. 当事人

原告：金某

被告：黄冈高新技术产业开发区管理委员会（以下简称黄冈开发区管委会）

【基本案情】

金某系湖北省黄冈市黄州区珠明山村六组居民，在黄州区明珠大道珠明山村六组（黄冈中学西侧门）进行餐饮及保健食品经营。2018年6月10日，黄冈市消防安全委员会下发黄消委［2018］4号《关于印发〈珠明山社区陆家咀群租房火灾隐患整治实施方案〉的通知》，决定从2018年6月10日至2018年8月15日，集中开展珠明山社区陆家咀群租房火灾隐患整治行动。金某从事个体经营的餐饮及保健食品经营店在本次整治行动实施范围内。

2018年6月26日，黄冈经济开发区公安消防大队向金某下发《责令限期改正通知书》，以金某经营店面占用消防车通道、妨碍消防车通行为由，责令其于2018年7月4日前改正，金某拒绝签收。同日，黄冈市城市管理执法局作出黄城管责改字［2018］第2010279号《责令改正通知书》，以金某涉嫌未取得《建筑工程规划许可证》新建房屋（一层已建成并投入使用）的行为违反《中华人民共和国城乡规划法》第四十条和《湖北省城乡规划条例》第三十七条的规定为由，责令其五日内自行拆除上述建筑，并告知其享有陈述和申辩的权利。因金某拒绝签收，黄冈市城市管理执法局留置送达。2018 年 8 月 3 日，黄冈开发区管委会组织所属安监局、建设局、城管执法局等单位将金某案涉房屋强行拆除。

金某于 2018 年 9 月 28 日向黄冈市人民政府申请行政复议，请求确认黄冈开发区管委会拆除案涉建筑物的行政行为违法。2018 年 12 月 12 日，黄冈市人民政府作出黄复决字［2018］52 号《行政复议决定书》，确认黄冈开发区管委会强拆程序违法。后金某向黄冈开发区管委会寄送行政赔偿申请书，要求黄冈开发区管委会赔偿因强拆金某所有的门脸房造成的损失 85.11 万元。黄冈开发区管委会于 2019 年 4 月 15 日签收，在法定期限内未作处理。金某遂诉至法院，请求法院依法判令黄冈开发区管委会依法赔偿因强拆金某所有的 150 平方米门脸房造成的损失共计 841850 元。

【案件焦点】

金某所主张的行政赔偿请求是否应予支持。

【法院裁判要旨】

湖北省黄冈市中级人民法院经审理认为：《中华人民共和国行政诉讼法》第三十八条第二款规定，在行政赔偿、补偿的案件中，原告应当对行政行为造成的损害提供证据。因被告的原因导致原告无法举证的，由被告承担举证责任。本案中，黄冈开发区管委会违反法定程序，强制拆除金某案涉建筑物，对于因强制拆除行为造成的损失应予赔偿。黄冈开发区管委会在强制拆除过程中，应当依法妥善处置并保存证据，以证明其在强制拆除过程中已尽审慎、妥善之注意义务，对金某案涉建筑物中的合法财产已予清空并妥善处理。但黄冈开发区管委会未提供相关证据，未尽到举证责任。由于案涉建筑物已经拆除，金某仅能提供财产损失清单，基于公平原则，对于金某案涉建筑物内合法财产的损失认定，应当适用上述法律规定的举证责任倒置，即由黄冈开发区管委会承担举证不能的不利后果并负相应的赔偿责任；因强制拆除造成的停产停业损失应当依据建筑物被拆除之前的效益、停产停业期限等给予补偿。需要说明的是，停产停业损失系补偿当事人临时性经营困难，具有过渡费用性质，应当按照适当期间或者按照补偿金额的适当比例计付。黄冈开发区管委会可根据市场行情，结合金某经营的实际状况以及物品损失清单等，按照有利于金某的原则酌情确定赔偿数额，对案涉房屋内的合法财产损失以及停产停业损失依法予以赔偿。鉴于案涉建筑物强制拆除行为已经确认违法，相关损失认定依据不足，本案中不宜直接判决具体赔偿内容。为保护金某合法财产权益，对因强制拆除行为造成的合法损失，应当由黄冈开发区管委会先行确定赔偿数额并依法予以赔偿。

湖北省黄冈市中级人民法院根据《中华人民共和国行政诉讼法》第七十六条、《最高人民法院关于适用〈中华人民共和国行政诉讼法〉的解释》第九十一条之规定，判决如下：

责令黄冈开发区管委会对金某的行政赔偿请求在六十日内重新作出处理。

【法官后语】

本案对人民法院审理违法强拆行政赔偿案件时如何有效选择裁判方式进行了思考和探索。金某在向人民法院提起行政赔偿之诉时，案涉的房屋拆除行为已被复议机关确认违法，各方当事人对该事实均无异议，案件的争议和难点在于对赔偿损失数额的认定。考虑到案件处理的法律效果和社会效果，直接判决具体赔偿内容的时机并不成熟，也存在部分损失难以进行价值认定的问题。

第一，明确举证责任。行政机关在房屋拆除过程中，应当依法妥善处置并保存证据，以证明其在拆除过程中已尽审慎、妥善之注意义务，对建筑物中的合法财产已予清空并妥善处理。如果系行政机关的原因导致原告无法提供相应证据证明损失，基于公平原则，对于当事人建筑物内的合法财产的损失认定，应当适用举证责任倒置，即由被诉的行政机关承担举证不能的不利后果并负相应的赔偿责任，以切实保护行政相对人的合法权益。

第二，明确赔偿范围。首先，要区分违法强拆发生的背景，是国有土地上房屋征收还是集体土地征收或者是城中村改造建设、有无合法的建筑物权属证明、是否为违章建筑等，不同的情形涉及的赔偿标准并不相同。其次，为体现对违法拆除行为的惩戒，充分保护被拆迁人的合法权益，作出违法拆除行为的行政机关应当对行政相对人的合法财产损失和直接损失作出赔偿。对于停产停业损失应当依据建筑物被拆除之前的效益、停产停业期限等给予补偿。同时需要指出，停产停业损失系补偿当事人临时性经营困难，具有过渡费用性质，应当按照适当期间或者按照补偿金额的适当比例计付，根据实际情况确定合理的赔偿数额。

第三，明确价值取向。在房屋拆除行为已经被确认违法的前提下，人民法院审理类似的行政赔偿案件应当坚持有利于赔偿请求人以及公平合理的原则。人民法院可以根据案件实际情况判令先由行政机关作出赔偿数额的认定。但在判决中要明确行政机关作出赔偿决定的大致标准和底线（包括举证责任、赔偿范围、赔偿标准、认定依据等），判令行政机关限期全面履行赔偿职责，给争议各方协调化解纠纷留出灵活处理的空间，这亦能充分发挥司法权的监督性和行政权的专业性，从而更妥善地处理行政争议。

编写人：湖北省黄冈市中级人民法院　徐云

45

行政赔偿与行政补偿竞合之诉中救济确定

——杨某诉诸暨市人民政府暨阳街道办事处行政赔偿案

【案件基本信息】

1. 裁判书字号

浙江省绍兴市中级人民法院（2019）浙06行赔终5号行政赔偿判决书

2. 案由：行政赔偿纠纷

3. 当事人

原告（被上诉人）：杨某

被告（上诉人）：诸暨市人民政府暨阳街道办事处（以下简称暨阳街道）

【基本案情】

杨某的房屋坐落于诸暨市暨阳街道某村9幢。2015年9月，因某村20幢房屋发生倒塌，诸暨市建筑业管理局委托浙江省建设工程质量检验站有限公司对某村的相关房屋进行了危房排查，经鉴定，上述房屋的危险性评级为D级，建议在条件许可的情况下拆除重建。12月20日，暨阳街道通知某村的相关住户（包括杨某）其居住房屋系D级危房并要求住户搬离。嗣后，暨阳街道依据危房改造政策与杨某沟通协商拆迁房屋等事宜。因杨某要求原址重建，暨阳街道主张异地安置，双方未就危房改造达成一致意见。2017年1月9日，暨阳街道作出告知书，决定对涉案房屋进行拆除，截至1月13日，涉案房屋已拆除完毕。经杨某诉讼，上述拆除行为被法院确认违法。2018年3月4日，杨某向暨阳街道寄送行政赔偿申请书，要求暨阳街道对其房屋原址重建、恢复原状，并就房屋装修及室内物品的损失、安置费用及搬迁费、店面出租损失、维权费用和精神损失提出赔偿。

【案件焦点】

1. 杨某要求被告赔偿房屋及相关损失是否有事实与法律依据；2. 案件涉及行政补偿与行政赔偿竞合问题应如何考量确定。

【法院裁判要旨】

浙江省绍兴市越城区人民法院经审理认为：本案暨阳街道的强制拆除已构成重大且明显违法，应当依法赔偿。杨某主张的损失包括以下五个部分：一是房屋损失；二是屋内装修及物品损失；三是过渡费及搬迁费；四是店面出租损失；五是维权费用和精神损失。第一，房屋损失。根据《中华人民共和国国家赔偿法》第三十六条规定，暨阳街道既可以用在改建地段或者就近地段提供类似房屋的方式予以赔偿，也可以根据作出赔偿决定时点有效的房地产市场评估价格为基准确定赔偿款，且应结合《诸暨市城镇危旧房屋治理改造工作实施意见（试行）》（以下简称128号文件）第十七条第三项规定的产权置换安置房屋面积按照原有房屋面积上浮30%，结合提供产权置换房屋实际套型就近上靠置换，置换用房套型面积分别为75、100、125、150平方米等规定。鉴于案涉房屋已被拆除，房地产评估机构可以参考《国有土地上房屋征收评估办法》第十三条所规定的方法，本着疑点利益归于产权人的原则，独立、客观、公正地出具评估报告。第二，屋内装修及物品损失。暨阳街道办应当根据市场行情，结合杨某的装修清单，按照有利于杨某的原则酌情确定赔偿数额，符合《中华人民共和国国家赔偿法》第十五条第一款、《中华人民共和国行政诉讼法》第三十八条之规定。第三，过渡费及搬迁费。参照128号文件第十八条，认定按原有住宅房屋建筑面积（不包括附属房）计付每平方米20元过渡费及2000元的一次性搬迁费，并无不当。过渡费从2017年1月9日起计算至实际赔偿日止。第四，店面出租损失，涉案房屋系住宅且其未提供经营相关证据，故不予支持。第五，维权费用和精神损失费用。上述费用于法无据。

浙江省绍兴市越城区人民法院依照《中华人民共和国行政诉讼法》第七十四条第二款第一项、第七十六条，《中华人民共和国国家赔偿法》第四条第四项、第三十六条第八项的规定，判决如下：

一、责令暨阳街道在本判决生效后九十日内按照本判决对杨某予以行政赔偿；

二、驳回杨某的其他诉讼请求。

二审法院同意一审法院裁判意见。

【法官后语】

随着“三改一拆”工作的持续推进，因房屋征收等引起的行政诉讼案件显著增多，本案系涉及危旧房拆迁改造而引发的行政赔偿案件。从实践来看，部分地方政府在房屋征收过程中，法治思维和法治方式仍有待加强。在推进中心工作的强大惯性下，未经依法征收补偿，径行以强拆取代合法征收，在后续行政赔偿诉讼中，涉及行政补偿请求权与行政赔偿请求权的竞合，导致司法审查问题逐渐复杂。具体到本案，既有因违法拆除杨某的房屋对其房屋和其他合法财产造成的损失，也有因未依据相关征收补偿政策规定进行补偿而对其造成的应补偿利益的损失，还包括搬迁、临时安置、补助等其他的损失。传统观点认为，征收中的违法强拆，只能走行政补偿路径，当事人主张补偿损失的应当提起行政补偿之诉；又有观点认为，即便在行政赔偿之诉中，就赔偿数额的确定亦只能参照行政补偿标准，行政赔偿标准就是行政机关征收的补偿标准。依照上述观点，通过违法强拆替代合法征收时既能免除繁杂的征收手续，又不存在违法强拆时对行政相对人合法权益的补偿损失费用，价值取向偏离，无法彰显对行政相对人合法补偿的原则性保护。

本案涉及上述竞合之诉，在审理过程中，应统筹考虑行政赔偿与行政补偿，进行全面赔偿，切实保护行政相对人的合法权益。赔偿范围首先界定为应予补偿的房屋损失及屋内物品及其他财产损失。针对房屋损失，包括房屋价值及过渡、临时安置补偿。房屋价值以《国有土地上房屋征收与补偿条例》及《中华人民共和国国家赔偿法》中规定的赔偿方式、标准进行衡量，发挥主观能动性，赋予行政相对人充分选择权，以用在改建地段或者就近地段提供类似房屋的方式予以赔偿，同时结合当地128号文件按照原有房屋面积上浮30%具体确定产权置换面积，或根据作出赔偿决定时点有效的房地产市场评估价格为基准主张赔偿款。而过渡、临时安置费用，应通过128号文件确定费用标准，以暨阳街道作出行政决定为起算点，以实际赔偿日为终结点，计算过渡费用。而针对屋内物品及其他财产损失，依照合理分配举证责任原则，暨阳街道强制拆除违反正当程序原则，也未依法公证或者依法制作证据清单，造成杨某举证困难，应按照有利于相对人的原则结合装修清单等酌情确定赔偿数额。而针对精神损害赔偿，严格遵从赔偿直接损失的原则，未将其纳入赔偿范围。本案通过整合行政赔偿、行政补偿竞合之诉的审查规则，结合违法行为类型、情节轻重等问题，统筹适用《中华人民共和国国家赔偿法》及《国有土地上房屋征收与补偿条例》相关规定，依法科学地确定赔偿范围、项目与数额，减少了各方当事人的诉累。

编写人：浙江省绍兴市越城区人民法院　滕炎烈

八、行政程序

46

超过起诉期限丧失诉权不能通过行政复议重新取得

——王某、张某诉武汉市自然资源和规划局洪山分局、武汉市自然资源和规划局行政复议案

【案件基本信息】

1. 裁判书字号

湖北省武汉市中级人民法院（2019）鄂01行终632号行政判决书

2. 事由：行政复议纠纷

3. 当事人

原告（上诉人）：王某、张某

被告（被上诉人）武汉市自然资源和规划局洪山分局（以下简称市国土规划局洪山分局）、武汉市自然资源和规划局（以下简称市国土规划局）

【基本案情】

2013年11月14日，湖北省人民政府作出鄂政土批［2013］1780号《省人民政府关于批准武汉市2012年城区第5批次建设用地的批复》，批准同意征收武汉市洪山区横堤村集体农用地39.2521公顷。2013年12月25日，武汉市人民政府根据上述批复，作出［2013］第231号《武汉市人民政府征收土地公告》，征收青菱街横堤村土地19.6201公顷。2014年8月4日，市国土规划局洪山分局发布武土征补洪公告［2014］第38号《征收土地补偿安置方案公告》，公告的主要内容包括被

征收土地的基本情况、征收土地补偿费标准和数额、地上附着物和青鱼苗补偿费的标准和数额、补偿费用的支付对象和支付方式及农业人口的安置途径。

王某、张某系武汉市洪山区青菱街横堤村村民。2012年，王某的丈夫及张某分别与青菱街横堤村村民委员会、武汉鑫祥瑞拆迁工程有限公司签订《房屋拆迁补偿安置协议书》和《横堤村集体土地征用安置补偿协议》。2018年9月17日，王某、张某向市国土规划局申请行政复议，复议请求为撤销市国土规划局洪山分局作出的武土征补洪公告［2014］第38号《征收土地补偿安置方案公告》中的征收土地补偿安置方案。市国土规划局受理该行政复议申请后，于2018年11月20日作出《延期审理通知书》，决定延期30日作出行政复议决定。2018年11月29日，王某、张某明确复议请求为撤销市国土规划局洪山分局作出的武土征补洪公告［2014］第38号《征收土地补偿安置方案公告》。2018年12月18日，市国土规划局作出《行政复议决定书》，认为市国土规划局洪山分局虽履行了征地补偿安置方案的公告职责，但未在法定期限内作出，确认市国土规划局洪山分局未依照法定时限公告补偿安置方案行为违法。王某、张某不服，提起诉讼。

【案件焦点】

原告的起诉是否属于行政诉讼受案范围、是否超过起诉期限。

【法院裁判要旨】

湖北省武汉市洪山区人民法院经审理认为：王某、张某不服被诉武土征补洪公告［2014］第38号《征收土地补偿安置方案公告》，提起诉讼。根据《征收土地公告办法》第七条、第十条、第十一条的规定，有关市、县人民政府土地行政主管部门会同有关部门根据批准的征收土地方案，在征收土地公告之日起45日内以被征收土地的所有权人为单位拟订征地补偿、安置方案并予以公告。被征地农村集体经济组织、农村村民或者其他权利人对征地补偿、安置方案有不同意见的或者要求举行听证会的，应当在征地补偿、安置方案公告之日起10个工作日内向有关市、县人民政府土地行政主管部门提出。有关市、县人民政府土地行政主管部门将征地补偿、安置方案报市、县人民政府审批，征地补偿、安置方案经批准后，由有关市、县人民政府土地行政主管部门组织实施。可见，土地行政主管部门拟定的征地补偿、安置方案，需经市、县人民政府批准后方可组织实施。土地行政主管部门公告拟定的征地补偿、安置方案的目的，是让相关权利人知悉安置补偿的标准和方法并提出意见。被诉《征收土地补偿安置方案公告》行为是对土地行政主管部门拟定的、尚需批准的征地补偿、安置方案予以公告，不会对被征收人的安置补偿利益产生实际影响，故不属于人民法院行政诉讼的受案范围。

湖北省武汉市洪山区人民法院依照《最高人民法院关于适用〈中华人民共和国行政诉讼法〉的解释》第六十九条第一款第八项和第三款的规定，作出如下裁定：

驳回王某、张某的起诉。

王某、张某不服一审判决，提起上诉。湖北省武汉市中级人民法院经审理认为：市国土规划局洪山分局于2014年8月4日发布武土征补洪公告［2014］第38号《征收土地补偿安置方案公告》，自该公告期满之日起即视为送达，上诉人于2018年9月才向市国土规划局申请行政复议，超过了上述法律规定的复议申请期限。同时，上诉人于2019年1月才向法院起诉，也超过了法定起诉期限。在已经明显超过复议期限、起诉期限的情况下，尽管被上诉人市国土规划局受理了上诉人的复议申请，以超期作出程序违法为由作出了确认违法的行政复议决定，并告知上诉人有权在收到该决定之日起15日内向人民法院起诉，但从维护起诉期限制度从而维护行政法律关系的稳定性出发，不应认为因超过起诉期限而已经丧失了的诉权可以通过行政复议的方式重新取得。

根据本案查明事实，王某的丈夫及张某已于2012年分别与青菱街横堤村村民委员会、武汉鑫祥瑞拆迁工程有限公司签订《房屋拆迁补偿安置协议书》和《横堤村集体土地征用安置补偿协议》，上诉人再次提起本诉缺乏诉的利益，从而缺乏启动司法程序进入实体审理的必要性。综上，一审裁定驳回上诉人的起诉并无不当，上诉人的上诉理由不能成立，法院不予支持。

湖北省武汉市中级人民法院依照《中华人民共和国行政诉讼法》第八十九条第一款第一项之规定，裁定如下：

驳回上诉，维持原裁定。

【法官后语】

本案涉及的法律适用问题包括三个：行政复议申请期限、行政诉讼起诉期限和行政诉讼受案范围。两审法院所持裁判规则对处理类似案件具有重要参考意义。

关于行政复议申请期限的问题。《中华人民共和国行政复议法》第九条规定，原告可以自知道该具体行政行为之日起六十日内提出行政复议申请；但是法律规定的申请期限超过六十日的除外。2018年2月8日实施的《最高人民法院关于适用〈中华人民共和国行政诉讼法〉的解释》第六十四条规定："行政机关作出行政行为时，未告知公民、法人或者其他组织起诉期限的，起诉期限从公民、法人或者其他组织知道或者应当知道起诉期限之日起计算，但从知道或者应当知道行政行为内容之日起最长不得超过一年。复议决定未告知公民、法人或者其他组织起诉期限的，适用前款规定。"根据本案查明的事实，原告申请行政复议的时间明显超过了法定期限。

关于行政诉讼起诉期限的问题。行政诉讼起诉期限是指法律规定的当事人不服某一行政行为向法院请求司法救济的时间限制。行政诉讼起诉期限制度具有多种价值，既可以维护公法秩序的稳定，又可以敦促当事人及时启动权利救济程序，及早解决行政纠纷，使不确定的行政法律关系尽快确定，从而提高行政管理和公共服务的效率。根据《最高人民法院关于适用〈中华人民共和国行政诉讼法〉的解释》第六十四条第一款"行政机关作出行政行为时，未告知公民、法人或者其他组织起诉期限的，起诉期限从公民、法人或者其他组织知道或者应当知道起诉期限之日起计算，但从知道或者应当知道行政行为内容之日起最长不得超过一年"的规定，本案原告就征地公告提起行政诉讼明显超过了行政诉讼起诉期限。本案的特殊之处在于，被告受理了原告明显超过法定期限的行政复议申请，原告再就行政复议及《征收土地补偿安置方案公告》行为提起诉讼，人民法院应如何处理。对此，二审法院明确指出，不应认为因超过起诉期限而已经丧失了的诉权可以通过行政复议的方式重新取得，从而维护了起诉期限制度的严肃性，保持了行政法律关系的稳定。

关于征收土地补偿安置方案公告是否属于行政诉讼受案范围的问题。一审法院认为，土地行政主管部门拟定的征地补偿、安置方案，需经市、县人民政府批准后方可组织实施。被诉公告行为是对土地行政主管部门拟定的、尚需批准的征地补偿、安置方案予以告知，不会对被征收人的安置补偿利益产生实际影响，属于《最高人民法院关于适用〈中华人民共和国行政诉讼法〉的解释》第六十九条第一款第八项规定的"行政行为对其合法权益明显不产生实际影响的"情形。二审法院就此作了进一步论述，认为原告已与相关单位签订《房屋拆迁补偿安置协议书》和《横堤村集体土地征用安置补偿协议》，表明其对征收补偿相关行政行为予以认可，其再行起诉违背了诚实信用原则，其与被诉行政行为缺乏法律上的利害关系。

编写人：湖北省武汉市洪山区人民法院　冉超

47

对于涉及业主共有利益的行政行为个别业主通常不具有行政复议申请资格

——王某诉北京市海淀区人民政府行政复议案

【案件基本信息】

1. 裁判书字号

北京市高级人民法院（2019）京行终4428号行政判决书

2. 案由：行政复议纠纷

3. 当事人

原告（上诉人）：王某

被告（被上诉人）：北京市海淀区人民政府（以下简称海淀区政府）

【基本案情】

王某于2018年11月19日以北京市海淀区人民政府学院路街道办事处（以下简称学院路街道办）为被申请人向海淀区政府申请行政复议，请求责令学院路街道办履行指导协助业主召开业主大会会议决定有关事项及责令富润家园业主委员会（以下简称富润业委会）限期改正或者撤销富润业委会的决定并通告全体业主的法定职责。2019年1月18日，海淀区政府作出海政复决字［2018］339号《行政复议决定书》（以下简称被诉复议决定）认为：王某要求学院路街道办指导协助业主召开业主大会会议决定有关事项及责令富润业委会限期改正或者撤销富润业委会的决定并通告全体业主，实质上是王某对于富润业委会未召开业主大会作出共同决定存有异议，并要求学院路街道办予以纠正。但监督业主委员会工作以及召开业主大会作出共同决定属于维护小区业主共同利益的范畴。学院路街道办对上述事项进行处理，系出于维护该小区业主的共同利益。王某作为富润家园小区业主享有的权利是该小区所有业主共同享有的权益，不能作为王某单独请求学院路街道办履行监管职责的权利依据，故王某与学院路街道办履行监管职责之间不具有法律上的利害关系，不具备提出本案行政复议申请的主体资格。依照《中华人民共和国行政复议法实施条例》第四十八条第一款第二项的规定，决定驳回王某的行政复议申请。王某不服，于2019年1月23日提起行政诉讼。

据王某和海淀区政府提交的证据材料显示，王某于2018年3月19日至学院路街道办投诉，请求责令富润业委会限期履行召开业主大会定期会议并选举产生监事会的职责，逾期仍不履行的，街道办事处、乡镇人民政府指导协助业主召开业主大会决定有关事项。2018年4月17日，学院路街道办向富润业委会作出《指导意见》。2018年5月16日，学院路街道办向王某作出学信答［2018］第003号《信访事项答复意见书》，答复内容包括其已要求富润业委会尽快确定召开业主大会的工作计划，已明确要求富润业委会按照《议事规则》的规定成立监事会等。2018年5月29日，学院路街道办对富润业委会作出《指导意见》，责令富润业委会在2018年6月30日前召开业主大会并进行监事会委员选举、业委会委员补选。2018年6月19日，富润业委会作出《对学院路街道办事处居民科〈指导意见〉的回复》，表示《议事规则》并未对业主大会设立监事会进行强制性要求，业主委员会一直依法严格履行业主大会决议。2018年9月5日，学院路街道办向王某作出《关于对王某向区信访办申请要求富润业委会召开业主大会等问题的回复》，主要内容为：对于富润业委会按期召开定期业主大会和成立监事会的问题，其已多次建议富润业委会及时履职，并已于2018年5月29日责令富润业委会限期履职。2018年9月26日，王某再次向学院路街道办提出书面申请，请求学院路街道办以书面方式针对下列问题作出明确回复：1. 是否支持或拒绝王某依法要求的“将由于业主委员会违法违规决定不履行职责责令业主委员会限期履行职责的情况通报全体业主”；2. 是否支持或拒绝王某依法要求的“逾期仍不履行的，街道办应当指导协助业主召开业主大会会议决定有关事项。”2018年10月10日，学院路街道办对王某作出

《信访事项不予受理告知单》，告知王某对其提出的信访请求不予受理。

另查，王某在庭审中述称其是富润家园小区的业主，该小区共有约1000名业主，其本人在该小区享有所有权的房屋的建筑面积达不到该小区业主所有的全部房屋建筑面积的一半。

【案件焦点】

王某是否具有行政复议申请资格。

【法院裁判要旨】

北京市第四中级人民法院经审理认为：复议申请人与具体行政行为有利害关系，系行政复议机关受理行政复议申请的要件之一。王某提出的行政复议请求为责令学院路街道办履行“指导协助业主召开业主大会会议决定有关事项及责令富润业委会限期改正或者撤销富润业委会的决定并通告全体业主”的法定职责。学院路街道办是否履行王某要求其履行的上述职责，涉及富润家园小区全体业主的权益，而王某仅系该小区众多业主中的一员。在行政复议期间，王某并未提交证据证明其申请行政复议所针对的具体行政行为对其权利义务产生了相较于该小区其他业主而言更加不利的实际影响。在此情况下，海淀区政府认定王某不具有申请行政复议的主体资格，并无不当。

北京市第四中级人民法院依照《中华人民共和国行政诉讼法》第六十九条之规定，判决如下：

驳回王某的诉讼请求。

王某上诉称：根据《北京市住宅业主大会和业主委员会指导规则》（京建发［2010］739号，以下简称739号指导规则）的有关规定，业主委员会不履行职责，未设立监事会但经相关业主提出申请的，物业所在地街道办事处、乡镇人民政府应当于10日内责令其限期履行职责，业主委员会仍不履行的，街道办事处、乡镇人民政府应当协助业主组织召开业主大会会议，共同决定有关事项。因此，其具备提出行政复议申请的主体资格，一审判决错误。请求撤销一审判决，支持其一审诉讼请求。

北京市高级人民法院经审理认为：业委会的决定对全体业主具有约束力，并非针对特定业主作出，业主大会会议的召开亦应遵循相应的程序和要求。王某作为单独个别业主要求学院路街道办履行撤销业委会决定等职责，进而提出本案行政复议申请，其不具有提起行政复议的主体资格，海淀区政府据此驳回其行政复议申请符合规定。从本市规范性文件739号指导规则的相关规定亦不能得出王某作为个别业主具有提起本案行政复议申请资格的结论。

北京市高级人民法院依据《中华人民共和国行政诉讼法》第八十九条第一款第一项的规定，判决如下：

驳回上诉，维持一审判决。

【法官后语】

本案的争议焦点问题在于，对于行政机关作出的涉及小区业主共同利益的行政行为，谁有资格提出行政复议申请。在此问题上，行政审判司法实践中的认定规则可供借鉴。

首先，对于行政机关作出的涉及业主共有利益的行政行为，业主委员会可以自己的名义提出行政复议申请或提起行政诉讼。根据《中华人民共和国民法典》《物业管理条例》等法律法规的规定，物业管理区域内全体业主组成业主大会，业主大会代表和维护物业管理区域内全体业主在物业管理活动中的合法权益；业主委员会执行业主大会的决定事项，履行相应职责。换言之，业主委员会具有对外代表全体业主、对内具体实施物业管理相关行为的职能。基于此，对于行政机关作出的涉及小区业主共同利益的行政行为，赋予业主委员会代表全体业主申请行政复议或提起行政诉讼的主体资格，既有利于充分维护业主的合法权益，又有利于降低救济成本。

其次，对于行政机关作出的涉及业主共有利益的行政行为，个别业主通常不具有申请行政复议或提起行政诉讼的主体资格。行政机关作出的行政行为涉及业主共有利益的，尽管会影响到每一个业主的利益，但这种影响是分散的，某一特定业主通常不会受到比其他业主更加不利的影响。换言之，某一特定业主往往并不具有更加特别的利害关系。同时，涉及业主共有利益的事项应由业主共同决定，个别业主并无决定权。鉴于此，不认可个别业主针对该类行政行为提起行政诉讼的原告主体资格，具有合理性。当然，业主共同决定并不要求全体业主意见完全一致，根据法律法规的规定，专有部分占建筑物总面积过半数的业主且占总人数过半数的业主的一致意见一般可决定涉及业主共有利益的事项，特定事项则需要三分之二多数同意。基于此，《最高人民法院关于适用〈中华人民共和国行政诉讼法〉的解释》第十八条第二款规定，业主委员会不起诉的，专有部分占建筑物总面积过半数或者占总户数过半数的业主可以提起诉讼。需要注意的是，不同于《中华人民共和国民法典》《物业管理条例》等法律法规确立的“双过半”规则，司法解释确立的是“单过半”规则，更有利于保障诉权。与行政诉讼制度相同，我国行政复议法律制度也要求申请人与其申请复议所针对的行政行为具有利害关系，对行政复议中“利害关系”的认定可以借鉴行政诉讼中的认定标准。对于行政机关作出的涉及业主共有利益的行政行为，业主委员会不申请行政复议的，专有部分占建筑物总面积过半数或者占总户数过半数的业主可以申请行政复议，而个别的业主通常并不具有申请行政复议的主体资格。

最后，个别业主如果符合“单过半”条件，或其利益受到不同于其他业主的特别影响，可依法申请行政复议或提起行政诉讼。需要说明的是，这里所称的“个别业主”是指不足以代表全体业主的一个或多个业主，而不仅指一个业主。还需指出的是，如果同一物业管理区域的业主数量很少，甚至只有一个业主，则个别业主就可能符合前述“单过半”的条件，相应地就可能具有申请复议或提起诉讼的主体资格。此外，确立前述规则的前提是申请复议或提起诉讼针对的行政行为涉及业主共有利益，如果行政行为对特定业主的权利义务产生实际影响，则特定业主具有申请复议或提起诉讼的主体资格。

编写人：北京市第四中级人民法院　陈良刚

48

行政登记行为的作出必须符合正当程序

——金某诉苏州市吴江区国土资源局房屋登记管理案

【案件基本信息】

1. 裁判书字号

江苏省苏州市中级人民法院（2019）苏05行终34号行政判决书

2. 案由：房屋登记管理纠纷

3. 当事人

原告（上诉人）：金某

被告（被上诉人）：苏州市吴江区国土资源局（以下简称吴江国土局）

第三人：任某、招商银行股份有限公司吴江支行（以下简称吴江招行）

【基本案情】

2000年12月，任某持吴江市房屋买卖审批表、吴江市私有房屋（出售）申请登记表和吴江市私有房屋（购买）申请登记表、吴江市房产出让契约、吴江市房屋（出售）调查情况表、吴江市城镇房屋所有权私房申报登记表、房地产分户堪丈草图、面积计算表和吴江市房屋所有权分户调查勘丈表、吴江市房屋所有权审核表、吴江房屋产价评估单、身份证、结婚证、江苏省契税完税证等材料向原吴江市人民政府申请变更登记，将房主由金某变更为任某。现无证据显示金某本人也到现场进行办理。原吴江市人民政府经审查于2000年12月22日为任某办理了房屋所有权登记。金某不服，向法院提起行政诉讼。

2017年11月13日，江苏省苏州市吴江区人民法院在审理吴江招行与任某等金融借款合同纠纷一案［案号：（2017）苏0509民初12874号］中，基于吴江招行的诉讼保全申请，查封了登记在任某名下的案涉房屋。2018年1月24日，金某以案外人身份对此提出执行异议。2018年1月26日，苏州市吴江区人民法院作出

（2018）苏0509执异24号执行裁定书，裁定驳回金某的异议请求。金某对该裁定不服，故提起执行异议之诉。苏州市吴江区人民法院于2018年5月29日作出（2018）苏0509民初2246号民事判决书，认为“金某与任某就案涉房屋签订的《吴江市房产出让契约》依法成立并有效，金某对案涉房屋不享有所有权，不足以排除强制执行”。金某不服提起上诉后，江苏省苏州市中级人民法院于2018年10月23日作出（2018）苏05民终6642号民事判决书，判决驳回上诉，维持一审判决。

【案件焦点】

金某没有到现场申请办理是否对行政登记行为的合法性产生影响。

【法院裁判要旨】

江苏省苏州市吴江区人民法院经审理认为：1. 依据《不动产登记暂行条例》第七条第一款关于“不动产登记由不动产所在地的县级人民政府不动产登记机构办理；直辖市、设区的市人民政府可以确定本级不动产登记机构统一办理所属各区的不动产登记”的规定，本案被告作为县级人民政府不动产登记机构，依法具有对本行政区域内房屋进行权属登记的法定职责；2.《城市房屋权属登记管理办法》第十一条第一款规定，房屋权属登记由权利人（申请人）申请；第十二条规定，权利人（申请人）可以委托代理人申请房屋权属登记；第十三条规定，权利人（申请人）申请登记时，应当向登记机关交验单位或者相关人的有效证件，代理人申请登记时，除向登记机关交验代理人的有效证件外，还应当向登记机关提交权利人（申请人）的书面委托书；第二十七条规定，登记机关应当对权利人（申请人）的申请进行审查。凡权属清楚、产权来源资料齐全的，初始登记、转移登记、变更登记、他项权利登记应当在受理登记后的30日内核准登记，并颁发房屋权属证书；注销登记应当在受理登记后的15日内核准注销，并注销房屋权属证书。因此，登记机关应当对权利人的申请进行审查。本案中，被告无法提供本案原告到现场申请的证据，也无其书面委托他人代为申请的证据，被告在没有原告申请的情况下将其房屋登记给第三人不符合一般的程序要求，依法应当予以撤销；3.（2018）苏0509民初2246号民事判决书和（2018）苏05民终6642号民事判决书认定，金某与任某就案涉房屋签订的《吴江市房产出让契约》依法成立并有效，金某对案涉房屋不享有所有权。因此，本案所涉的房屋登记行为违法，但不具有可撤销内容。综上，原吴江市人民政府于2000年12月22日作出房屋所有权登记行为违法，但不具有可撤销内容。

江苏省苏州市吴江区人民法院依照《中华人民共和国行政诉讼法》第七十四条第二款第一项和《最高人民法院关于适用〈中华人民共和国行政诉讼法〉的解释》第二十八条的规定，判决如下：

确认原吴江市人民政府作出的涉案房屋所有权登记行为违法。

二审法院同意一审法院裁判意见。

【法官后语】

正当法律程序最初是一个法理学概念，很早就被引入公法领域。公法领域中的正当法律程序一般是指公法主体在作出涉及相对人权益的行为时，应当告知相对人、说明根据和理由、听取其陈述和申辩、告知其享有相应救济权利等。这些程序即使没有被实体法律所规定，公法主体仍应遵循。本案中，各方当事人对案件的基本事实没有争议，争议的主要焦点在于金某没有到现场申请办理是否对行政登记行为的合法性产生影响。一种意见认为，当时的法律没有规定相关法律程序，因此不能科以行政机关过高的义务，本案原告的实体权利不能得到支持，法院应当驳回其诉讼请求；另一种意见认为，虽然法律没有规定登记程序，但并不意味着行政机关可以肆意妄为，行政登记的作出必须符合正当法律程序，必须履行告知、听取陈述和申辩以及对当事人进行核查等程序，行政机关未履行此义务的，在金某的实体权利不能得到支持的情况下，法院也不能对行政登记程序不进行审查，本案法院应当确认登记行为违法，但保留登记的效力。

合议庭倾向于同意第二种观点，认为行政登记行为的作出必须符合正当法律程序，对本案所涉的登记行为应当确认违法。主要理由如下：

第一，正当法律程序是法律的一般原则，行政机关在进行行政执法时必须遵循。法律的一般原则在很多国家都作为行政法的重要渊源，对行政机关有一定的约束力。正如王名扬教授所说的“法律的一般原则在行政法中被特别强调，一个重要原因是行政事项复杂，变化迅速，不可能全部包括在成文法中”。这个问题在案涉房屋登记发生的2000年尤为突出，在相关法律规定欠缺的前提下正当法律程序更应得到尊重。

第二，正当法律程序是行政法治的内在要求。2004年3月22日，国务院发布《关于印发全面推进依法行政实施纲要的通知》，对宪法规定的建设社会主义法治国家进行了细化，明确规定了“程序正当”为依法行政的基本要求，其中包括公开听取意见，保障知情权、参与权、救济权和回避制度。这是最高行政机关对行政机关依法行政的具体要求，因此不管相关法律是否规定了相关程序，行政机关在作出相关行政行为时都必须遵循这些基本程序。

第三，不适用正当法律程序，就无法让每个公民在司法程序中感受到公平正义。行政机关在作出对相对人不利的行政行为时，应当让当事人到场，对其公开相关事实和法律依据，听取其陈述和申辩，这能使得当事人口服心服，增加行政行为的可接受性。如果不能做到这一点，当事人不到现场就直接作出对其不利的行政行为，很可能使其难以接受行政行为，即使是依据法律作出的决定也无法使其信服，从而影响登记行为的公信力。

第四，在行政登记中适用正当法律程序可以充分保护当事人的合法权益，对登记机关也是一种保护。登记机关在当事人未到场就相关事项进行确定的情况下径行作出行政登记行为，无法做到对基础法律事实的审查，使得行政登记行为有非常大的不确定性。同时，根据《中华人民共和国民法典》第二百二十二条第二款的规定，因登记错误，造成他人损害的，登记机构应当承担赔偿责任。登记机构赔偿后，可以向造成登记错误的人追偿。在当事人不在场的情况下登记行为非常容易发生错误，从而使得登记机关可能承担不必要的赔偿责任，增加登记机关的履职风险。

编写人：江苏省苏州市吴江区人民法院　秦绪栋

49

行政机关未兑现行政承诺的起诉期限问题

——陈某诉厦门市集美区人民政府集美街道办事处行政承诺案

【案件基本信息】

1. 裁判书字号

福建省厦门市中级人民法院（2019）闽02行终4号行政裁定书

2. 案由：行政承诺纠纷

3. 当事人

原告（上诉人）：陈某

被告（被上诉人）：厦门市集美区人民政府集美街道办事处

【基本案情】

原告位于集美岑西路145号南侧的案涉平房未取得产权证。原告于1991年11月向厦门市集美区土地管理局申请翻建案涉平房的建设用地许可证。

2005年12月6日，原告就案涉平房书写一份书面材料，主要内容如下：集美岑西路145号户主陈某，现住房后面西至加油站，宅基地上原有厨房、卫生间、饭厅、储藏室等平房，东至西长7.2米，南至北宽6.7米，平房总面积48.24平方米，建造在挡土墙上，多年失修，挡土墙基础下沉，导致平房墙体裂痕和倾斜。该平房已存在安全隐患，为了彻底解决安全隐患，陈某于三个月前拆除该平房，准备重修。为了加固西边挡土墙，已在西边做好了三孔8米多深的钢筋水泥柱，也重修好北边6米多长的挡土墙以及原平房的基础。12月5日，集美街道告知该地段有准备拆迁的倾向，通过协商，本人也配合，愿意暂停改造。集美街道承诺：如果确实要拆迁，拆迁时会赔偿损失，包括现已拆除的平房和已改造好的部分。集美街道办事处在该书写的材料上盖印，并签署以下意见：“实际面积以实地丈量为准。同意实地丈量时给予一定的补偿（改造部分），一层平房（已拆除）以建筑面积赔偿”。

2007 年 7 月 3 日，原告与被告签订同集路集美段旧城改造（2007）182 号房屋拆迁补偿安置协议书（以下简称 182 号协议），该协议约定：因同集路集美段旧城改造项目的建设需要，原告在集美区岑西路 145 号南侧的房屋应予拆除，双方就补偿部分按住宅产权、店面产权、无产权及红线内空地四种情形，以不同补偿标准进行补偿。其中红线内空地面积 81.29 平方米包含案涉平房的土地面积，该 81.29 平方米的空地按区位房屋补偿价的 30%，即 720.6 元/平方米予以补偿。协议还约定，原告应于 2007 年 7 月 9 日前搬迁完毕，并将原房屋及附属物完整交给被告拆除；被告应支付给原告产权调换后结算的差价款 56544.09 元，在被拆迁房屋完整交给被告之日起七日内付清。协议签订后，双方均依约履行了各自的义务。被拆迁房屋亦于 2007 年拆除完毕。

2011 年 1 月 11 日，原告与被告签订同集路集美段旧城改造（2007）182 号补充 01 房屋拆迁补偿安置协议书（以下简称补充协议），该补充协议约定，在 182 号协议的基础上，就店面拆迁补偿安置事宜达成补充协议，集美街道办事处再给予原告补偿款共计 154376.77 元。补充协议中关于案涉平房部分的内容，约定按平均单价 791 元/平方米予以补偿，差价部分给予货币补偿：48.42 ×（791 − 720.6）= 3408.77 元。补充协议还约定，本协议生效后，原告对集美区岑西路 145 号南侧的房屋及其附属物的拆迁安置，不得再提出其他任何补偿要求。原告于 2011 年 1 月 28 日领取了补充协议所约定的 154376.77 元补偿款。

2017 年 3 月 8 日，原告的妻子李某向被告主张，182 号协议及其补充协议对案涉平房仅按空地标准进行了补偿，街道未按 2005 年 12 月 6 日承诺的按当时已拆除的平房补偿。被告认为补充协议中已进行了补偿。2017 年 4 月 15 日、2018 年 6 月 15 日，李某又两次要求被告履行 2005 年 12 月 6 日对案涉平房补偿的承诺。被告答复认为对平房的补充协议已解决清楚。

另查明，案涉平房的面积为 48.42 平方米，2005 年 12 月 6 日书写的 48.24 平方米系笔误。

【案件焦点】

原告是否超过起诉期限。

【法院裁判要旨】

福建省厦门市思明区人民法院经审理认为：原告位于集美岑西路145号南侧的房屋，包括住宅产权、店面产权、无产权及红线内空地，已于2007年拆迁并补偿完毕。案涉平房作为红线内空地的一部分，已予以补偿。按照被告2005年12月6日的承诺，被告应于2007年7月拆迁补偿时给予案涉平房以建筑面积的补偿。若原告认为被告未履行2005年12月6日的行政承诺，则应在被告应履行行政承诺的期限届满之日起六个月内提出行政诉讼。现原告于2018年6月提出本案行政诉讼，已经超过起诉期限。综上，原告提出的要求被告按照2005年12月6日的承诺对案涉平房进行补偿的起诉，已经超过起诉期限，且无正当理由，应裁定驳回原告起诉。

福建省厦门市思明区人民法院依照《最高人民法院关于适用〈中华人民共和国行政诉讼法〉的解释》第六十九条第一款第二项之规定，裁定如下：

驳回原告陈某的起诉。

二审法院同意一审法院裁判意见。

【法官后语】

近年来，随着行政行为方式不断丰富、行政管理领域不断拓展，行政承诺成为行政机关履行职责时广泛使用的一种行为方式。但由于现实状况改变、履行条件不具备等多方面因素，基于行政承诺引发的争议也不断增多。本案例创造性地类推适用不履行法定职责的规定处理未履行行政承诺的起诉期限问题，对今后同类案件的裁判具有一定指导意义。

1. 行政承诺系行政机关自我设定的义务

目前立法上对行政承诺尚无明确规范，相关理论研究还处于争议之中。对行政承诺引发争议的处理，实践先于理论。2004年《最高人民法院关于规范行政案件案由的通知》首次明确将“行政允诺”纳入司法审查，2009年《最高人民法院关于依法保护行政诉讼当事人诉权的意见》再次重申。但即便如此，如何审查裁判行政承诺争议，相关规范依据仍较为匮乏，有待深入探讨研究。

从本质上看，行政承诺是行政机关自我创设的义务。行政承诺，也称为行政允诺，一般是指行政机关为了实现某些行政目的，依职权向行政相对人作出的，在条件成就时作为或不作为特定行为的承诺。承诺义务的来源包括：法律法规的明确规定、行政主体在法律法规的范围内作出的进一步规定以及行政主体依据行政职权的创设。概言之，行政承诺是行政主体在法定职权范围内为自己设定的义务，是一种自我约束。

2. 行政机关应当履行行政承诺设定的义务

虽然行政承诺确定的义务并不是直接的法定义务，但作为一种授益性行为，将对相对人的权利义务产生影响。一方面，相对人的信赖利益应获保护。基于对公权力的信任，相对人必然期待行政机关未来会履行承诺的义务，并会以此为前提安排自身的行为。换言之，行政主体通过行政承诺便足以对行政相对人的实质权利义务施以影响，其产生的法律效果未必不如其他行政行为。在这种意义上，如若行政机关未能履行承诺内容，根据信赖利益保护及“有权利必有救济”的原则，相对人可以要求行政机关履行承诺的义务。

另一方面，基于诚信行政理念，承诺的义务应获履行。行政承诺作为一种新型的行为方式，本就是法律法规空白或不足的情形下采取的辅助性、补充性手段，其基础在于政府的诚信行为。因此，倘行政机关在许诺未来履行某种职责后未实际履行，则破坏了相对人对公权力机关的信任，违背诚信这一行政法基本原则，损害法治政府建设的权威与公信。

3. 未履行行政承诺，按照不履行法定职责确定起诉期限

承前述，行政承诺系行政机关自行设定的义务，该义务应当履行。那么在请求履行行政承诺之诉这一类型中，相应的行为逻辑即“设定义务—应当履行—未履行”。反观不履行法定职责，其行为逻辑亦可概括为“法定职责—应当履行—不履行”，二者的基本逻辑结构是相似的，类推按照不履行法定职责之规定来确定未履行行政承诺的起诉期限，具备基本的合理性及可行性，并且在充分保障行政相对人权利的同时敦促其及时行使诉讼权利。

关于不履行法定职责的起诉期限，《中华人民共和国行政诉讼法》第四十七条规定：“公民、法人或者其他组织申请行政机关履行保护其人身权、财产权等合法权益的法定职责，行政机关在接到申请之日起两个月内不履行的，公民、法人或者其他组织可以向人民法院提起诉讼。法律、法规对行政机关履行职责的期限另有规定的，从其规定。公民、法人或者其他组织在紧急情况下请求行政机关履行保护其

人身权、财产权等合法权益的法定职责，行政机关不履行的，提起诉讼不受前款规定期限的限制。”《最高人民法院关于适用〈中华人民共和国行政诉讼法〉的解释》第六十六条规定：“公民、法人或者其他组织依照行政诉讼法第四十七条第一款的规定，对行政机关不履行法定职责提起诉讼的，应当在行政机关履行法定职责期限届满之日起六个月内提出。”上述两条规定明确了不履行法定职责之诉的起诉期限规则，即起算点为履行期届满之日，期限为六个月。

关于未履行行政承诺的起诉期限，参照前述规定，未履行行政承诺的起诉期限可以明确为：在行政机关应履行行政承诺的期限届满之日起六个月内提出行政诉讼。期限方面，参照确定为六个月。在起算点方面，即应履行承诺的期限届满之日。本案二审裁定的法院认为部分载明，应以行政允诺得以履行的时间为提起诉讼的起算点，即以履行条件成就之日作为起算点。笔者认为，将“行政机关应履行承诺的期限届满之日”作为起算点与不履行法定职责的规定衔接更顺畅，具体而言，起算点的把握可能有若干情形，如：(1) 行政承诺中明确约定或协商过程中约定了履行期，则约定的履行届满之日即为起算点。(2) 行政承诺中未约定履行期，则履行条件成就之日起行政机关即应履行，参照不履行法定职责关于两个月履行期的规定，两个月届满后计算起诉期限。(3) 行政机关明确表示拒绝履行，则视为行政机关放弃履行期，自相对人知道或应当知道行政机关拒绝履行之日起计算起诉期限。

关于本案的裁判思路。本案中，就案涉房屋的拆迁补偿事宜，被告在原告于2005年12月6日书写的材料上盖印并签署意见，系被告基于职权向原告作出的行政承诺。2007年7月3日和2011年1月11日，原告与被告分别两次就案涉房屋的拆迁补偿事宜签订182号协议以及补充协议。那么在两次签订协议时，被告已具备了履行承诺的条件但并未兑现，原告签订协议则表明其知道行政机关拒绝依承诺履行，故开始计算起诉期限。因此，原告至迟应于2011年1月11日签订补充协议后的六个月内提起诉讼，原告直到2018年6月方才提起本案之诉，明显超过起诉期限，依法应驳回其起诉。

编写人：福建省厦门市思明区人民法院　王叶萍　罗小艺

50

具有外化效力的行政行为具有可诉性

——南鹰公司诉中华人民共和国农业农村部行政批复案

【案件基本信息】

1. 裁判书字号

北京市第三中级人民法院（2019）京03行初33号行政判决书

2. 案由：行政批复纠纷

3. 当事人

原告（上诉人）：南鹰公司

被告（被上诉人）：中华人民共和国农业农村部（以下简称农业农村部）

【基本案情】

被告于2018年4月28日作出农办渔［2018］34号行政批复（以下简称被诉批复），内容为：根据有关规定，经审核，同意调整你省计划序号为海南048、049、051、052、098、099、103、104、106、146和159的11艘渔船的船长、作业类型等船舶参数，以及调整计划序号为海南128、129的2艘渔船的指标来源船。同时废止你省5艘渔船建造计划，序号为海南065、066、067、068、108。

原告不服，向一审法院提起行政诉讼，法院请求撤销被告作出的被诉批复。

【案件焦点】

1. 原告针对被告所作出的被诉批复提起诉讼是否属于行政诉讼法规定的受案范围；2. 被告废止原告的渔船更新建造计划是否符合法律规定。

【法院裁判要旨】

北京市第三中级人民法院经审理认为：关于焦点一，被诉批复系被告依职权作出，虽然其答复对象为海南农业厅，被告亦针对海南农业厅送达而未直接将被诉批复送达原告。但是海南农业厅在收到被诉批复后，直接将被诉批复转发至洋浦中心，原告亦通过洋浦中心领取了被诉批复。因此，被诉批复已经通过上述流程直接付诸实施。据此，法院认为被诉批复已经产生了外化的效果，原告认为被诉批复对其合法权益产生了影响而提起本案诉讼，属于行政诉讼法规定的受案范围。

关于焦点二，根据生效刑事判决确认的事实，南鹰公司持有证书的四艘渔船，其相关证件系南鹰公司原法定代表人通过虚假材料非法补办，报废船舶系通过套牌方式申请报废拆解。南鹰公司以上述四艘渔船作为指标来源船，申请报废拆解旧船从而获取计划序号为海南065、海南066、海南067、海南068四艘渔船更新建造计划指标。据此，农业农村部针对原海南省海洋与渔业厅的请示，根据相关规定，核准废止了南鹰公司计划序号为海南065、海南066、海南067、海南068四艘渔船更新建造计划，并无不当。因南鹰公司系通过不正当手段非法取得拟报废渔船相关权利凭证，故其对于经核准的涉案四艘渔船更新建造计划之废止，不受信赖利益的保护。综上，被告作出被诉批复事实清楚，适用法律、法规正确，符合法定程序。

北京市第三中级人民法院依照《中华人民共和国行政诉讼法》第六十九条之规定，判决如下：

驳回南鹰公司的诉讼请求。

南鹰公司不服一审判决，向北京市高级人民法院提起上诉，认为一审法院认定事实不清，证据不足。被诉批复以刑事判决书中认定的事实作为依据缺乏证明力，没有涉案渔船相关证书被注销并转回浙江入户的合法审批手续，一审法院对此亦未查实，故请求撤销一审判决，撤销被诉批复。

农业农村部答辩认为，被诉批复符合法律规定，一审判决认定事实清楚，适用法律正确，南鹰公司的上诉请求不能成立，请求二审法院驳回上诉，维持原判。

北京市高级人民法院经审理认为：该审批行为的作出机关系农业农村部，能够对提出申请的渔业企业权利义务产生实际影响，具备可诉性。因南鹰公司系通过不正当手段非法取得拟报废渔船的相关权利凭证，故其对于经核准的涉案四艘渔船更新建造计划之废止，不受信赖利益的保护。

北京市高级人民法院依照《中华人民共和国行政诉讼法》第八十九条第一款第一项的规定，判决如下：

驳回上诉，维持原判。

【法官后语】

本案的核心争议在于内部行政行为的可诉性问题。对此，美国行政法上有行政行为成熟性原则，大陆法系有特别权力关系理论以及效力外化后可诉的实践和理论的观点。

1. 美国理论：行政行为成熟性

王名扬先生对美国行政法的成熟原则作过定义："成熟原则是指行政程序必须发展到适宜由法院处理的阶段，即已经达到成熟的程序，才能允许进行司法审查。"王名扬先生的定义涉及两方面内容：一是行政程序发展到一定阶段，二是适宜法院处理。王名扬先生还对成熟原则存在的理由作了说明：一是避免法院过早地进行裁判，陷入抽象的理论政策争论。"法院只能对实在的、现实的问题进行裁判，在需要裁判的问题出现之前，法院不能预测未来可能发生的问题。当事人所攻击的行政行为不能是捉摸不定的没有确定的问题。"二是保护行政机关在最后决定作出之前以及行政行为对当事人发生具体影响之前，不受法院干涉。行政机关由专业人员组成，应当充分发挥其专业知识和经验，在其作出确定的决定之前，不应受到法院的干涉。质言之，在行政行为不满足成熟性要求时，法院不应当过早介入，对此时的行政行为不应当受理。最高人民法院在（2018）最高法行申543号裁定中就指出"所谓裁判时机成熟，意味着作出这样一个具体的、全面满足原告诉讼请求的判决所依赖的所有事实和法律上的前提都已具备"。

什么是行政行为的成熟性标准呢？一般情况下，这个标准应该是"正当行政程序的最后阶段已经完成"。本案中，被诉批复作出后，尽管不能判断海南农业厅是否还会作出新的行为、该批复程序是不是最后阶段，但该批复已对原告的权利造成了实质性的不利影响，已经符合成熟性标准，"全面满足原告诉讼请求的判决所依赖的所有事实和法律上的前提都已具备"，法院此时介入不会打乱正在进行的行政程序。这符合王名扬所说的"法院不能预测未来可能发生的问题，不能对不确定的问题进行审查，而只能对现实问题进行裁判"。

2. 大陆法系理论：内部行政行为的可诉性

（1）工作类内部行政行为

最早将行政行为划分为内部行政行为与外部行政行为的是德国一般权力关系理论。根据性质而定，关于内部行政行为主要有两类：一类是常见的内部人事性质的行为，另一类是工作性质的内部行为。对于前者，理论和实务中主要基于德日特别权力关系理论，认为行政机关对所属人员的人事管理行为是一种特别权力行为，不能对此提请司法救济。而实务中争议的主要是后者。内部行政行为的外部化是指内部行政行为作出的本意是不对外产生法律效力。但其实施对行政机关以外的行政相对人产生了实际影响，其效力超出了机关内部的范围。内部行政行为不可诉，理论上的重要依据之一即内部行政行为并未对外产生法律效力，对行政相对人的权利义务没有产生实际影响。但内部行政行为外部化以后，即内部行政行为被付诸实施，对行政相对人的权利义务产生了实际影响，行政相对人有权提起行政诉讼实现权利救济。

（2）关于外化的认定

《最高人民法院关于地方人民政府作出的同意收回国有土地使用权批复是否属于可诉具体行政行为问题的答复》认为，地方人民政府对其所属土地行政管理部门作出的同意收回国有土地使用权批复，土地行政管理部门直接据此付诸实施且已经过复议程序，原国有土地使用权人对地方人民政府同意收回土地使用权的批复不服提起诉讼的，人民法院应当依法受理。最高人民法院第22号指导案例指出，地方人民政府对其所属行政管理部门的请示作出的批复，一般属于行政行为，不可对此提起诉讼。但行政管理部门直接将该批复付诸实施并对行政相对人的权利义务产生了实际影响，行政相对人对该批复不服提起诉讼的，人民法院应当依法受理。

实务中，工作类的内部行政行为常常是上级对下级机关进行的工作上的批准、命令、指示或批复，常常以一种行政机关之间的往来函件的形式体现出来。对此类行为的外化效力，可以提炼出五个标准：第一，该类函件具有特定性；第二，内容上具有可执行性；第三，接收机关没有作出新的行政行为；第四，接收机关直接依据该类函件实施相关的行政行为，如进行相应的行政限制；第五，行政相对人已知晓该类函件。通常认为，满足该五个标准的工作类内部行政行为已经进行了效力外化，对相对人的权利义务产生了实际影响，具有可诉性。

本案中，该审批行为的作出机关系农业农村部，批复内部特定，直接针对具体的渔船计划序号，在内容上能直接对外执行操作，海南农业厅收到该批复后没有作出任何新的行政行为，而是直接告知了原告其申请更新渔船建造计划没有被批准并向其出示了该批复。应当认为，被诉批复已经产生了外化的效果，对提出申请的渔业企业权利义务产生实际影响，具备可诉性。

3. 适用的意义

本案例与该指导案例裁判精神一致，是最高人民法院指导性案例在实践中发挥作用的生动实践。该案例的法律适用符合行政诉讼法立法精神，有利于畅通行政相对人权利救济的渠道，依法保护行政相对人的合法权益，监督和促进行政机关依法行政。

编写人：北京市第三中级人民法院　王文涛　陈金涛　宋凯

51

经行政复议后再提起行政诉讼情形下对起诉期限的认定

——王某诉某区残疾人联合会、某区人民政府政府信息公开及行政复议案

【案件基本信息】

1. 裁判书字号

山东省淄博市中级人民法院（2019）鲁03行终295号行政裁定书

2. 案由：政府信息公开及行政复议纠纷

3. 当事人

原告（上诉人）：王某

被告（被上诉人）：某区残疾人联合会（以下简称某区残联）

第三人（被上诉人）：某区人民政府（以下简称某区政府）

【基本案情】

王某于2018年11月向某区残联发出政府信息公开申请。某区残联于2018年12月5日对其申请作出政府信息公开申请答复书。王某认为该答复不符合法律规定，向某区政府申请行政复议。某区政府受理后于2019年1月17日作出行政复议

决定书，维持了某区残联政府信息公开申请答复。王某于2019年1月22日收到某区政府邮寄送达的行政复议决定书后未在15日内提起行政诉讼。2019年5月29日，王某以某区残联为被告向法院提起行政诉讼，要求撤销某区残联于2018年12月5日作出的政府信息公开申请答复书。后法院依法追加某区政府为本案共同被告。

【案件焦点】

王某针对某区残联的政府信息公开答复提起本案行政诉讼是否已经超过法定起诉期限。

【法院裁判要旨】

山东省淄博市临淄区人民法院经审理认为：王某收到某区残联作出的政府信息公开申请答复书后，向某区政府提起行政复议申请，某区政府受理后作出了行政复议决定书，维持了某区残联作出的政府信息公开申请答复书，并于2019年1月22日邮寄送达王某。故应以王某收到行政复议决定书的时间确定起诉期限。该行政复议决定书明确告知王某“如不服本决定，可以自接到本决定书之日起十五日内依法向人民法院提起行政诉讼”。故王某于2019年5月起诉超过了法定的起诉期限且无《中华人民共和国行政诉讼法》（本案以下简称《行政诉讼法》）第四十八条规定的情形。

山东省淄博市临淄区人民法院根据《最高人民法院关于适用〈中华人民共和国行政诉讼法〉的解释》第六十九条第一款第二项、第三款之规定，裁定如下：

驳回王某的起诉。

王某不服一审裁定，提起上诉。山东省淄博市中级人民法院经审理认为：王某于2019年1月22日收到某区政府邮寄送达的行政复议决定书，其于同年5月才向一审法院提起行政诉讼显然已经超出十五日的法定起诉期限，且其在本案中亦无《行政诉讼法》第四十八条规定的情形。因此，一审法院认定王某提起本案诉讼已超法定起诉期限并据此驳回其起诉正确，依法应予维持。王某上诉主张其针对某区残联的政府信息公开不作为想继续追究，按照行政机关作出行政行为后起诉期为6个月的规定，对某区残联的起诉期限应计算到2019年6月5日，该主张依法不能成立，不予支持。

山东省淄博市中级人民法院依照《中华人民共和国行政诉讼法》第八十九条第一款第一项之规定，裁定如下：

驳回上诉，维持原裁定。

【法官后语】

本案主要涉及经行政复议后再提起行政诉讼情形下对起诉期限的理解和把握问题。

关于起诉期限的问题，本案原告王某主张其只起诉某区残联，故其起诉期限为6个月，其起诉并未超期。但法院认定其已经行政复议程序，其起诉已经超出法律规定的复议后15日的起诉期限，故驳回其起诉。王某在本案中的主张虽不符合法律规定，但也代表了实践中的一种观点，而实践中对此观点应当进行纠正，从而对经行政复议后再提起行政诉讼情形下的起诉期限问题予以正确认定。而对此问题的正确认定则涉及对《行政诉讼法》和《最高人民法院关于适用〈中华人民共和国行政诉讼法〉的解释》（本案以下简称《行政诉讼法解释》）一系列相关条文的梳理和把握。这其中既涉及起诉期限，也涉及被告主体，还涉及复议和诉讼的法律衔接。

首先，从复议和诉讼的法律衔接以及相关的最基本的起诉期限规定来看，根据《行政诉讼法》第二条和第四十四条的规定，公民、法人或者其他组织认为行政机关的行政行为侵犯其合法权益的，其可以先向复议机关申请行政复议，对行政复议决定不服的，再向人民法院提起诉讼；也可以不经行政复议而直接向人民法院提起诉讼（法律法规规定应先复议后诉讼的除外）。而根据《行政诉讼法》第四十五条和第四十六条第一款的规定，其中经行政复议后再提起行政诉讼情形下的起诉期限为原告收到复议决定书之日起15日内，不经行政复议而直接提起行政诉讼情形下的起诉期限则为自原告知道或者应当知道作出行政行为之日起6个月内。

其次，对于像本案这样的复议机关决定维持原行政行为的情形，其起诉期限问题还应与行政诉讼被告主体问题一并结合起来进行理解。因为根据《行政诉讼法解释》第五十九条和第一百三十四条第一款的规定，公民、法人或者其他组织作为行政复议申请人向复议机关申请行政复议后，在复议机关作出维持原行政行为决定的情形下，行政复议申请人作为原告向人民法院提起行政诉讼的，应当将作出原行政行为的行政机关和复议机关作为行政诉讼的共同被告，而不能只起诉作出原行政行为的行政机关或复议机关。此时如果原告只起诉作出原行政行为的行政机关或者复议机关的，人民法院应当告知原告追加被告；若原告不同意追加，则人民法院应当将另一机关列为共同被告。且在此情形下，应当以复议决定送达时间确定起诉期限。

因此，通过对上述法律和司法解释规定的综合理解不难看出，在复议机关作出维持原行政行为决定的情形下，原告若对此提起行政诉讼，则必须以作出原行政行为的行政机关和复议机关作为行政诉讼的共同被告，而不能只选择上述两机关中的某一机关提起行政诉讼，且此情形下必须以复议决定送达时间确定起诉期限。本案即是如此。

编写人：山东省淄博市中级人民法院　荣明潇

52

行政机关不履行行政复议决定是否属于行政案件受案范围

——来宾市兴宾区良江镇塘权村民委员会诉来宾市兴宾区人民政府确认不作为行政行为违法案

【案件基本信息】

1. 裁判书字号

广西壮族自治区高级人民法院（2019）桂行终1324号行政裁定书

2. 案由：确认不作为行政行为违法纠纷

3. 当事人

原告（上诉人）：来宾市兴宾区良江镇塘权村民委员会（以下简称塘权村民委）

被告（被上诉人）：来宾市兴宾区人民政府（以下简称兴宾区政府）

【基本案情】

1980年9月22日，原来宾县革命委员会向来宾县良江公社塘权大队塘权片

（林场）颁发《山界林权证》（证号：204），确认“山猪弄”一带总面积3631亩，其中现有林575亩，宜林荒山3056亩，属塘权大队所有。1990年5月25日，原来宾县人民政府颁发《山界林权证》（证号：34），确认包括但不限于“山猪弄”一带的林地面积32784亩（其中与别单位共有5703亩），属国营维都平塘分场猪尾岭分区所有。塘权村民委向兴宾区政府提出申请，要求对广西壮族自治区国营维都林场持有的34号《山界林权证》有关“山猪弄”一带林地进行核查。2011年6月22日，兴宾区政府作出兴政处〔2011〕2号《关于修正国营维都林场持有的1990年第34号〈山界林权证〉的决定》，一、修正国营维都林场持有的1990年颁发的第34号《山界林权证》林地内“山猪弄”一带林地登记内容，即将该证范围内“山猪弄”一带面积约3631亩林地权属不再作为国营维都林场国有林地凭证；除修正的3631亩林地范围外，国营维都林场持有的第34号《山界林权证》其他内容不变；二、“山猪弄”一带面积约3631亩林地内现有林木的林权，按谁种谁收之原则处理，维持该范围林地的经营管理现状。广西壮族自治区国营维都林场及塘权村民委均不服，向来宾市人民政府申请复议。2011年11月23日，来宾市人民政府作出来政复决字〔2011〕32号行政复议决定，一、撤销兴宾区政府作出的《关于修正国营维都林场持有的1990年第34号〈山界林权证〉的决定》；二、本案由兴宾区政府重新处理。之后，兴宾区政府要求该区林业局、法制办等部门进行调查核实，但未有处理结果。2018年1月、3月，塘权村民委分别再次向兴宾区政府提出申请，要求纠正第34号《山界林权证》。2018年10月，兴宾区政府向塘权村民委、广西壮族自治区国有维都林场送达权属纠纷补正告知书，塘权村民委认可收到该告知书。塘权村民委在收到行政复议决定书后，没有提起行政诉讼。

【案件焦点】

塘权村民委因兴宾区政府未履行行政复议决定，请求确认该未履行行为违法，是否属于行政案件受案范围。

【法院裁判要旨】

广西壮族自治区来宾市中级人民法院经审理认为：《中华人民共和国行政复议法》第三十一条第三款、第三十二条规定，行政复议决定书一经送达，即发生法律效力；被申请人应当履行行政复议决定，被申请人不履行或者无正当理由拖延履行行政复议决定的，行政复议机关或者有关上级机关应当责令其限期履行。塘权村民委在本案中诉请确认兴宾区政府未履行行政复议决定行为违法及重新作出处理决定。来宾市人民政府来政复决字〔2011〕32号行政复议决定中已撤销兴宾区政府作出的兴政处〔2011〕2号行政处理决定，并责令兴宾区政府重新处理。塘权村民委在法定期限内没有对该行政复议提起诉讼，兴宾区政府亦陈述在行政复议撤销后没有收到相关诉讼通知，该行政复议决定已经发生法律效力，对当事人具有拘束力。《中华人民共和国行政复议法》第三十七条规定，被申请人不履行或者无正当理由拖延履行行政复议决定的，对直接负责的主管人员和其他直接责任人员依法给予警告、记过、记大过的行政处分；经责令履行仍拒不履行的，依法给予降级、撤职、开除的行政处分；《中华人民共和国行政复议法实施条例》第六十二条也规定，被申请人在规定期限内未按照行政复议决定的要求重新作出具体行政行为，或者违反规定重新作出具体行政行为的，依照行政复议法第三十七条的规定追究法律责任。在本案中，塘权村民委的诉讼请求实质上属于生效行政复议决定的执行问题。依照前述法律规定，兴宾区政府应当及时履行上述行政复议决定，对于其未履行该复议决定的，塘权村民委应当向行政复议机关或者有关上级机关反映，要求责令兴宾区政府履行行政复议决定，而非向人民法院提起行政诉讼。因此，塘权村民委提起的诉讼请求不属于人民法院行政诉讼的受案范围。

广西壮族自治区来宾市中级人民法院依照《中华人民共和国行政诉讼法》第六十九条的规定，作出如下裁定：

驳回塘权村民委的起诉。

塘权村民委不服一审判决，提起上诉。广西壮族自治区高级人民法院经审理认为：根据《中华人民共和国行政复议法》第三十二条“被申请人应当履行行政复议决定。被申请人不履行或者无正当理由拖延履行行政复议决定的，行政复议机关或者有关上级行政机关应当责令其限期履行”的规定，行政复议决定一经送达，即发生法律效力。作为复议机关的下级机关被申请人兴宾区政府，应当在收到决定书之后开始履行决定。对于下级机关不履行行政复议决定的，当事人应当申请上级机关责令履行或通过法院进行强制执行，法律并未设定提起行政诉讼进行救济的路径，故本案不属于人民法院受理行政案件的受案范围。综上，一审法院驳回起诉的处理结果正确，塘权村民委的上诉理由不能成立，依法不予支持。

广西壮族自治区高级人民法院依照《中华人民共和国行政诉讼法》第八十九条第一款第一项的规定，作出如下裁定：

驳回上诉，维持原裁定。

【法官后语】

行政相对人就同一行政行为可以通过行政复议和行政诉讼两种路径寻求救济，这就存在路径选择及复议与诉讼的衔接问题。本案争议的焦点是当事人因原行政机关不履行行政复议决定，请求确认该不履行行为违法及诉请判决责令履行是否属于行政案件受案范围。

1. 不履行行政复议决定的行政行为是否属于人民法院行政案件的受案范围

《中华人民共和国行政诉讼法》第四十四条规定，除法律规定复议前置外，对属于法院受案范围的行政案件，行政相对人可以先申请行政复议，对行政复议不服的，再向法院提起诉讼；也可以直接向法院提起诉讼。即当事人就同一行政行为的救济，有选择行政复议和行政诉讼两条路径，并行不悖，但不能同时提出。对于已进入行政诉讼程序审理的行政行为，不得再提起行政复议，否则有违司法审查的终局性。对于已进入行政复议程序审查的行政行为，不得同时提起行政诉讼，否则存在审查的重复性和诉讼与复议衔接的混乱，违反"一事不再理"原则；对于已有行政复议结论，当事人的权利已经得到相应救济，因缺乏诉的利益，不得再提起行政诉讼，否则有违行政行为效力的原则。毕竟行政行为具有稳定性、拘束力及实现性，在行政机关作出行政行为后，不得随意变更和改变，故对行政相对人及行政机关均具有拘束力，各方当事人应当按照行政行为所规制的内容予以执行。在本案中，塘权村民委的诉求经过行政复议审查并在该复议决定中得到相应的救济，已无再诉的利益，因此，塘权村民委在本案的诉请，不属于人民法院行政案件的受案范围。

2. 不履行行政复议的救济

关于不履行行政复议决定的救济路径。本案中，塘权村民委诉请的实质是行政复议的履行问题，即属于执行范畴。引起本案的原因在于，兴宾区政府迟迟未履行行政复议决定确定的内容，导致塘权村民委的诉求未得到落实。对于行政复议的履行，《中华人民共和国行政复议法》第三十一条第三款、第三十二条规定，行政复议决定书一经送达，即发生法律效力；被申请人应当履行行政复议决定，被申请人不履行或者无正当理由拖延履行行政复议决定的，行政复议机关或者有关上级机关应当责令其限期履行。如果复议机关或上一级行政机关对被申请人没有采取责令限期履行措施，申请人也可以依照《中华人民共和国行政诉讼法》和最高人民法院有关执行的司法解释向人民法院申请强制执行。另外，《中华人民共和国行政复议法》及其实施条例均对行政机关不履行或无正当理由拖延履行行政复议决定规定了相应的处罚措施。因此，对于兴宾区政府未履行复议决定的，塘权村民委应当向行政复议机关或者有关上级机关反映，要求责令兴宾区政府履行行政复议决定，而非向人民法院提起行政诉讼。

3. 本案的其他提示

对于行政机关的职责，一般在法律法规中都有相应规制，应当在规定的期限内作出相应的行政行为。在本案中，行政复议决定生效多年后，作为履行义务的行政机关兴宾区政府直至本案的诉讼阶段，都未作出相应的处理，严重影响行政相对人的利益。对此，应当强化行政监督，督促行政机关及时履行职责，妥善处理矛盾纠纷，切实保障行政相对人的合法权益。

编写人：广西壮族自治区来宾市中级人民法院　韦霄倩

九、政府信息公开

53

规范性文件的备案报告不属于过程性信息豁免公开的范围

——程某诉北京市大兴区司法局政府信息公开案

【案件基本信息】

1. 裁判书字号

北京市大兴区人民法院（2019）京0115行初215号行政判决书

2. 案由：政府信息公开纠纷

3. 当事人

原告：程某

被告：北京市大兴区司法局（以下简称大兴司法局）

【基本案情】

2019年4月26日，被告大兴司法局收到原告程某当面提交的《政府信息公开申请表》，对申请获取的信息内容描述为“京兴政发2018［38］号文件提交市政府法制办（现归属司法局）备案的《备案报告》”。同日，被告大兴司法局作出京兴司公开（2019）第2号—回《登记回执》，并向原告程某直接送达。

2019年4月30日，被告大兴司法局文件审核备案科作出《关于对程某申请京兴政发［2018］38号文件备案信息的说明》，内容为：“根据《中华人民共和国政府信息公开条例》第二十一条第二项的规定，您申请获取的信息涉及过程性信息，本机关依法决定不予公开。具体理由是：该信息是向北京市司法局（原北京市人民政府法制办公室）备案过程中的信息。”据此，2019年5月15日，被告大兴司法局作出被诉告知书，并于当日向原告程某邮寄送达。原告程某不服，诉至法院。

【案件焦点】

规范性文件的备案报告是否属于过程性信息豁免公开的范围。

【法院裁判要旨】

北京市大兴区人民法院经审理认为：《中华人民共和国行政诉讼法》第三十四条第一款规定，被告对作出的行政行为负有举证责任，应当提供作出该行政行为的证据和所依据的规范性文件。

根据2008年5月1日起施行的《中华人民共和国政府信息公开条例》第二条之规定，本条例所称政府信息，是指行政机关在履行职责过程中制作或者获取的，以一定形式记录、保存的信息。第十条规定，行政机关制作的政府信息，由制作该政府信息的行政机关负责公开。《北京市政府信息公开规定》第二十八条第五项规定，对申请公开的政府信息，行政机关根据下列情况分别作出书面答复：……（五）申请公开的政府信息属于行政机关在日常工作中制作或者获取的内部管理信息或者处于行政机关讨论、研究或者审查中的过程性信息，应当告知申请人不属于应当公开的政府信息。《北京市行政规范性文件备案规定》第六条规定：“制定机关应当自行政规范性文件公布之日起30日内报送备案。报送行政规范性文件备案，制定机关应当提交备案报告和行政规范性文件正式文本及其电子文本。备案报告应当载明制定该行政规范性文件的依据、目的、主要内容的说明以及合法性审核等情况”。

本案中，原告程某申请公开的信息为京兴政发2018［38］号文件的《备案报告》，而《北京市行政规范性文件备案规定》已明确规定：行政规范性文件公布后30日内应报送备案，制定机关应当提交《备案报告》，故《备案报告》应属行政规范性文件公布后产生的信息，并非处于行政机关讨论、研究或者审查中的信息。被告大兴司法局作出的被诉告知书以原告申请公开的信息为过程性信息，属于不予公开范围为由拒绝公开缺乏事实及法律依据，依法应予撤销。

北京市大兴区人民法院依照《中华人民共和国行政诉讼法》第七十条第一项之规定，判决如下：

一、撤销大兴司法局作出的涉案《政府信息不予公开告知书》；

二、责令大兴司法局于判决生效之日起在《中华人民共和国政府信息公开条例》规定的答复期限内对原告程某的政府信息公开申请重新作出答复。

【法官后语】

2008 年 5 月 1 日起施行的《中华人民共和国政府信息公开条例》中并未将过程性信息纳入政府信息豁免公开的范围。2019 年 5 月 15 日起施行的《中华人民共和国政府信息公开条例》第十六条第二款对该制度作出明确规定："行政机关在履行行政管理职能过程中形成的讨论记录、过程稿、磋商信函、请示报告等过程性信息以及行政执法案卷信息，可以不予公开。法律、法规、规章规定上述信息应当公开的，从其规定。"

本案的审理焦点在于：规范性文件的备案报告是否属于过程性信息豁免公开的范围。对此，法院认为：判定一项信息是否为过程性信息，不仅要结合该信息涉及的法律规定进行分析，亦须符合过程性信息豁免公开制度的立法目的。由于本案发案时新条例尚未公布实施，可通过回溯至该制度最初的立法原件探知其立法旨意。2003 年《中华人民共和国政府信息公开条例》（专家建议稿）对过程性信息豁免公开的立法旨意阐述为："政府机关在作出决策以前，往往可能需要比较长时间的内部讨论或者方案之间的比较，也有可能最终形成不了任何决策。这样，如果内部的讨论过程随时暴露在公众面前，难免会造成社会不必要的混乱或猜测，对政府机关的决策形成各种不利的影响，也会影响政府机关工作人员积极地发表不同的意见。"

本案中，原告程某申请公开《北京市大兴区人民政府关于对部分机动车采取交通管理措施降低污染物排放的通告》在原市政府法制办的备案报告。对此，根据《北京市行政规范性文件备案规定》第六条之规定，行政规范性文件公布之日起 30 日内应报送备案，制定机关应当提交备案报告和行政规范性文件正式文本及其电子文本；备案报告应当载明制定该行政规范性文件的依据、目的、主要内容的说明以及合法性审核等情况。可见，备案报告系规范性文件公布之后产生的信息，并非讨论、研究或者审查中的信息，虽然其内容可能包含了规范性文件制定过程中行政机关决策的依据、目的和过程等信息，但因规范性文件已经公布实施，故即使公开备案报告，也不会干扰行政管理活动的正常运行，更不会导致行政目的无法实现。被告大兴司法局认定规范性文件的备案报告属于过程性信息，属于适用法律错误，阻碍了原告知情权的实现。

政府信息公开范围是公众的知情权与政府公开透明承受度之间的博弈，避免信息豁免公开制度的滥用需要法院进行严苛的司法审查限制。本案通过审理表明，针对行政机关援引过程性信息豁免公开制度拒绝公开争讼信息的案件，法院应当作出实质审查，关于争讼信息是否属于过程性信息，除了可以结合该信息涉及的法律规范进行判断以外，亦应结合过程性信息豁免公开制度的立法目的进行衡量，避免过程性信息豁免公开制度的滥用，最大程度保障公民知情权的实现。

编写人：北京市大兴区人民法院 范少方

54

行政机关不得以限制查阅时间的方式变相剥夺申请人知情权

——陈某诉南通市崇川区钟秀街道办事处政府信息公开案

【案件基本信息】

1. 裁判书字号

江苏省南通经济技术开发区人民法院（2019）苏0691行初1216号行政判决书

2. 案由：政府信息公开纠纷

3. 当事人

原告：陈某

被告：南通市崇川区钟秀街道办事处

【基本案情】

2019年1月11日，原告向被告申请公开“大众燃气、原水果批发市场周边及钟秀路所涉所有被搬迁户获得安置补偿的具体数额、补偿款发放方式、房屋产权置换具体方式”。同年7月24日，被告作出［2019］崇钟依复第13号政府信息公开申请答复书（以下简称13号答复书），称其已对大众燃气、原水果批发市场周边及钟秀路项目所涉所有被搬迁户获得安置补偿的具体数额进行了汇总，通知原告于指定时间指定地点查阅相关材料。关于补偿款发放方式及产权置换方式，其已提供《大众燃气、原水果批发市场周边及钟秀路景观路项目房屋搬迁补偿安置方案》《大众燃气、原水果批发市场周边及钟秀路景观路项目购房须知》供陈某查阅，如仍需所有被搬迁户的具体补偿款发放方式及房屋产权置换方式，建议原告向崇川区住房建设服务中心咨询。原告认为，该答复书未按原告要求的形式提供政府信息，申请人到达指定地点查看时，也不提供充分的时间和条件，实质上对原告知悉信息造成了困难和障碍，侵害了原告的知情权，遂诉至法院，请求撤销13号答复书并责令被告依法作出书面答复。被告认为，其在法定期限内作出13号答复书后，原告于7月30日按照答复的约请到达查阅地点，但原告未查阅摘抄就自行离开。被告已积极履职，原告拒绝查阅其申请公开的信息，未能获取信息系原告自身原因所致。原告要求公开的信息涉及几十户搬迁补偿安置协议及相关内容，按照原告要求的形式邮寄成本过高，采用查阅方式同样可以达到原告目的。被告安排原告进行现场查阅符合《中华人民共和国政府信息公开条例》第四十条的规定，请求判决驳回陈某的诉讼请求。

【案件焦点】

1. 被告提供现场查阅方式、查阅时间是否合法、适当；2. 被告逾期提供证明答复程序合法的证据，是否影响被诉答复行为的合法性。

【法院裁判要旨】

江苏省南通经济技术开发区人民法院经审理认为：根据《中华人民共和国政府信息公开条例》第四十条的规定，行政机关有权根据申请人要求和政府信息保存实际情况，确定公开的具体形式。在申请人要求公开的形式与信息载体安全、公开成本存在冲突的情况下，行政机关可以适当形式或安排申请人查阅、抄录的方式向申请人提供信息。案涉信息涉及被搬迁户近180户，被告对案涉信息并未加工、汇总成表格，而是分别体现在每户的拆迁补偿安置协议等载体中，因原告申请获取的信息量大，公开成本过高，被告采取现场查阅、抄录的方式提供信息，符合法律法规的规定。但查阅具有一定的缺陷，要求申请人短时间内记忆大量的信息内容显然不合常理。本案中，被告限定原告查阅、摘抄的时间为一小时，而结合庭审被告陈述，案涉信息记载于近180户的拆迁安置补偿协议中，原告申请信息内容包括补偿金额、补偿款发放方式、房屋产权置换方式等，要求原告在一小时内完成对所需信息的查阅、摘抄明显不当，被告实际是以限制查阅、摘抄时间的方式不当剥夺了原告对案涉信息的获取权，与拒绝公开信息并无二致。因此，被诉13号答复书内容不合法。被告在法定期限内负有举证义务，如有正当理由需要延期举证的，应当在法定期间届满前向人民法院书面申请延期，并经法院准许。本案系依法适用简易程序审理的政府信息公开案件，被告无正当理由未在法院确定的举证时限内提交被诉行政行为程序合法的证据，应当视为没有相应证据证明其答复期限的合法性。原告于1月11日提出申请，被告于7月24日作出被诉13号答复书，应当被认定为程序违法。综上，被诉13号答复书内容及程序均不具有合法性，应予撤销，被告应当向原告重新作出答复。

江苏省南通经济技术开发区人民法院依照《中华人民共和国行政诉讼法》第七十条第三项、第六项，《中华人民共和国政府信息公开条例》第一条、第四十条，《最高人民法院关于审理政府信息公开行政案件若干问题的规定》第九条第一款之规定，作出如下判决：

一、撤销被告南通市崇川区钟秀街道办事处于2019年7月24日作出的［2019］崇钟依复第13号政府信息公开申请答复书；

二、限被告南通市崇川区钟秀街道办事处于本判决生效之日起二十个工作日内对原告陈某的申请重新作出答复。

【法官后语】

实践中，为降低公开成本，越来越多的行政机关采取安排申请人指定时间到指定地点查阅、抄录的方式提供信息。此种提供信息的方式也被《中华人民共和国政府信息公开条例》第四十条所采纳，但是对于哪些情况可以采取此种方式公开、采取此种方式需要注意哪些问题，行政机关往往容易忽视。

首先，按照申请人要求的形式提供政府信息是常态，安排查阅、抄录提供政府信息是例外。按照《中华人民共和国政府信息公开条例》第四十条的规定，只有按照申请人要求提供信息公开成本过高，才可以安排申请人查阅、抄录相关政府信息。一般而言，申请人要获取的信息量大、面广，可以视为公开成本过高的情形，行政机关应当结合一般生活常理并根据其保存政府信息的实际情况予以考量把握。

其次，行政机关公开政府信息应当遵循便民原则，以满足申请人的知情权为目的。《中华人民共和国政府信息公开条例》第五条明确规定，行政机关公开政府信息，应当坚持以公开为常态、不公开为例外，遵循公正、公平、合法、便民的原则。便民原则要求行政机关在政府信息公开中尽可能满足当事人的要求，减少当事人的程序负担，节约当事人的办事成本。查阅是一种行为方式，意即找出并阅读，其本身对信息不具有直接复制的功能。在信息量较小时，这一方式简便易行，有利于申请人及时获取信息；但在信息量较大时，限制查阅时间、要求申请人短时间内记忆大量信息内容显然不符常理。与书面邮寄、电子数据答复的方式相比较，查阅方式本身具有一定的局限性，在安排查阅时，行政机关更应当允许信息公开申请人妥当安排，给予申请人充足的时间查阅并辅之以抄录的方式获取信息，以满足申请人的信息知情权。

另外，本案的审理还提醒行政机关应重视举证时限。被告以逾期提交的证据以期证明其答复期限在法定期限内。从《中华人民共和国行政诉讼法》第三十四条、《最高人民法院关于适用〈中华人民共和国行政诉讼法〉的解释》第三十四条的规定可见，被告在法定期限内具有举证义务，如有正当理由需要延期举证的，应当在法定期间届满前向人民法院书面申请延期，并经法院准许。行政诉讼证据的作用是为了证明行政行为作出时所依据的事实，包括实体和程序两个方面，被告逾期提供程序合法的证据，又未依法申请延期的，应当视为没有相应证据证明其行政程序合法。司法审查遵循全面审查的原则，这就要求行政机关在应诉过程中不仅要举证证明实体处理的合法性，也要对举证程序的合法性足够重视。

编写人：江苏省南通经济技术开发区人民法院　莫晴晴

55

涉国家秘密政府信息的司法审查标准

——贾某诉北京市朝阳区住房和城乡建设委员会政府信息公开案

【案件基本信息】

1. 裁判书字号

北京市朝阳区人民法院（2019）京0105行初276号行政判决书

2. 案由：政府信息公开纠纷

3. 当事人

原告：贾某

被告：北京市朝阳区住房和城乡建设委员会

【基本案情】

2019年3月13日，被告收到原告提交的《朝阳区住房城乡建设委信息公开申请表》，申请公开润世中心拆迁项目的：（1）拆迁公告；（2）拆迁安置补偿办法；（3）房屋拆迁许可证；（4）原告拆迁补偿协议及拆迁安置方案。被告于当日向原告出具《登记回执》。后被告经调取润世中心拆迁项目相关文件档案后，于2019年3月29日作出被诉《答复告知书》并向原告送达。原告收悉后不服，遂提起诉讼。

【案件焦点】

被告北京市朝阳区住房和城乡建设委员会提交的证据是否能够证明原告申请的政府信息属于国家秘密。

【法院裁判要旨】

北京市朝阳区人民法院经审理认为：根据《中华人民共和国政府信息公开条例》（2008年）第四条的规定，各级人民政府及县级以上人民政府部门应当建立健全本行政机关的政府信息公开工作制度，并指定机构负责本行政机关政府信息公开的日常工作。根据上述规定，被告作为县级以上人民政府部门，具有受理政府信息公开申请并开展工作的法定职责。

根据《中华人民共和国政府信息公开条例》（2008 年）第十四条的规定，行政机关在公开政府信息前，应当依照《中华人民共和国保守国家秘密法》以及其他法律、法规和国家有关规定对拟公开的政府信息进行审查。行政机关对政府信息不能确定是否可以公开时，应当依照法律、法规和国家有关规定报有关主管部门或者同级保密工作部门确定。行政机关不得公开涉及国家秘密、商业秘密、个人隐私的政府信息。本案中，被告以原告申请的政府信息涉及国家秘密为由不予公开，但被告提交的证据不能证明原告申请的上述信息属于国家秘密，且在未依照法律、法规和国家有关规定报有关主管部门或者同级保密工作部门确定上述政府信息是否可以公开的情况下，径行答复原告上述信息属于不予公开范围，理由不能成立。综上，被告作出的《答复告知书》主要证据不足，依法应予撤销。

北京市朝阳区人民法院依据《中华人民共和国行政诉讼法》第七十条第一项之规定，判决如下：

一、撤销被告北京市朝阳区住房和城乡建设委员会作出的被诉《答复告知书》；

二、责令被告北京市朝阳区住房和城乡建设委员会于本判决生效之日起法定期限内对原告贾某的政府信息公开申请重新作出答复。

【法官后语】

1. 确定政府信息涉及国家秘密，是以该政府信息客观存在为前提

根据当时有效的《中华人民共和国政府信息公开条例》第二条的规定，政府信息是指行政机关在履行职责过程中制作或者获取的，以一定形式记录、保存的信息。因此，行政机关在受理政府信息公开申请后，首先需要确认申请的政府信息是否客观存在、是否能以一定载体形式呈现，在此基础上进一步确定，该政府信息是否属于不予公开范围。第二十二条同时规定，申请公开的政府信息中含有不应当公开的内容，但是能够区分处理的，行政机关应当向申请人提供可以公开的信息内容。针对同一政府信息公开申请涉及多项内容的，行政机关需要先通过检索程序逐

一确定信息是否客观存在，如果部分信息不存在，应作信息不存在的答复；针对客观存在的政府信息，则应需要进一步确定是否属于公开范围，对于能够区分处理的，应当向申请人提供可以公开的信息内容。

具体到本案，原告申请的政府信息包含四项内容，被告在未检索到上述全部信息的情况下，仅以部分信息涉及国家秘密作出原告申请公开的政府信息均不属于公开范围的答复明显不当，应当区分不同信息事项，分别作出答复。

2. 法院在政府信息公开案件中对涉及国家秘密的政府信息的审查应当属于有限形式审查

根据《中华人民共和国政府信息公开条例》第十四条的规定，行政机关不得公开涉及国家秘密、商业秘密、个人隐私的政府信息。但是，经权利人同意公开或者行政机关认为不公开可能对公共利益造成重大影响的涉及商业秘密、个人隐私的政府信息，可以予以公开。据此，国家秘密是公开政府信息的绝对例外，即只要涉及国家秘密的政府信息，一律属于不予公开范围。对于涉及国家秘密的政府信息案件，法院在司法审查过程中，除应依据或参照政府信息公开方面的法规或规章外，还应根据《中华人民共和国保守国家秘密法》的相关规定，确定政府信息是否涉及国家秘密、是否属于不予公开范围。

行政机密文件的确定，需要具备专门知识和广泛丰富的专业信息的积累，法院对于政府信息是否属于国家秘密，应当尊重有权机关的专业判断，不应进行实质审查，而应主要集中在行政机关主张政府信息属于国家秘密是否有确实充分的证据予以支持。例如，行政机关提供的承载国家秘密的纸质等载体是否具有国家秘密标志、国家秘密的密级、保密期限以及国家秘密的保密期限是否已满并自行解密等。具体到本案，被告提交的证明政府信息属于国家秘密的证据中，仅包含原告申请的部分信息，但该部分信息并不具有国家秘密标志。现仅凭政府信息涉及的拆迁项目有关文件被确定为国家秘密，从而主张和拆迁项目有关的所有政府信息均属于国家秘密，明显证据不足。

3. 新修订的《政府信息公开条例》实施后，法院司法审查中，对涉及国家秘密政府信息可能存在新的审理思路

本案被诉《答复告知书》的作出时间是2019年3月29日，系依据当时有效的

《政府信息公开条例》的相关规定进行的答复。2019年5月15日起，修订后的《政府信息公开条例》开始实施。新法在涉及国家秘密及不宜公开的其他因素方面进行了修正，具体体现在该法第十四条的规定，即“依法确定为国家秘密的政府信息，法律、行政法规禁止公开的政府信息，以及公开后可能危及国家安全、公共安全、经济安全、社会稳定的政府信息，不予公开”。该法条的修改，相较于修改前的《政府信息公开条例》，除依法确定为国家秘密的政府信息不予公开外，增加了公开后可能危及国家安全、公共安全等政府信息的不予公开规定，赋予了政府信息公开部门在政府信息未被保密机关确定为国家秘密，但确有不适宜公开因素情况下的行政裁量权。因此，如果行政机关以此作为不予公开的理由，并有相关证据证明相关政府信息公开后可能危及国家安全、公共安全的，法院同样应予支持。

具体到本案中，如果被告适用修改后的《中华人民共和国政府信息公开条例》第十四条的规定，作出不予公开的信息答复，并以原告申请的政府信息虽未依法确定为国家秘密，但信息指向的拆迁项目审批材料中确实存在多项属于国家秘密的文件，因此原告申请的政府信息公开后可能危及国家安全、公共安全、经济安全、社会稳定为由不予公开的，人民法院原则上应予支持。理由主要为：其一，修改后的《政府信息公开条例》增加上述规定，意在为信息公开主体在无国家秘密确定权限，但根据相关政府信息涉及的管理事项，确定公开后可能危及国家安全、公共安全等因素时如何答复提供了法律依据；其二，作为信息公开主体，一般情况下，对信息事项涉及的行政管理领域具有行政管理权，其对信息的公开是否危及国家安全、公共安全等因素有其专业判断，对此判断权，人民法院原则上应予以尊重。

编写人：北京市朝阳区人民法院　唐伟伟

56

投诉人直接或间接公开投诉信息的，可免除信息公开义务机关的保密义务

——邱某诉北京市通州区市场监督管理局反政府信息公开案

【案件基本信息】

1. 裁判书字号

北京市第三中级人民法院（2019）京03行终600号行政判决书

2. 案由：反政府信息公开纠纷

3. 当事人

原告（上诉人）：邱某

被告（被上诉人）：北京市通州区市场监督管理局（以下简称通州市场监管局）

【基本案情】

邱某从北京物美综合超市有限公司物美潞苑店（以下简称物美潞苑店）购买北京三元食品股份有限公司（以下简称三元公司）生产的益菌多发酵乳（以下简称三元发酵乳），邱某认为三元发酵乳不符合食品安全标准，向通州市场监管局进行投诉举报，通州市场监管局于2017年12月8日作出《举报办理结果告知书》（以下简称《告知书》），决定不予立案。2018年1月25日，三元公司向通州市场监管局提交申请，要求公开邱某举报北京物美综合超市有限公司（以下简称物美超市）销售三元发酵乳的处理结果。同日，通州市场监管局将《告知书》复印件送达给三元公司，未对邱某姓名作遮挡处理，未征询邱某是否同意公开的意见。邱某认为通州市场监管局侵犯其个人隐私权，提起反政府信息公开之诉。

在案件审理中查明，邱某曾举报物美超市其他门店，并提起民事诉讼，包含北

京市顺义区一件和通州区一件，法院均判决物美集团公司赔偿邱某 1000 元，其中通州区案件的被举报产品与本案一致，均为三元发酵乳。

【案件焦点】

通州市场监管局向三元公司公开《告知书》时未遮挡邱某姓名，是否侵犯了邱某的个人隐私，即邱某的在先民事救济活动能否视为对投诉举报中个人信息的公开披露，从而免除通州市场监管局的保密义务。

【法院裁判要旨】

北京市通州区人民法院经审理认为：个人隐私的内涵和外延在现行法律法规中没有明确界定，但一般而言，个人隐私是指公民个人生活中不愿为他人公开或知悉的秘密，个人的意愿是判断相关信息是否属于个人隐私的最重要标准之一。如若通过个人明示或者行为可推定其并非不愿为他人公开或者知悉的，且已直接或者间接将信息公开的，可不视为个人隐私，负责政府信息公开的行政机关亦无需对该信息按照个人隐私予以保护。本案中，邱某作为投诉人，投诉物美潞苑店销售的三元乳酸菌不符合食品安全标准，利益相关人直接涉及物美潞苑店和三元公司，邱某和通州市场监管局理应先向物美潞苑店和三元公司保密。但从法院查明的情况可知，邱某针对举报产品曾提起民事诉讼主张赔偿，法院亦已将生效判决公开。邱某通过民事诉讼的形式向物美超市公开了其个人信息，而基于物美超市和三元公司之间的供销关系，三元公司亦能够知晓邱某投诉举报人的身份。尽管邱某认为在民事诉讼中并未说明举报事实，但结合邱某的多次举报、诉讼情况，物美超市或者三元公司将其提起民事赔偿的主张与投诉举报进行关联具有合理性，这一点在三元公司提交的调档申请书中亦能够得到印证，即三元公司在提出政府信息公开申请之前已经知晓邱某举报之事实。此时，通州市场监管局并无不予公开告知书或者隐去邱某姓名之必要，通州市场监管局向三元公司公开告知书的行为并未侵犯邱某的个人隐私，故对于邱某的诉讼请求不予支持。

北京市通州区人民法院依据《最高人民法院关于审理政府信息公开行政案件若干问题的规定》第十二条第四项之规定，判决如下：

驳回邱某的诉讼请求。

二审法院同意一审法院裁判意见。

【法官后语】

本案系投诉举报领域内的反政府信息公开案件，涉及投诉人的个人隐私保护以及行政机关在政府信息公开中的保密义务及豁免的问题。需要明确的是，投诉举报中的投诉人信息并不完全等同于个人隐私，对于其中属于个人隐私的部分，在政府信息公开程序中才应当按照个人隐私予以保护。笔者仅结合本案案情从政府信息公开视角讨论投诉人的个人隐私保护及行政机关的保密义务。

1. 投诉人的个人隐私界定

《中华人民共和国民法典》第一千零三十二条第二款规定，隐私是自然人的私人生活安宁和不愿为他人知晓的私密空间、私密活动、私密信息。这是我国立法上关于个人隐私的明确定义。可以明确的是，个人信息的范围大于个人隐私。在实践中，个人隐私的保护需要通过保护个人信息来实现，在法律上体现为隐私权。一般而言，对于个人隐私的保护，主要通过对其姓名、出生日期、身份证号码、电话号码、住址、健康、家庭、财产状况等个人信息的保护实现。而投诉人的个人隐私与普通人的个人隐私并无本质区别，本案中的邱某作为投诉人，其姓名应属于个人隐私范畴。

2. 个人隐私权的可支配属性

个人隐私权属于人格权范畴，指自然人享有的私人生活安宁与私人信息秘密依法受到保护，不被他人非法侵扰、知悉、收集、利用和公开的权利。公民系自身隐私权的主体，对自己的隐私是否公开以及公开的范围和程度等具有决定权，而这种决定权则全凭权利主体的“个人意愿”，具有可支配性。个人隐私经过权利人自行或者授权进入公共领域，即视为权利人放弃了其对隐私的控制权，该信息可被视为公共信息，不纳入法律的保密范围。但需要注意的是，权利人放弃的前提系不得损害国家、集体和其他公共利益以及第三人合法权益。本案中，邱某在本诉之前实施了民事诉讼等救济活动，人民法院均判决支持了其获得赔偿的诉讼请求，基于三元公司与物美超市的供销合作关系，三元公司知晓邱某的姓名及投诉事实应属合理甚至是必然，故可认定邱某已通过民事诉讼等救济活动放弃对其姓名及投诉事实的信息保护。

3. 信息公开义务机关的保密义务豁免

政府信息公开条例第十五条和第三十二条对于行政机关的公开及保密义务作出

明确规定，实践中行政机关一般需要履行如下义务：首先，准确判断是否属于个人隐私的义务；其次，经判断认定属于个人隐私的履行征求意见义务；再次，权利人不同意公开的还要履行合理裁量义务，即裁量不公开是否会侵害公共利益等；最后，作出是否公开的决定。但权利人对相关信息已公开或通过行为已明示可公开，行政机关能够对该个人信息保护的必要性进行裁量，如果行政机关认为对该个人信息的保护已无现实意义的，其保密义务得以豁免，这也符合行政效率原则。本案中，三元公司提交的申请直接指向邱某投诉举报之事实，结合邱某的投诉次数、民事诉讼救济活动等，邱某已公开且三元公司已知晓邱某姓名及投诉事实，对其姓名信息进行保护欠缺现实意义，故行政机关不再履行政府信息公开程序中的保密义务应予支持，其向三元公司公开《告知书》时未遮挡邱某姓名并未侵犯邱某的个人隐私权。

编写人：北京市通州区人民法院 佟艳艳 郭伟娜 章志豪

57

针对部长信箱留言答复属便民回复而非信息公开

——恒禾公司诉中华人民共和国工业和信息化部行政答复案

【案件基本信息】

1. 裁判书字号

北京市第一中级人民法院（2019）京01行初21号行政裁定书

2. 案由：行政答复纠纷

3. 当事人

原告：恒禾公司

被告：中华人民共和国工业和信息化部（以下简称工信部）

【基本案情】

2018年11月16日，恒禾公司的法定代表人向被告工信部部长信箱留言，信件标题为《要求南京金龙采购车辆信息公开》，正文为：关于公开公示南京金龙NJL6806BEV1国轩电池，电量94.08，NJL6806BEV2国能电池，电量90.2，两款车型参数检测报告公开的请示报告。工信部于2018年11月21日在部长信箱对恒禾公司作出回复，回复称：您好，感谢您的留言。检测报告部分参数信息涉及企业商业秘密，我部不宜予以公开，请直接与车辆生产企业沟通获取。恒禾公司不服该答复并诉至法院，请求法院依法判令工信部变更其对南京金龙客车制造有限公司生产的NJL6806BEV1和NJL6806BEV2型号电动客车具体信息不予公开的回复；诉讼费由工信部承担。

另查，被告部长信箱《留言须知》中明确公示："一、部长信箱作为公众与工业和信息化部沟通的桥梁，公众可就工业和信息化部职能范围内的工作进行咨询、提出建议或反映问题（不受理网上提交的政府信息公开申请）……八、凡在部长信箱留言，即表明已阅读并接受了上述各项条款。"《留言须知》下有"同意"及"返回"的选项，点击"同意"后，可继续在部长信箱留言，点击"返回"则返回前一电脑界面。同时，被告网站上信息公开专栏中明确公示了《工业和信息化部政府信息公开申请办理办法》，其中载明：公民、法人及其他组织可以从工业和信息化部网站下载《政府信息公开申请表》，填写后邮寄至工业和信息化部政务公开领导小组办公室……（邮寄时请注明"政府信息公开"字样）。

【案件焦点】

部长信箱中留言的方式要求公开公示相关信息是否视为政府信息公开申请。

【法院裁判要旨】

北京市第一中级人民法院经审理认为：依法获得政府信息是公民、法人或其他组织的权利，行政机关应积极履行政府信息公开的职责，保障公民、法人和其他组织的知情权。同时，公民、法人和其他组织申请公开政府信息，亦应按照法律法规规定的形式，向行政机关内设的政府信息公开工作机构提出。行政机关对不符合法定申请形式，未依法通过政府信息公开工作机构提出的信息公开申请，可以根据具体情况作出相应处理。

本案中，被告网站上信息公开专栏中明确公示了《工业和信息化部政府信息公开申请办理办法》，明确规定了信息公开的具体受理机构是工信部的政务公开领导小组办公室，其中对申请形式也作出了明确的要求和指引。在此情况下，公民、法人或者其他组织向工信部申请政府信息公开，应当按照《工业和信息化部政府信息公开申请办理办法》的要求和指引，按照统一的样式向工信部政务公开领导小组办公室提出。本案中，原告系通过在部长信箱中留言的方式要求公开相关信息，然而，该留言方式不符合政府信息公开申请的形式要求，且部长信箱的《留言须知》中亦明确载明部长信箱不受理网上提交的政府信息公开申请，只有同意《留言须知》才能继续在部长信箱留言，原告在部长信箱留言成功则表示其已经知晓并同意《留言须知》中的内容。鉴于此，被告根据留言内容未将其视为政府信息公开申请，并不违反法律法规的规定，其针对该留言作出的便民回复，亦不能视为政府信息公开告知。该答复并不影响原告向被告提出政府信息公开申请，依法获得政府信息。因此，该便民答复并未侵害原告依法获取政府信息的权利，亦未对原告设定新的权利义务，属司法解释规定的对公民、法人或其他组织的合法权益明显不产生实际影响的行为。因此，原告的诉讼不符合法定起诉条件，依法应予驳回。

北京市第一中级人民法院依照《最高人民法院关于适用〈中华人民共和国行政诉讼法〉的解释》第六十九条第一款第八项之规定，裁定如下：

驳回恒禾公司的起诉。

【法官后语】

1. 政府信息公开申请需要符合一定的形式要件

依法获得政府信息是公民、法人或其他组织的权利，行政机关应积极履行政府信息公开的职责，保障公民、法人和其他组织的知情权。同时，公民、法人和其他组织申请公开政府信息，亦应按照法律法规规定的形式，向行政机关内设的政府信息公开工作机构提出。

修改前的《中华人民共和国政府信息公开条例》第十九条规定，行政机关应当编制、公布政府信息公开指南和政府信息公开目录，并及时更新。政府信息公开指南，应包括政府信息的分类、编排体系、获取方式，政府信息公开工作机构的名称、办公地址、办公时间、联系电话、传真号码、电子邮箱等内容。该条规定在修改后的《中华人民共和国政府信息公开条例》亦有保留且表述更加具体准确。依据上述规定，行政机关应建立健全信息公开工作制度，并且设立专门的机构负责政府信息公开工作，同时应对外公示政府信息公开指南和办法，对公众申请政府信息公开予以具体指导。

2. 判断政府信息公开申请是否符合形式要求应结合案件综合判断

本案中，原告的留言方式既不符合政府信息公开申请的形式要求，也非向受理机构提出，被告根据留言内容未将其视为政府信息公开申请，并不违反法律法规的规定。需指出，对符合形式要件，且属于该行政机关公开的政府信息范围的申请，即使申请人未向政府信息公开工作机构提出申请，而向其他内设机构提出，行政机关仍应以及时保障申请人的知情权和减轻申请人负担为原则，转本机关政府信息公开工作机构处理。但在此情况下，应当以指定的政府信息公开工作机构实际收到转送的申请书之日或者电话确认系政府信息公开申请之日作为行政机关"收到申请之日"，并以此计算相关答复期限。由此，政府信息公开申请是否符合形式要件应结合案件综合判断，不能仅因为当事人没有使用同一制式，或者仅因为当事人没有向相关机构提出申请，就僵化地认定政府信息公开申请不符合形式要件。行政生效文书除了对政府的行政行为进行监督以外，对当事人的信息公开申请行为亦应有相应的指导功能，不应当鼓励当事人不依照信息公开指南或者信息公开管理办法的指引随意提出申请，否则会引发诸多的问题。

3. 对于不符合政府信息公开申请形式要件的申请，行政机关如何处理

公民、法人或者其他组织认为行政机关不履行政府信息公开法定职责的，有权提起行政诉讼。人民法院亦应当依法登记立案并依法审理。但申请人提出的政府信息公开申请明显不符合政府信息公开申请形式要件，又不依法向政府信息公开工作机构提出，且又具有信访性质，行政机关按照信访事项处理或者依照便民回复处理的，申请人又以行政机关不履行政府信息公开法定职责为由提起诉讼，其诉讼请求不具有权利保护的必要性。本案中，工信部作出的便民答复既未侵害原告依法获取政府信息的权利，亦未对原告设定新的权利义务，对其合法权益明显不产生实际影响。法院应当直接裁定驳回，而不应当作为政府信息公开案件审理，以节省行政和司法资源。

编写人：北京市第一中级人民法院　徐钟佳

58

“政府信息不存在”案件中行政机关履行充分合理检索义务的认定

——何某诉重庆市璧山区人民政府信息公开案

【案件基本信息】

1. 裁判书字号

重庆市高级人民法院（2019）渝行终100号行政裁定书

2. 案由：政府信息公开纠纷

3. 当事人

原告（被上诉人）：何某

被告（上诉人）：重庆市璧山区人民政府（以下简称璧山区政府）

【基本案情】

2018年9月23日，原告何某向被告璧山区政府邮寄《政府信息公开的申请表》，要求被告依法公开“出售关口水泥厂的批复，包括璧城街道办事处的报批件”，获取信息的方式为行政机关书面回复。2018年9月25日，璧山区政府收到该申请表。针对何某申请公开的信息内容，璧山区政府认为该信息公开申请事项应由璧山区经济和信息化委员会承办。璧山区经济和信息化委员会于2018年9月29日向璧山区档案馆出具《介绍信》《重庆市璧山区档案馆档案利用申请表》，申请查询“2003—2004年璧城镇的请示”，以检索何某要求公开的“出售关口水泥厂批复”，璧山区档案馆经查询并未找到该批复。

2018年10月11日，璧山区政府向何某作出《答复》，主要内容为：经查，原璧山县关口水泥厂改制前系原璧山县璧城街道集体企业，原璧城街道根据有关文件精神决定对该企业实施改制，原璧山县人民政府未作出有关批复，何某所申请的信息不存在。根据原《中华人民共和国政府信息公开条例》第二十一条第三项的规定，请何某向壁城街道申请公开有关信息。同日，壁山区政府向何某邮寄送达了该《答复》。

何某收到《答复》后认为其所申请的信息是壁山区政府应当主动公开的信息范围，请求法院确认被告作出的《答复》违法，责令被告在一定期限内重新答复。

另查明，审理期间，壁山区档案馆于2018年10月31日补充提交《证明》1份，证明查询结果只有《壁城街道办事处关于同意壁山县关口水泥厂改制的批复》，并没有"出售关口水泥厂批复"。

【案件焦点】

被告壁山区政府针对何某申请公开信息是否履行了充分、合理的查找和检索义务。

【法院裁判要旨】

重庆市第一中级人民法院经审理认为：壁山区政府依法具有受理公民政府信息的公开申请，并作出相应处理答复的法定职责。因"政府信息不存在"为答复内容而引发的行政案件，应重点审查行政机关是否已经尽到合理的查找和检索义务。受"先取证、后裁决"规则的约束，证明行政行为合法的证据只能限于行政机关作出行政行为时已经收集的证据，法院不能为了证明行政行为的合法性调取被告作出行政行为时未收集的证据。被告举示的壁山区经济和信息化委员会于2018年9月29日向壁山区档案馆出具的《介绍信》《重庆市壁山区档案馆档案利用申请表》不能证明被告就原告申请公开的事项进行了全面查询；其所举示的壁山区档案馆和壁山区政府办公室于2018年10月31日出具的《证明》，是作出被诉《答复》后收集的，违反了"先取证、后裁决"的规则，不能作为证明被诉《答复》合法性的证据。

重庆市第一中级人民法院依照《中华人民共和国政府信息公开条例》第二条、第三十六条第四项，《中华人民共和国行政诉讼法》第七十条第一项之规定，作出如下判决：

一、撤销被告重庆市壁山区政府于2018年10月11日作出的《关于何某申请政府信息公开的答复》；

二、责令被告重庆市璧山区政府在本判决生效后十五个工作日内对原告何某的申请事项重新作出答复。

璧山区政府提起上诉，后于二审审理期间申请撤回上诉。重庆市高级人民法院经审查认为：璧山区政府撤回上诉申请系其真实意思表示，不损害国家利益、社会公共利益和他人的合法权益。

重庆市高级人民法院根据《中华人民共和国行政诉讼法》第一百零一条、《中华人民共和国民事诉讼法》第一百七十三条之规定，裁定：

准许璧山区政府撤回上诉。

【法官后语】

因政府信息公开引发的行政纠纷中，行政机关以当事人申请的“政府信息不存在”为由进行答复的案件占有一定比例。在确认行政机关具有制作或获取涉案政府信息相关职责的情况下，判断政府信息是否存在本质上是对行政机关掌握的政府信息逐一查找、对比。实践中“政府信息不存在”既可能是因信息客观不存在，也可能是因未尽到合理检索义务而没有查找到。因此，如何认定行政机关的信息检索程度是此类案件审查的重点。

最高人民法院第101号指导性案例虽然明确了行政机关对被申请公开信息应当尽到“充分、合理”的检索程度，但“充分、合理”系主观判断，缺乏具体细化的操作指引，司法实践中可能因法官对该主观标准掌握尺度不一，而导致案件裁判结果存在差异，损害行政相对人合法权利。为此，有必要具化行政机关检索行为的参考指标，以判断行政机关是否尽到了充分、合理的检索义务。具体包括：第一，检索范围的全面性，即用以检索载体所包含的信息是否全面，行政机关制作和保管的履职信息是否完整，如信息检索范围越广、信息资源越丰富，那么检索结果准确性也就越高。第二，检索方法的妥当性，信息检索方法包括调阅申请信息相关资料、关键词或目录检索、询问有关工作人员等，检索方法不同有可能导致信息检索结果存在差异，因此选择恰当和必要的检索方法是准确查找信息的重要条件。第三，检索流程是否尽到了相应的注意义务，包括检索过程是否符合行政机关工作流程要求、工作人员是否尽到充分的注意义务等，查询信息的工作流程越完备，工作人员越能够对检索过程作出详细说明，则检索结果的可信度就越高。

需注意的是，尽管“政府信息不存在”是消极事实，但基于行政机关对政府信息制作保管负有法定职责，应由行政机关举示查询过程的相应证据，但行政机关提交的上述证据应严格遵循案卷主义和法定举证期限的要求。法官应在行政机关提交证据的基础上，形成政府信息存在或不存在的内心判断。

具体到本案，璧山区政府对申请信息负有查询、公开的义务，但在庭审过程中仅提交了到璧山区档案馆查询信息所用的《介绍信》和《璧山区档案馆档案利用申请表》，以上证据并不能证明璧山区政府所采用的查询方式和信息查询流程达到了充分合理的程度，且其申请查询内容为“2003—2004年璧城镇的请示”，与何某申请公开的“出售关口水泥厂批复”并不完全对应，庭审中补充提交的璧山区档案馆出具的信息查询《证明》系事后形成，违反了“先取证，后裁决”的规则，综上评判可以认定璧山区政府并未尽到充分合理的信息检索义务。

明确行政机关政府信息检索程度的判断因素，对解决司法实践中的审理困境能够发挥一定积极作用，但要使信息检索更加简易可行，还需行政机关进一步规范政府信息登记与保管制度，完整保存履职过程中形成的信息、文件，便于法院在政府信息公开案件中进行充分审查。

编写人：重庆市第一中级人民法院　彭英　王健康　黄晨

59

政府信息公开条例新旧衔接时的法律适用应以对申请人最有利为判断标准

——方某诉北京市大兴区亦庄镇人民政府信息公开案

【案件基本信息】

1. 裁判书字号

北京市第二中级人民法院（2019）京02行终1782号行政裁定书

2. 案由：政府信息公开纠纷

3. 当事人

原告（被上诉人）：方某

被告（上诉人）：北京市大兴区亦庄镇人民政府（以下简称亦庄镇政府）

【基本案情】

2019 年 4 月 23 日，方某当面向亦庄镇政府提交信息公开申请，申请获取“三羊居住区土地一级开发项目建设单位亦庄镇政府京建大拆许字［2010］第 53 号《房屋拆迁许可证》的延期拆迁申请书、延长房屋拆迁期限许可证及拆迁公告内容”。亦庄镇政府当日作出《登记回执》并直接送达方某。

2019 年 4 月 25 日，亦庄镇政府办公室向拆迁办去函，核实是否制作、保存了相关信息。4 月 29 日，拆迁办回函称关于该拆迁许可证办理续证的相关手续，因当时负责此事的工作人员已经离职，未查找到相关材料，部分材料可能已归档，建议去档案室查找，拆迁公告非拆迁人制作、张贴，故未获取、保存过该资料。

2019 年 4 月 30 日，亦庄镇政府办公室向档案室去函，询问核实上述政府信息。5 月 8 日，档案室复函称未查找到相关信息，因镇政府办公楼装修、档案室迁移，相关材料可能已丢失。

2019 年 5 月 15 日，亦庄镇政府作出京兴亦政公开（2019）第 5 号—答《政府信息答复告知书》（以下简称被诉《告知书》），内容为：一、关于“三羊居住区土地一级开发项目建设单位亦庄镇政府京建大拆许字［2010］第 53 号《房屋拆迁许可证》的延期拆迁申请书、延长房屋拆迁期限许可证”。经查，本机关为该项目拆迁人。如我镇制作、获取过该信息，则依据《中华人民共和国政府信息公开条例》（国务院令第 492 号，本案以下简称原《条例》）第二十一条第一项之规定，你向本机关申请获取该类信息，属于公开范围。经本机关查询，因负责该项目的工作人员已调离，镇政府办公场所也因装修进行过搬迁，相关资料信息可能已丢失，目前未查找到。二、关于三羊居住区土地一级开发项目拆迁公告内容。根据当时施行的《北京市城市房屋拆迁管理办法》第十条的规定，拆迁公告由区、县国土房管局在核发房屋拆迁许可证后，在拆迁范围内发布拆迁公告，故该信息不属于本机关公开范围。依据原《条例》第十七条、第二十一条第三项之规定，现告知你该信息不属于本机关公开范围，建议你向其他主管部门咨询。

【案件焦点】

被诉《告知书》以原《条例》为依据是否属于适用法律错误。

【法院裁判要旨】

北京市大兴区人民法院经审理认为：依据《中华人民共和国政府信息公开条例》（国务院令第711号，本案以下简称新修订《条例》）第五十六条的规定，本条例自2019年5月15日起施行。据此，自2019年5月15日起，行政机关公开政府信息应以该法规为法律依据。本案中，亦庄镇政府于2019年5月15日向方某作出被诉《告知书》的法律依据为原《条例》的相关规定，属适用法规错误，依法应予撤销。

北京市大兴区人民法院依照《中华人民共和国行政诉讼法》第七十条第二项之规定，判决如下：

一、撤销亦庄镇政府作出的京兴亦政公开（2019）第5号—答《政府信息答复告知书》；

二、责令亦庄镇政府在本判决生效之日起，在法定期限内对方某的政府信息公开申请重新作出答复。

亦庄镇政府不服，提起上诉。在二审审理过程中，亦庄镇政府自愿撤回上诉。北京市第二中级人民法院经审理认为：亦庄镇政府请求撤回上诉，不影响社会公共利益和他人合法权益，与有关法律规定无相悖之处，应予准许。

北京市第二中级人民法院依照《中华人民共和国行政诉讼法》第六十二条之规定，裁定如下：

准许亦庄镇政府撤回上诉。

【法官后语】

本案涉及原《条例》与新修订《条例》的衔接问题，具有一定的典型意义。本案虽以亦庄镇政府撤回上诉告终，二审法院未在裁判文书中明确对争议焦点问题的意见，但相关问题值得探讨。

首先，法律衔接的基本原则是“实体从旧，程序从新，更有利于保护相对人合法权益”。《中华人民共和国立法法》第九十三条规定，法律、行政法规、地方性法规、自治条例和单行条例、规章不溯及既往，但为了更好地保护公民、法人和其他组织的权利和利益而作的特别规定除外。根据该条规定，处理法律衔接问题时以“法不溯及既往”为原则，但同时存在“有利溯及既往”的例外。《最高人民法院关于审理行政案件适用法律规范问题的座谈会纪要》明确，“行政相对人的行为发生在新法施行以前，具体行政行为作出在新法施行以后，人民法院审查具体行政行为的合法性时，实体问题适用旧法规定，程序问题适用新法规定，但下列情形除外：（一）法律、法规或规章另有规定的；（二）适用新法对保护行政相对人的合法权益更为有利的；（三）按照具体行政行为的性质应当适用新法的实体规定的”。该规定更为具体，体现的原则即为“实体从旧、程序从新，更有利于保护相对人合法权益”。

就原《条例》与新修订《条例》的衔接而言，2019年5月14日之前行政机关收到信息公开申请并作出答复的，原则上适用原《条例》的规定；2019年5月15日（含当天）收到申请的，适用新修订《条例》的规定。而2019年5月14日之前收到申请，5月15日（含当天）作出答复的，应当按照“实体从旧，程序从新，更有利于保护相对人的合法权益”的原则处理，即实体问题原则上适用原《条例》，除非新修订《条例》对申请人更有利；程序问题原则上适用新修订《条例》，除非原《条例》对申请人更有利。从这个角度看，北京市政务服务管理局的函仅以信息公开申请时间作为判断法律适用的依据，并进行了“一刀切”的处理，确有不妥。

其次，本案适用新修订《条例》对申请人更为有利。原《条例》第十七条规定，行政机关制作的政府信息，由制作该政府信息的行政机关负责公开；行政机关从公民、法人或者其他组织获取的政府信息，由保存该政府信息的行政机关负责公开。法律、法规对政府信息的权限另有规定的，从其规定。新修订《条例》第十条在上述规定的基础上，增加了“行政机关获取的其他行政机关的政府信息，由制作或者最初获取该政府信息的行政机关负责公开”的规定，拓宽了信息公开义务主体。本案中，方某申请的第二项信息“三羊居住区土地一级开发项目拆迁公告内容”的制作主体是区国土房管局，但结合亦庄镇政府涉案项目拆迁人的身份、在拆迁中的作用及拆迁公告的内容要素，可以推定其为最初获取机关，根据新修订《条例》的规定，亦庄镇政府为信息公开义务主体。可见，适用新修订《条例》对于保障方某的知情权更为有利。被诉《告知书》以原《条例》为依据，属于适用法律错误。

编写人：北京市第二中级人民法院　严勇

60

政府信息公开中个人隐私保护应适当让渡于公共利益

——韩某诉扬州市生态科技新城杭集镇人民政府政府信息公开案

【案件基本信息】

1. 裁判书字号

江苏省扬州市中级人民法院（2019）苏10行终226号行政判决书

2. 案由：政府信息公开纠纷

3. 当事人

原告（被上诉人）：韩某

被告（上诉人）：扬州市生态科技新城杭集镇人民政府（以下简称镇政府）

【基本案情】

韩某为杭集镇王集村大坝组村民，2017年7月15日其以邮寄方式向镇政府提出政府信息公开申请，要求书面公开下列信息："（一）公开分户调查结果：经确认的房屋权属、用途、建筑面积、初步评估结果等；（二）公开分户补偿安置情况：安置房地点、面积、套数、补偿金额、困难照顾、折迁最低住房保障情况等；（三）公开征收或者征用土地、房屋拆迁及其补偿、补助费用的发放、使用情况"。镇政府于2017年7月25日作出《杭集镇人民政府信息公开申请延期答复告知书》后，2017年8月14日作出《信息公开告知书》主要内容为"你要求公开的信息属于信息公开范围，本机关将以你指定的方式提供所申请的信息。具体信息内容见附件（共79页）。另，你所申请公开的大坝组分户房屋拆迁补偿金额，该信息目前不存在"。原告不服该告知，于2017年8月27日向扬州市广陵区人民政府申请行政复议，区政府于2018年9月10日作出第64号复议决定书，认为镇政府作出的《信息公开告知书》存在内容认定事实不清，程序不当的情形，决定予以撤销并责令在法定期限内依法重新作出答复。2018 年 10 月 10 日镇政府向韩某邮寄发出《政府信息公开申请补正通知书》，要求其就申请获取的信息内容范围进行明确。该邮件于 10 月 16 日退回，11 月 19 日向韩某送达。11 月 14 日，韩某向镇政府提交《对杭集镇人民政府补正通知书的复函》，明确其申请获取的信息内容范围。11 月 19 日，镇政府向文昌东路东延工程王集村各被拆迁户发出《征求意见函（公告)》，就韩某所申请公开的信息征求文昌东路东延工程王集村各被拆迁户的意见。该《征求意见函（公告)》的主要内容为："根据《中华人民共和国政府信息公开条例》第二十三条的规定，征求你们的意见。请你们自本征求意见函发布之日起 10 日内书面告知我政府你们的意见。如果你们未在征求意见函发布之日起 10 日内书面通知政府你们的意见，从保护你们个人隐私的方面考虑，你们的行为将被视为不同意公开涉及你们个人隐私的政府信息。"2018 年 12 月 10 日，镇政府向韩某作出《关于韩某申请政府信息公开的答复》并于当日以邮寄方式送达，主要内容如下："根据《中华人民共和国政府信息公开条例》第二十三条的规定，本机关征求了第三方意见，第三方不同意公开。现本机关依照《中华人民共和国政府信息公开条例》第二十一条的规定，对你答复如下：你所申请的政府信息涉及第三方个人隐私，公开后可能损害第三方合法权益，经征询第三方意见，第三方不同意公开，故本机关对你所申请的政府信息不予公开。"原告不服该答复，诉至法院，请求确认答复违法并撤销，责令镇政府依法重新答复。

【案件焦点】

镇政府以政府信息涉及第三人隐私，第三人不同意公开为由，拒绝政府信息公开而作出的答复是否具有合法性。

【法院裁判要旨】

江苏省扬州市江都区人民法院经审理认为：根据修改前的《中华人民共和国政府信息公开条例》第十三条规定，公民、法人或者其他组织可以依法向国务院部门、地方各级人民政府及县级以上地方人民政府部门申请获取相关政府信息。故镇政府具有受理其职责范围内的政府信息公开申请并依法作出处理的法定职责。该条例第十二条第四项规定，乡（镇）人民政府应当依照本条例第九条的规定，在其职责范围内确定主动公开的政府信息的具体内容，并重点公开下列政府信息：征收或者征用土地、房屋拆迁及其补偿、补助费用的发放、使用情况。根据上述规定可知，韩某向镇政府申请公开王集村村民在被安置过程中的相关政府信息，涉及土地征收、房屋征收等方面的信息，属于政府应当主动公开的范畴，现韩某以申请公开的方式申请上述信息，镇政府理应依法向韩某公开，即使韩某所申请的政府信息涉及其他被拆迁人的隐私，镇政府也应该在对涉及婚姻状况、宗教信仰等个人隐私的内容予以删减后依法公开，而不能以涉及个人隐私且被拆迁人拒绝公开为由一律不予公开，因此，镇政府以第三方不同意公开为由，对韩某申请的信息不予公开，明显不符合法律规定，所作出的《关于韩某申请政府信息公开的答复》应予撤销。

江苏省扬州市江都区人民法院根据《中华人民共和国行政诉讼法》第七十条第一项、《最高人民法院关于审理政府信息公开行政案件若干问题的规定》第九条之规定，判决如下：

一、撤销镇政府于2018年12月10日作出的《关于韩某申请政府信息公开的答复》；

二、镇政府于本判决生效之日起十五个工作日内向韩某依法重新作出答复。

镇政府不服，提起上诉。江苏省扬州市中级人民法院经审理认为：本案中，韩某向镇政府申请书面公开因文昌东路东延工程王集村村民在被安置过程中的相关政府信息，涉及征用土地、房屋拆迁及分户补偿安置情况等方面。镇政府应当对照上述《条例》的规定，根据其是否制作或保存相关信息等不同情况分别进行处理，并依法向申请人公开作出答复。如果属于公开范围，即使韩某所申请的政府信息涉及其他被拆迁人的隐私，镇政府也应在将涉及其他被拆迁人的个人隐私的有关内容进行删减后依法公开，而不能以韩某所申请的政府信息涉及第三方个人隐私，公开后可能损害第三方合法权益为由一律不予公开。因此，镇政府以第三方不同意公开为由，对韩某申请的政府信息不予公开，其理由不符合法律规定，所作出的《关于韩某申请政府信息公开的答复》依法应予撤销。综上，镇政府的上诉理由不能成立，不予采纳。原审判决认定事实清楚，适用法律正确，处理恰当，应予维持。

江苏省扬州市中级人民法院依照《中华人民共和国行政诉讼法》第八十九条第一款第一项之规定，判决如下：

驳回上诉，维持原判。

【法官后语】

因各地城镇化进程的推进，因拆迁引发的政府信息公开案件呈增长之势。被拆迁人往往通过申请政府信息公开的方式弥补掌握信息的不对等，比如通过申请公开征收土地批文来界定土地征收的合法性，通过申请公开安置、补偿明细来衡量自身获得的安置、补偿是否公平等。在一定程度上讲，政府信息公开既成为被拆迁人维护自身合法权益的有效途径，也起到了监督行政机关依法行政，防止房屋征收部门滥用权力、暗箱操作的客观效果。

《国有土地上房屋征收与补偿条例》第十五条规定："房屋征收部门应当对房屋征收范围内房屋的权属、区位、用途、建筑面积等情况组织调查登记，被征收人应当予以配合。调查结果应当在房屋征收范围内向被征收人公布。"第二十九条第一款规定："房屋征收部门应当依法建立房屋征收补偿档案，并将分户补偿情况在房屋征收范围内向被征收人公布。"尽管上述两条规定了向被征收人公布，但对于此处的"被征收人"是指申请政府信息公开的被拆迁人个人还是所有被拆迁人，以及"公布"的信息是单向的与申请人相关的信息还是所有被拆迁人的信息，均存在语义上的不同理解。2008 年 5 月 1 日起施行的原《中华人民共和国政府信息公开条例》第十四条第四款规定，"行政机关不得公开涉及国家秘密、商业秘密、个人隐私的政府信息。但是，经权利人同意公开或者行政机关认为不公开可能对公共利益造成重大影响的涉及商业秘密、个人隐私的政府信息，可以予以公开。"由于上述规定"行政机关认为""可以"公开而不是应当公开，留给行政机关一定的判断权和自由裁量空间。实践中，政府或者拆迁部门基于拆迁工作的推进考量，倾向性、习惯性解读为不公开。其理由往往为：其他被拆迁人相关的信息涉及第三人隐私，而第三人未明确表示同意公开，且不公开不会给公共利益造成重大影响，故不予公开。2019 年新修订的《中华人民共和国政府信息公开条例》第十五条规定，"涉及商业秘密、个人隐私等公开会对第三方合法权益造成损害的政府信息，行政机关不得公开。但是，第三方同意公开或者行政机关认为不公开会对公共利益造成重大影响的，予以公开"。该条规定虽然去掉了"可以"，但依然保留了"行政机关认为"的规定。行政机关上述对法律规定的解释方式及不公开相关信息的做法，也是拆迁领域政府信息公开案件大量成诉的主要原因之一。

本案中，镇政府以发布《征求意见函（公告）》的形式，征求第三人意见，并最终以信息涉及第三人隐私、第三人不同意公开为由，作出不予公开答复。对此，一二审均认为，从《中华人民共和国政府信息公开条例》等相关规定及立法本意出发，对个人隐私的保护应当适度让渡于公共利益。对于征收或者征用土地、房屋拆迁及其补偿、补助费用的发放、使用情况等，属于政府部门应当主动公开的政府信息，当被拆迁人申请公开该部分信息时，政府部门应当以公开为原则，且不公开会对公共利益造成重大影响。对于其中可能涉及个人隐私的部分，比如婚姻状况、身份证号码、手机号码等，可以通过隐名或者删减的方式予以处理，使其符合政府信息公开的标准和公开的目的。个人隐私及第三人未同意公开不应该成为政府部门依法公开应当主动公开相关政府信息的借口。最终，法院判决镇政府在法定期限内依法公开相应的政府信息。

编写人：江苏省扬州市江都区人民法院　靳有强　赵峰

十、其他

61

参加基本养老保险的职工非因工死亡情形下行政给付判决的适用

——王甲等诉北京市昌平区社会保险事业管理中心行政给付案

【案件基本信息】

1. 裁判书字号

北京市昌平区人民法院（2019）京0114行初316号行政判决书

2. 案由：行政给付纠纷

3. 当事人

原告：王甲、王乙、张某

被告：北京市昌平区社会保险事业管理中心（以下简称昌平区社保中心）

【基本案情】

王甲系王某之父，张某系王某之妻，王乙系王某之子。王某于2018年9月14日被发现死亡，其生前系北京华福工程有限公司（以下简称华福公司）工作人员，该公司为其缴纳了社会保险。2019年6月4日，王甲以邮寄的方式向昌平区社保中心递交《申请书》，主要内容为："申请人是王某的父亲，王某于2015年10月30日入职华福公司工作，担任行政经理兼专职司机，工作期间，王某所在的公司依照法律规定给王某缴纳了社会保险。2018年9月14日，王某因意外死亡。原告根据相关法律规定，申请北京市昌平区社会保险事业管理中心给付死者家属死亡抚恤金、丧葬费。”昌平区社保中心于2019年6月6日签收后，于2019年6月11日作出情况说明，告知王甲鉴于目前北京市没有出台相关配套政策及支付标准，故暂时无法支付王某的丧葬补助金及抚恤金，等北京市出台相关政策后，再根据政策规定支付王某的丧葬补助金及抚恤金。该份情况说明于2019年6月14日向王甲邮寄送达。王甲、王乙、张某不服，提起行政诉讼，请求判决被告昌平区社保中心依法履行职责，配合原告领取丧葬补助金和抚恤金。

另查明，王甲、张某、王乙曾向法院提起民事诉讼，要求判令华福公司支付丧葬费80000元。2019年12月3日，北京市第一中级人民法院作出（2019）京01民终9834号终审判决，认定王某生前为华福公司职工，华福公司依法为其缴纳了社会保险，且王某的死亡未被认定为因工死亡，因此王某的遗属要求华福公司支付丧葬费的诉讼请求欠缺法律依据。

再查明，泽州县公安局刑侦大队2018年10月17日出具的《证明》载明："2018年9月14日，泽州县公安局周村派出所接报警称：有人在周村镇常庄村一级路边发现一辆黑色尼桑轿车驾驶位置有一男性尸体，我局刑侦大队初步认定死者为2018年8月15日失踪人员王某。”另，按照京人社劳发〔2018〕130号《北京市人力资源和社会保障局关于调整北京市2018年最低工资标准的通知》规定，自2018年9月1日起，北京市最低工资标准由每小时不低于11.49元、每月不低于2000元，调整到每小时不低于12.18元、每月不低于2120元。

【案件焦点】

1. 三原告的起诉是否符合提起给付之诉的法定条件；2. 昌平区社保中心未向三原告给付丧葬补助金和抚恤金的理由是否成立；3. 本案是否应当判决昌平区社保中心履行给付义务。

【法院裁判要旨】

北京市昌平区人民法院经审理认为：依据社会保险法第八条的规定，昌平区社保中心有负责其辖区内社会保险待遇支付工作的法定职责。

第一，关于三原告的起诉是否符合法定起诉条件的问题。社会保险法第十七条规定，参加基本养老保险的个人，因病或者非因工死亡的，其遗属可以领取丧葬补助金和抚恤金，所需资金从基本养老保险基金中支付。本案中，三原告作为死者王某的遗属，具有要求昌平区社保中心行政给付的资格。同时，根据本案的证据及庭审中查明的事实，王甲作为代表于 2019 年 6 月 4 日向昌平区社保中心书面提交要求行政给付申请。综上，三原告提起本诉，符合法律规定。

第二，关于昌平区社保中心未向三原告给付丧葬补助金和抚恤金的理由是否成立的问题。本案中，王某生前系华福公司职工，华福公司为其缴纳了社会保险，王某非因工死亡，三原告依据社会保险法第十七条的规定要求昌平区社保中心给付丧葬补助费及抚恤金，具有事实和法律依据，昌平区社保中心应当依据法律规定积极履行职责，向王某遗属支付丧葬补助费及抚恤金，仅以本市尚未出台相关细则为由不履行职责，理由不能成立。故三原告要求昌平区社保中心给付丧葬补助金、抚恤金的诉讼请求，于法有据，法院予以支持。

第三，关于本案是否应当判决昌平区社保中心履行给付义务的问题。《中华人民共和国行政诉讼法》第七十三条规定，人民法院经过审理，查明被告依法负有给付义务的，判决被告履行给付义务。《最高人民法院关于适用〈中华人民共和国行政诉讼法〉的解释》第九十二条规定，原告申请被告依法履行支付抚恤金、最低生活保障待遇或者社会保险待遇等给付义务的理由成立，被告依法负有给付义务而拒绝或者拖延履行义务的，人民法院可以根据《中华人民共和国行政诉讼法》第七十三条的规定，判决被告在一定期限内履行相应的给付义务。根据上述规定，《中华人民共和国行政诉讼法》给付判决的适用条件有三：一是原告申请被告依法履行支付抚恤金、最低生活保障待遇或者社会保险待遇等给付义务的理由成立；二是被告依法负有给付义务；三是被告拒绝或者拖延履行给付义务。本案中，昌平区社保中心本应依照社会保险法第十七条之规定直接向王某之遗属支付丧葬补助金和抚恤金。因社会保险法及配套法规尚未对丧葬补助金和抚恤金之数额作出具体规定，在这种情况下，法院参照北京市之前出台的相关标准来确定相关的给付金额，既符合法理和情理，也符合社会保险法的立法目的。

北京市昌平区人民法院依照《中华人民共和国行政诉讼法》第七十条第二项、第七十三条，《最高人民法院关于适用〈中华人民共和国行政诉讼法〉的解释》第九十二条之规定，判决如下：

一、撤销昌平区社保中心作出的《关于支付王某丧葬补助金及抚恤金的情况说明》；

二、责令昌平区社保中心于本判决生效后60日内给付原告王甲、张某、王乙丧葬补助金5000元；

三、责令昌平区社保中心于本判决生效后六十日内给付原告王甲、王乙抚恤金19080元。

【法官后语】

获得物质帮助是我国公民的一项重要的宪法权利。《中华人民共和国宪法》第四十五条规定，公民在年老、疾病或者丧失劳动能力的情况下，有从国家和社会获得物质帮助的权利。国家发展为公民享受这些权利所需要的社会保险、社会救济和医疗卫生事业。公民依法享有的获得物质帮助的权利应当依法得到保护和落实，以维护公民参加社会保险和享受社会保险待遇的合法权益，使公民共享发展成果。

1. 案件背景

2011年7月1日起施行的社会保险法第十七条规定，参加基本养老保险的个人，因病或者非因工死亡的，其遗属可以领取丧葬补助金和抚恤金，所需资金从基本养老保险基金中支付。但社会保险法并未对支付的程序标准等问题做进一步具体的规定，为了落实社会保险法的该条规定，一些省市出台了相关的配套规定，而一些地区迟迟未出台配套规定，导致社会保险经办机构未能及时向符合条件的申请人支付社会保险待遇，进而引发行政纠纷，当事人向法院提起行政给付之诉。给付判决是2014年修订的《中华人民共和国行政诉讼法》第七十三条新增加的一种判决类型。它不仅有益于实现公民权利救济的彻底性和周延性，还有利于规范行政机关的行政给付行为。但是，《中华人民共和国行政诉讼法》及配套司法解释并未对其适用范围、具体裁判内容等问题予以明确，再加上给付之诉所涉及领域的庞杂性和复杂性，这必然会给司法实践带来困惑和探索的空间，本案即在上述背景下所进行的一种探索性裁判。

2. 给付义务机关拒绝履行给付义务的认定

给付判决的适用条件之一即拒绝履行给付义务。但被告未履行给付义务并不当然等同于拒绝履行，司法审查中，需要审查被告未履行给付义务是否有正当理由。如果经过判定未履行给付义务有正当理由，则法院不能判决行政机关限期履行给付义务。哪些属于正当理由，《中华人民共和国行政诉讼法》及司法解释并未给出答案，按照通说，正当理由包括：（1）原告提交的申请材料手续不全，或者相关申请事项正在审核之中，尚不具备给付法定条件的；（2）相关争议正在处理过程中，等待处理结果的；（3）法律、政策发生变化，需要进一步明确规则的；（4）财政原因暂时无法支付的；等等。具体实践中，还需结合相应的案件情况予以具体界定。本案中，被告以尚未出台实施细则为由未向申请人支付丧葬补助金和抚恤金，法院认为不属于正当理由，不予采纳，已构成拒绝履行给付义务。

3. 给付判决应明确到什么程度的问题——对裁判时机成熟理论的继承和扬弃

《中华人民共和国行政诉讼法》第七十三条及相关司法解释对于给付判决的具体内容、明确到何种程度未有涉及。对此，可以参照履责之诉中“裁判时机成熟”的大原则，即根据义务的性质以及具体案情判断，既可以明确给付的金额和内容，一判到底，体现司法对权利救济的彻底性，也可以给予对行政机关首次判断权的尊重，原则性地判决给付，将问题又交回行政机关。但作为法官，在裁判时更应关注到给付判决作为一种独立的判决类型，其所具有的更多人文关怀的属性，应尽可能多地作出明确、具体的判决。本案中，在判决中直接明确了给付的金额主要是基于以下几方面考虑：一是维护社会保险法的权威，将法条赋予公民的权益通过判决变成实实在在的物质利益，及时给困难群体提供物质帮助。二是如果仅判决限期履行给付职责，将问题交回行政机关，基于社会保险机构本身的经办机构属性和职能定位，其很难直接对支付的标准径行作出认定，最后必然陷入循环诉讼的境地。三是司法权对于行政权的尊重，也体现为在作出判决前与行政机关的充分沟通，了解专业知识和业务特点，准确掌握现有的支付政策及行政机关对于一步到位判决的容忍度，最终果断作出给付判决，本案判决结果得到了双方当事人的认可，给付义务机关主动履行了判决内容，该纠纷得到了实质性化解，困难群众及时得到了物质帮助。

编写人：北京市昌平区人民法院　李丽　赵振杰

62

第三方原因导致行政机关无法履行行政合同不能阻却其履约责任

——凯力公司诉新昌县自然资源和规划局国土行政合同案

【案件基本信息】

1. 裁判书字号

浙江省绍兴市中级人民法院（2019）浙06行终584号行政判决书

2. 案由：国土行政合同纠纷

3. 当事人

原告（被上诉人）：凯力公司

被告（上诉人）：新昌县自然资源和规划局（以下简称自然资源局）

【基本案情】

2018年5月31日，新昌县土地储备中心与凯力公司、新昌县长诏水库管理局分别作为甲、乙、丙三方，签订《新昌县国有土地使用权储备合同》一份。合同约定：甲方回收乙方、丙方使用的位于羽林街道长诏村的国有土地使用权，证载建筑面积共12585.77平方米（实测15003.8平方米），其中凯力公司面积4248.89平方米，长诏水库管理局面积10754.91平方米。结合相关政策，核定储备土地面积为23887.78平方米，房屋和地上附着物建筑面积15003.8平方米。甲方应当支付乙方、丙方被回收的土地及地上建（构）筑物、设备搬迁补助等补偿费用。经中介机构评估确定，甲方应支付乙方本次储备补偿费用总金额为3822.0839万元。合同约定：“经县政府同意，乙方在签订本收储合同并向县国土局（储备中心）移交权证后由县国土局（储备中心）支付补偿金额的20%，待腾空验收后，凭腾空验收单支付剩余80%的尾款……所需资金由县水务集团拨付给县国土局（储备中心）”

“乙方、丙方应当在2018年6月15日前撤离人员，腾空房屋”“乙方、丙方不按期交付回收的标的物，每逾期一天，按回收补偿费总额的万分之五支付违约金给甲方。甲方按该合同约定支付收储补偿费用。”

2018年2月12日，凯力公司将土地使用证提交给储备中心。6月11日，将案涉房屋腾空并交付验收。6月15日，储备中心向凯力公司支付补偿费用共计2800万元，剩余补偿费用1022.0839万元未付。回收案涉地块国有土地使用权所需资金由新昌县水务集团提供，而水务集团未足额拨付资金，致使储备中心无法按照合同约定支付剩余补偿费用。凯力公司遂起诉，要求被告按照约定履行行政合同，支付剩余补偿款1022.0839万元，并赔偿逾期履行的利息损失。

【案件焦点】

1. 被告主体是否适格；2. 被告因第三方原因未按照约定履行合同义务是否合法；3. 被告是否需要承担原告的利息损失。

【法院裁判要旨】

浙江省新昌县人民法院经审理认为：土地储备中心未经法律、法规或者规章的授权，其实施的土地储备行为属于受委托的行为，公民、法人或者其他组织因此提起行政诉讼的，应当以其所隶属的土地管理部门为被告。因此，新昌县自然资源和规划局系本案适格的被告。关于被告因第三方原因未按照约定履行合同义务是否合法，原告凯力公司已经全面履行了行政协议约定的义务，而储备中心仅支付补偿费2800万元，余款至今未付，属于违约。同时，根据合同相对性原则，原告也只能向合同相对方即储备中心主张权利。《中华人民共和国国家赔偿法》规定了侵害当事人合法权益的应当赔偿直接损失，储备中心未依照行政合同约定全面履行付款义务，依法应当予以赔偿。

浙江省新昌县人民法院依照《中华人民共和国行政诉讼法》第七十八条第一款、《中华人民共和国国家赔偿法》第三十六条第八项的规定，判决如下：

一、责令自然资源局继续履行《新昌县国有土地使用权储备合同》，在本判决生效之日起三十日内向凯力公司支付土地储备补偿费共计1022.0839万元；

二、自然资源局赔偿凯力公司上述补偿费自2018年6月11日起至实际付清之日止按照中国人民银行同期同档次贷款利率计算的利息损失。

自然资源局不服，提起上诉。浙江省绍兴市中级人民法院经审理认为：根据《最高人民法院关于审理买卖合同纠纷案件适用法律问题的解释》等规定，即使水务集团未支付款项，储备中心仍需依照合同约定履行付款义务。因行政合同未明确违约金的计算方式，按照中国人民银行同期同档次贷款利率并无不当。

浙江省绍兴市中级人民法院依照《中华人民共和国行政诉讼法》第八十九条第一款第一项之规定，判决如下：

驳回上诉，维持原判。

【法官后语】

关于本案被告主体是否适格，存在两种观点。一种观点认为，根据《国土资源部、财政部、中国人民银行、中国银行业监督管理委员会关于印发〈土地储备管理办法〉的通知》第一条第三项的规定，土地储备机构应为县级（含）以上人民政府批准成立、具有独立的法人资格、隶属于所在行政区划的国土资源主管部门、承担本行政辖区内土地储备工作的事业单位。即储备中心具有独立的法人资格，是本案适格的被告。另一种观点认为，《最高人民法院关于适用〈中华人民共和国行政诉讼法〉的解释》第二十条第三款规定："没有法律、法规或者规章规定，行政机关授权其内设机构、派出机构或者其他组织行使行政职权的，属于行政诉讼法第二十六条规定的委托。当事人不服提起诉讼的，应当以该行政机关为被告。"即土地储备机构只有法律、法规或者规章的授权才具有行政诉讼被告资格。《国土资源部等四部委关于印发〈土地储备管理办法〉的通知》系部门规范性文件，并非部门规章。土地储备中心未经法律、法规或者规章的授权，其实施的土地储备行为属于受委托的行为，公民、法人或者其他组织因此提起行政诉讼的，应当以其所隶属的土地管理部门为被告。因此，新昌县自然资源和规划局系本案适格的被告。我们采用第二种观点。虽本案不宜直接适用《最高人民法院关于审理涉及农村集体土地行政案件若干问题的规定》第五条①，但根据该司法解释精神，土地储备机构并非行政法意义上的适格被告。

---

① 《最高人民法院关于审理涉及农村集体土地行政案件若干问题的规定》第五条规定，土地权利人认为土地储备机构作出的行为侵犯其依法享有的农村集体土地所有权或使用权的，向人民法院提起诉讼的，应当以土地储备机构所隶属的土地管理部门为被告。

因第三方原因导致行政机关无法履行行政合同不能阻却其继续履约的责任。行政协议具有行政性、合意性，行政机关在履行行政协议过程中要遵循行政法上的依法行政原则，也要遵循合同法上的诚实信用原则。原告凯力公司按照行政合同约定上交国有土地使用证、腾空房屋交付验收，已经全面履行了行政协议约定的义务，而储备中心仅支付补偿费2800万元，余款未付，存在违约行为。被告将不按照协议约定履约的责任推至第三方县水务集团，但县水务集团事实上并非协议的签订一方，只是在付款方式上写明"所需资金由县水务集团拨付给县国土局（土地储备中心）"，并不能使县水务集团产生直接的付款义务。同时，根据合同相对性原理，原告也只能向合同相对方主张权利。本案的审判思路，充分运用了民事法律原则及法律规范论述行政行为的违法性，体现了行政合同的双重属性。

司法实践中存在大量资金来源受制于第三方的行政协议，而第三方的履约责任并非来自行政合同本身，一般通过政府内部会议纪要等形式予以确定。一旦发生履约不能的情况，行政合同一方当事人提起行政诉讼，作为合同相对人的行政机关即负有履约责任，应当按照行政合同履行约定职责。确由第三方承担履约责任的，行政机关可以向第三方予以追偿。基于此，在行政合同签订之时，应当将实际履约方纳入合同之中，作为合同一方当事人存在，才能从真正意义上赋予其履约职责。

编写人：浙江省新昌县人民法院　张小玉

63

个案规范性文件审查结论的效力认定

——吕某诉重庆市荣昌区人力资源和社会保障局劳动、社会保障行政监督案

【案件基本信息】

1. 裁判书字号

重庆市荣昌区人民法院（2019）渝0153行初33号行政判决书

2. 案由：劳动、社会保障行政监督纠纷

3. 当事人

原告：吕某

被告：重庆市荣昌区人力资源和社会保障局（以下简称荣昌人社局）

第三人：重庆市荣昌区劳动能力鉴定委员会（以下简称荣昌劳鉴委）

【基本案情】

吕某原系重庆市宝华实业有限公司职工。2013年4月10日，吕某经重庆市职业病诊断鉴定委员会诊断为煤工尘肺壹期，后被认定为工伤。同年6月26日，原荣昌县劳动鉴定委员会对吕某作出《劳动能力鉴定结论通知书》，鉴定结论为伤残等级柒级。同年7月9日，经原荣昌县劳动人事争议仲裁委员会调解，吕某与用人单位达成调解协议，由用人单位一次性支付吕某各项工伤待遇86500元，双方解除劳动关系和终止工伤保险关系。2017年12月28日，吕某经重庆市疾病预防控制中心诊断为职业性煤工尘肺贰期，之后，其向荣昌劳鉴委申请复查鉴定，该委以劳动关系已解除为由，拒绝接受其复查鉴定申请。吕某遂向荣昌人社局提出申请，要求其履行监督管理职责，责令荣昌劳鉴委受理劳动能力复查鉴定申请。荣昌人社局收到后于2018年10月19日作出《关于吕某信访事项的回复》，载明“你可向荣昌区劳动能力鉴定委员会申请进行复查鉴定。根据相关政策，应提交以下材料：……（五）被鉴定人申请复查应提供其与工伤责任单位的劳动关系证明”。吕某不服该回复，提起行政诉讼。

荣昌劳鉴委曾以案外人吴某已与用人单位解除劳动关系为由，不予受理其劳动能力复查鉴定申请，吴某遂向荣昌人社局提出申请，请求对拒绝受理劳动能力复查鉴定申请的问题进行监督，后该局作出回复。吴某不服，提起诉讼，请求撤销该回复并请求对《重庆市工伤职工劳动能力鉴定管理办法》第二十条第一款第六项规定的合法性一并进行审查。法院审理后于2017年5月31日作出（2016）渝0153行初70号行政判决，判决撤销荣昌人社局作出的被诉回复，同时该判决书裁判理由部分载明：“《重庆市工伤职工劳动能力鉴定管理办法》第二十条第一款第六项的规定属于不合理地增加了行政相对人的义务，违反了规章的规定……不合法，在本案中不予适用。”该判决已发生法律效力。

【案件焦点】

前诉对规范性文件审查作出的审查结论仅具有个案效力，还是具有一定程度的既判力并对后诉裁判具有一定的拘束力。

【法院裁判要旨】

重庆市荣昌区人民法院经审理认为：荣昌人社局作出的被诉回复告知吕某应向荣昌劳鉴委提出复查鉴定申请，并需提交劳动关系证明等材料。该回复表面上看系程序性的告知，但其事实上已包含了要求吕某提供有关劳动关系证明材料的实质性评判，故荣昌人社局履行监督管理职责是否合法的关键在于其要求申请复查鉴定时需提供上述相应材料是否合法。荣昌人社局举示的依据为《重庆市工伤职工劳动能力鉴定管理办法》第二十条第一款第六项，吕某举示了（2016）渝 0153 行初 70 号行政判决拟证明该条款的规定已被认定不合法，故涉及前诉规范性文件的审查结论对后诉的效力问题。通常情况下，前诉生效裁判的既判力，仅限于裁判主文确定的范围，但前诉的裁判理由是建立在对主要法律事实和争议焦点问题判断的基础之上，承认裁判主文的既判力，必然也要赋予裁判理由中对案件争议焦点和主要法律事实的判断以一定程度的既判力。（2016）渝 0153 行初 70 号行政案件中各方当事人对《重庆市工伤职工劳动能力鉴定管理办法》第二十条第一款第六项的规定是否合法已形成主要争议焦点且经法院审查明确作出判断，应当具有既判力，即该审查结论对后诉具有一定的拘束力。尽管在上述判决裁判理由部分载明“在本案中不予适用”，但该表述是基于该规范性文件的审查是在对行政行为提起诉讼时一并请求的情况下作出的审查，并不能狭隘地理解为审查结论仅具有个案效力。同时，否定审查结论对后诉的影响力，会导致不同地方法院对同一规范性文件反复进行审查并作出裁判，导致制定机关反复进行处理和答复，造成行政资源和司法资源的极大浪费。

重庆市荣昌区人民法院依照《中华人民共和国行政诉讼法》第七十条第二项的规定，作出如下判决：

一、撤销荣昌人社局于 2018 年 10 月 19 日作出的《关于吕某信访事项的回复》；

二、限令荣昌人社局在本判决生效后三十日内对吕某的申请事项重新履行相应的监督管理职责。

【法官后语】

行政诉讼法以立法的形式确立了人民法院对规章以下的规范性文件附带审查的制度。与过去人民法院在行政审判中对规范性文件事实上所进行的审查相比，行政诉讼法的规定有以下几点区别：第一，对规范性文件的审查由隐性走向显性。过去实际上包含在人民法院法律适用的过程之中，而现行的规定人民法院对相关规范性文件的审查走上前台。第二，行政相对人具有规范性文件审查的请求权。过去是人民法院在对行政行为进行全面的合法性审查的同时，对其依据的规范性文件进行的主动性审查，行政相对人只能被动地等待司法审查，而依据现行规定，相对人可以一并请求对行政行为所依据的规范性文件进行审查，具有请求启动权。第三，审查结果的展示上存在区别。过去经审查后如果认为规范性文件不合法的，多数判决仅以撤销相应行政行为为外观，而现在相应的司法解释已明确要求对于规范性文件经审查不合法的应当在裁判理由中予以阐明，且应当向制定机关提出处理建议。

根据《最高人民法院关于适用〈中华人民共和国行政诉讼法〉的解释》第六十八条第一款第七项的规定，请求一并审查规章以下规范性文件属于行政诉讼法第四十九条第三项规定的“有具体的诉讼请求”。按照诉讼法的一般原理，人民法院针对诉讼请求进行审理后作出的回应应当体现在裁判主文之中，故有观点认为，法院经审查认为规范性文件不合法的，应当确认规范性文件无效或者应予撤销。但是，这种观点存在明显的问题，因为根据宪法和有关组织法的规定，规范性文件应当由有权机关或者制定机关来撤销，故最终行政诉讼法的规定采取“不作为认定行政行为合法的依据，并向制定机关提出处理建议”的模式，最高人民法院司法解释进一步明确为“经审查认为规范性文件不合法的，不作为人民法院认定行政行为合法的依据，并在裁判理由中予以阐明”。

人民法院在前诉判决的裁判理由中载明的对规范性文件的审查结论对后诉的处理有无拘束力的问题，实践中一直存在争议。尤其是规范性文件审查结论的展示形式以及“在本案中不予适用”的表述方式，更易让人对其拘束力问题产生怀疑，本案在对该争点的论述中对上述问题进行了回应，明确了个案规范性文件的审查结论对于之后类似的案件处理的预决效力，强化了对规章以下的规范性文件附带审查制度的实效性。

编写人：重庆市荣昌区人民法院　卞立跃

64

行政机关不得以相对人涉嫌犯罪为由拒绝行政奖励

——朱某诉南通市人力资源和社会保障局、南通市人民政府劳动监察行政奖励及行政复议案

【案件基本信息】

1. 裁判书字号

江苏省南通市中级人民法院（2019）苏06行终549号行政判决书

2. 案由：劳动监察行政奖励及行政复议纠纷

3. 当事人

原告（被上诉人）：朱某

被告（上诉人）：南通市人力资源和社会保障局（以下简称南通人社局）

被告：南通市人民政府（以下简称南通市政府）

【基本案情】

朱某曾在南通苏宁易购销售有限公司（以下简称苏宁易购）工作，2002年9月至2005年4月，苏宁易购为其缴纳社会保险。2017年3月22日，朱某向南通市社会保险基金管理中心举报苏宁易购自2001年起不依法为工作人员足额缴纳社会保险费。8月2日，南通市社会保险基金管理中心向朱某作出答复，主要内容为：2017年4月收到朱某的举报信后，即对苏宁易购启动社保缴费基数专项稽核，根据该单位提供的2015年度、2016年度工资性收入等资料，依法核定其与应缴社保基数的差额，并已要求该公司补缴应缴的社会保险费。2017年8月4日，朱某向南通人社局递交《申请书》，要求南通人社局对朱某给予奖励。2017年8月28日，南通人社局作出《告知书》，认为经对照《江苏省举报重大劳动保障违法行为奖励办法》《南通市举报重大劳动保障违法行为奖励制度》等规定，朱某《申请书》中所述事项，不属于可以实施奖励的范围。朱某不服，向南通市政府申请行政复议，

2017年10月26日，南通市政府作出［2017］通行复第239号《行政复议决定书》，认为朱某举报事项不符合《江苏省举报重大劳动保障违法行为奖励办法》所规定的可以得到奖励的范围，南通人社局所作告知书并无不当，决定维持南通人社局作出的《告知书》。朱某仍不服，起诉请求撤销南通人社局作出的告知书及南通市政府作出的行政复议决定书。

另查明，2019年5月27日，南京市玄武区人民法院作出（2019）苏0102刑初10号刑事判决书，认为被告人朱某敲诈勒索公私财物，数额特别巨大，其行为构成敲诈勒索罪，判决：一、被告人朱某犯敲诈勒索罪，判处有期徒刑六年，并处罚金人民币六万元；二、责令被告人朱某退赔被害单位经济损失。

【案件焦点】

1. 南通人社局认为朱某不符合奖励条件，理由是否成立；2. 朱某涉嫌刑事犯罪是否影响其获得相应的举报奖励。

【法院裁判要旨】

江苏省南通市港闸区人民法院经审理认为：朱某举报苏宁易购自2001年起不足额缴纳社会保险费，应当认定为属于提供主要线索，且经南通市社保中心等部门查证属实，并责令苏宁易购补缴相关费用，朱某符合《江苏省社会保险基金监督条例》规定的举报奖励条件，应当获得行政奖励。虽然《江苏省社会保险基金监督条例》没有对奖励的标准与形式作出明确规定，但南通人社局可酌情给予朱某奖励。

江苏省南通市港闸区人民法院根据《中华人民共和国行政诉讼法》第七十条第二项、第七十九条，《最高人民法院关于适用〈中华人民共和国行政诉讼法〉的解释》第一百三十六条第三款之规定，判决如下：

一、撤销南通人社局作出的《告知书》；

二、撤销南通市人民政府作出的《行政复议决定书》；

三、责令南通人社局对朱某提出的行政奖励申请重新作出处理。

南通人社局不服，提起上诉。江苏省南通市中级人民法院经审理认为：关于南通人社局认为朱某不符合奖励条件，理由是否成立的问题。《江苏省社会保险基金监督条例》将参保单位缴纳社会保险费的事项纳入了社保基金监督事项的范围中，同时，对参保单位未按时足额缴纳社会保险费的违法行为，也规定了相应的处罚措施，故该条例可以作为本案依据。该条例第五十一条第一款规定，任何组织和个人都有权对社会保险基金违法违规问题进行举报，举报线索经查证属实的，由社会保险行政部门给予奖励。朱某向南通市社保中心等举报苏宁易购不足额缴纳社会保险费的行为，该举报事项经南通市社保中心查证属实，并要求苏宁易购补缴应缴的社会保险费。朱某的举报投诉行为及行政机关的处理结果，符合由社会保险行政部门给予奖励的情形。

关于朱某涉嫌刑事犯罪是否影响其获得举报奖励的问题。第一，司法审查是对行政行为的合法性进行审查。朱某涉嫌敲诈勒索苏宁易购的行为属于刑事法律关系，而行政机关对于朱某的奖励问题属于行政法律关系。第二，法律并未对行为人投诉举报的动机作出明确要求。以向行政机关投诉举报相威胁进行敲诈勒索，与事实上向行政机关投诉举报，二者存在着本质区别。朱某以向行政机关投诉举报为由向苏宁易购索要金钱的涉嫌敲诈勒索，但是，当朱某具体实施了投诉举报行为，进而要求奖励并为此诉诸法律程序时，其主观动机应在所不问，更不应将投诉举报视为违法犯罪行为。第三，行政行为应以作出时的事实和法律作为判断标准。南通人社局作出不予奖励的告知书的时间是 2017 年 8 月 28 日，刑事判决作出的时间是 2019 年 5 月 27 日，不能以行政行为作出之后的事实作为判断行政行为合法性的依据。第四，行政奖励形式多样，社会保险部门对符合条件的举报人给予奖励，是为了行政管理需要而采取的一种激励措施，有别于为表彰特定行为的荣誉性奖励，南通人社局对朱某给予奖励不违反行政奖励的根本目的。

江苏省南通市中级人民法院依照《中华人民共和国行政诉讼法》第八十九条第一款第一项之规定，作出如下判决：

驳回上诉，维持原判。

【法官后语】

行政奖励作为行政机关实现行政管理目标的手段之一，体现了协商性、合作性的特点，且对于提高行政效率大有裨益，故被广泛地应用于行政管理实践中。长期以来，理论界及实务界对行政奖励的内涵及性质等问题存在不同认识，导致行政机关实施行政奖励时常出现一定争议，也给相对人寻求救济及司法审查带来了一些困惑。进一步明确行政奖励的概念及范围，尤其是司法审查的相关内容，对保障行政奖励相对人合法权益，促进行政机关正确、依法实施行政奖励均有重要意义。

1. 行政奖励的性质和类型

行政奖励，是指行政主体为实现行政目标，通过赋予物质、精神及其他权益，引导、激励和支持行政相对人实施一定的符合政府施政意图的非强制行政行为。有观点认为，行政奖励对象仅限于作出显著贡献和重大牺牲等少量先进、模范行为，行政奖励不是民法中的等价有偿，不是酬劳。本案中，正是朱某存在涉嫌以举报为手段敲诈勒索的事实，才引发了人社部门的质疑。

笔者认为，将受奖行为等同于先进行为的理论貌似无懈可击，实则并未全面、真实地反映行政奖励的实践状况。概念往往是一个动态变化的过程，随着行政管理模式朝多元化、协商化方向发展，行政奖励的类型也越来越多样化，从奖励的内容来看，既包括物质奖励、精神奖励，也包括权能奖励、税收奖励等，从奖励的目的来看，既包括与荣誉制度有关的奖励，也包括与行政管理有关的奖励。对于前者而言，行政奖励侧重于奖励公民对社会、国家的贡献行为；对于后者而言，行政奖励附着于行政活动之上，是为了实现行政管理需要而出现的。行政奖励的立足点在于相对人实施的行为是否符合法定或约定的要求，在没有法律明确规定的情形下，相对人的动机一般不得作为是否奖励的判断标准。

2. 行政奖励的原告资格

自益性举报的相对人对于查处行为和奖励行为均具有原告资格，非自益性举报的相对人仅对奖励行为有原告资格，对查处行为无原告资格。具体而言，分为以下三个层次。

(1) 非自益性举报人对查处行为没有原告资格。行政诉讼原告资格是基于相对人与举报事项本身的利害关系而连接起来的，不因相对人是否享有得到答复或者奖励的权利而变化。因此，只要是非自益性举报，无论法律是否规定了相应的奖励条款，举报人均不能针对行政机关的查处行为提起诉讼。(2) 非自益性举报人对奖励行为具有原告资格。举报人获得奖励与得到答复权利属于举报人法定的举报利益，行政机关对举报人的举报置之不理，就导致举报人无法获得奖励，举报人也就具有法律上的利害关系，从而有原告资格。但是，行政奖励具有从属性，附随于前置的行政行为之上。因此，举报人提起行政奖励之诉，必须建立在举报事项已经查处的基础上，如果行政机关没有查处或者尚未查处完毕，则举报人不能越过查处行为直接提起行政奖励之诉。(3) 特定举报人的原告资格应从严审查。赋予非自益性举报人针对行政奖励行为的原告资格，主要是基于行政奖励对于举报人而言具有独立的权利价值。但是，权利不得滥用，应当受到必要限制。对于明显滥用行政奖励权利而提起诉讼的行为人，如"职业打假人"，法院可行使自由裁量权，不赋予其原告资格。

3. 行政奖励行为的审查方向

司法审查是对行政行为的合法性进行审查，即围绕被诉行政行为认定事实、适用法律、程序是否合法等进行的审查，而不是围绕相对人的行为是否合法进行的审查。就行政奖励而言，审查行政奖励行为的合法性，也涉及对相对人行为的判断，即相对人行为是否符合法律规定的或者行政机关承诺的奖励的条件，而不包括其他行为。理由在于：首先，依法行政、诚信行政是行政行为的基本原则，除法定或约定条件外，行政机关不得额外增设奖励条件；其次，行政管理性质的行政奖励不包含对相对人的道德性评价，如果将相对人的动机作为正当的奖励条件，势必挫伤相对人举报违法行为的积极性；最后，现实中的举报动机既可能是单一的，也可能是复合的，举报人既可能是为了维护个人利益、公共利益，也可能是出于私人恩怨，甚至可能纯粹为了经济利益，而无论基于何种目的，行政机关都是难以探知的。如本案的举报奖励行为发生于2017年，而相关刑事程序于2018年启动，南通人社局显然不能以事后发生的事实评价在先的行为。

编写人：江苏省南通市中级人民法院　张祺炜

65

环境保护行政行为存在程序违法的利益衡量及判决方式

——星勇公司诉垫江县农业农村委员会行政环保命令案

【案件基本信息】

1. 裁判书字号

重庆市第三中级人民法院（2019）渝03行终67号行政判决书

2. 案由：行政环保命令纠纷

3. 当事人

原告（上诉人）：星勇公司

被告（被上诉人）：垫江县农业农村委员会

【基本案情】

星勇公司于2007年9月起修建生猪养殖场从事生猪养殖、销售。重庆市垫江县人民政府于2016年9月14日、2016年12月16日先后作出垫江府办［2016］95号《关于印发垫江县禁养区畜禽养殖场取缔工作实施方案的通知》、垫江府发［2016］23号《垫江县畜禽养殖禁养区划分（调整）方案的通知》，将垫江县明月山风景名胜区划入禁养区范围。垫江县农业委员会于2017年5月19日对星勇公司的生猪养殖场进行现场核查后，于2017年11月28日作出垫农发［2017］277号《责令星勇公司限期自行关闭的通知》，告知星勇公司的生猪养殖场位于明月山风景名胜区范围内，属于禁养区，要求2017年12月8日前自行关闭并全部复垦，按垫江府办［2016］95号《关于印发垫江县禁养区畜禽养殖场取缔工作实施方案的通知》确定的范围和标准给予补偿。否则，将依法强制关闭并不予补偿。在限期内，星勇公司未关闭生猪养殖场。2018年6月25日，垫江县人民检察院作出渝垫检行公建［2018］27号《检察建议书》，认为星勇公司在明月山风景名胜区范围内，建议垫江县农业委员会采取有效措施制止星勇公司在明月山风景区进行畜禽养殖行为。2018 年 7 月 7 日，垫江县农业委员会再次到现场核查发现，生猪排放的粪便未经无公害处理，星勇公司将其运输到养殖场附近用水泵排放至森林。2018 年 7 月 26 日，垫江县农业委员会作出垫江农委决字［2018］1 号《行政决定书》，责令星勇公司在收到《行政决定书》之日起三十日内，将位于重庆市垫江县桂阳街道黎明村二社的生猪养殖场关闭、搬迁。星勇公司对该行政决定不服，遂向法院提起诉讼。

【案件焦点】

1. 垫江县农业委员会对星勇公司作出行政决定的同时未作出行政补偿决定，垫江县农业委员会的行政行为是否合法；2. 本案应如何裁判。

【法院裁判要旨】

重庆市涪陵区人民法院经审理认为：星勇公司的生猪养殖场在垫江县人民政府确定的禁养区范围内，不属于因教学、科研等特殊需要经县人民政府批准可以保留的情形，依法应当关闭、搬迁。但企业的合法财产受法律保护，星勇公司的生猪养殖场建成于垫江县政府规划之前，其合法权益应受法律保护，关闭生猪养殖场给星勇公司造成的经济损失垫江县农业委员会应当依法予以补偿。虽然法律法规对关闭养殖场的补偿程序未作出明确的规定，双方多次协商未能达成协议，但根据程序正当原则，垫江县农业委员会在作出关闭养殖场时就应当作出行政补偿决定，明确补偿的范围及具体金额。因此，垫江县农业委员会仅作出关闭养殖场决定而未作出行政补偿决定违反了程序正当原则，依法应当撤销。同时，星勇公司的生猪养殖场在垫江县明月山风景名胜区内，其污物排放未经无公害处理，严重影响环境保护，撤销关闭养殖场的行政决定会给国家利益和社会公共利益造成重大损害，其行政效力依法应予保留。遵守环保法律法规、保护环境是每个企业应尽的义务。为保护垫江县明月山风景名胜区的生态环境，星勇公司应当尽早关闭生猪养殖场。

重庆市涪陵区人民法院依照《中华人民共和国行政诉讼法》第七十四条第一项和第七十六条之规定，作出如下判决：

一、确认垫江县农业委员会作出的垫江农委决字［2018］1 号《行政决定书》违法；

二、责令被告垫江县农业农村委员会在本判决生效后 60 日内采取补救措施，依法履行环保行政补偿的法定职责。

二审法院同意一审法院裁判意见。

【法官后语】

目前，我国对于行政补偿的主体、程序、范围、法律责任等尚没有系统的法律规定。根据行政法学理论，行政机关作出行政补偿应遵循宪法依据原则、利益平衡原则、事先补偿原则和依法补偿原则。具体到本案中，垫江县农业农村委员会已经确定将对星勇公司实施行政补偿，垫江县农业农村委员会应当诚实守信，在作出搬迁、关闭生猪养殖场的行政决定之前或同时对星勇公司作出行政补偿决定。垫江县农业农村委员会的行政决定违背事先补偿原则，属程序违法，应给予否定性评价。

《畜禽规模养殖污染防治条例》规定，生活饮用水源保护区、自然保护区的核心区和缓冲区、风景名胜区、城镇居民区、文教科研区等人口集中及法律法规规定的其他禁止区域，禁止建设省级政府确定规模养殖标准以上养殖场。禁养区划定目的在于防范环境污染风险，减轻养殖污染影响，净化生产生活环境，保护风景名胜区等的环境生态系统。星勇公司所在区域划入禁养区后，按照规定星勇公司不再享有原地继续经营的权利，应当关闭、搬迁。

一种观点认为，本案被诉行政行为程序违法，应适用撤销判决；另一种观点认为，本案应适用确认违法判决，责令行政机关限期采取补救措施。按照环境保护优先原则，风景名胜资源涉及环境公共利益，应优先予以考虑和对待。与此同时，民营企业合法财产权益应受到法律保护。以程序违法为由简单作出撤销判决可能引起生态环境污染的持续，不利于环保政策法规的推动。综合判断衡量本案中环境公共利益与民营企业财产利益的关系，可发现两者并非非此即彼的冲突关系，而是在内在逻辑上存在一致性。政府划定禁养区不应打击和限制养殖业发展，而应促进养殖业向绿色环保转型升级。民营企业的长久发展建立在自然资源的永续利用之上。本案作出确认违法和限期履行行政补偿法定职责判决，确认行政决定程序违法，保留被诉行政决定的效力，明确星勇公司的合法财产权应受法律保护，垫江县农业农村委员会应依法补偿关闭星勇公司的生猪养殖场造成的经济损失。法院在依法维护环境治理公共利益的同时，应当充分保护民营企业的合法权益，助推民营企业积极履行环保社会责任，实现生态环境保护和民营企业规范健康发展的有机统一。

编写人：重庆市涪陵区人民法院　张洁瑶

66

“失联”企业列入企业经营异常名录行为的可诉性分析与合法性审查

——图域公司诉上海市静安区市场监督管理局、上海市市场监督管理局列入经营异常名录行政行为案

【案件基本信息】

1. 裁判书字号

上海市闵行区人民法院（2019）沪 0112 行初 242 号行政判决书

2. 案由：列入经营异常名录行政行为纠纷

3. 当事人

原告：图域公司

被告：上海市静安区市场监督管理局（以下简称静安市场局）、上海市市场监督管理局（以下简称市市场局）

【基本案情】

2018 年 10 月 17 日，被告静安市场局执法人员到原告登记的住所 201 室开展随机检查，经检查，未查见原告在该住所经营，故当场制作了现场笔录和抽查记录表，其中两份材料见证人员签章一栏为“张某”并加盖“敞达公司”公章，同时，被告将此次对原告的随机抽查结果认定为“通过登记的住所（经营场所）无法联系”。之后经审核，被告于 2018 年 11 月 11 日将原告列入经营异常名录，并在国家企业信用信息公示系统予以公示。原告知晓该行政行为内容后，向被告市市场局申请行政复议，该局经两次通知原告补正申请材料后，于 2018 年 12 月 4 日受理，并向静安市场局邮寄《行政复议答复通知书》及原告的复议申请材料，之后在收到静安市场局的答复材料后组织申请双方进行听证，并依法进行了审查，于 2019 年 1

月 16 日作出被诉复议决定，并向原告邮寄了决定书。原告仍不服，遂提起本案诉讼。

另查明，原告公司工商登记的住所至今仍为 201 室，其所在园区的物业管理方为敞达公司，两者的法定代表人系同一人。2019 年 4 月 12 日，敞达公司向“E 构空间园区各入驻企业”出具园区声明，主要内容为：“2018 年 9 月 19 日至 11 月 21 日，有……对我司正常进行干扰、破坏……在此期间，张某等向企业出示的公函及文件均系伪造，可能给入住企业的正常经营带来了困扰和不良后果，我司将委派运营管理负责人全权处理……”

【案件焦点】

1. 列入企业经营异常名录决定行政行为是否具有可诉性；2. 如何认定企业确系“无法取得联系”。

【法院裁判要旨】

上海市闵行区人民法院经审理认为：被告静安市场局作为负责其登记的企业的经营异常名录管理行政机关，具有作出被诉行政行为的行政职权。本案中，根据被告静安市场局提供的抽查记录表、现场笔录、现场照片等证据材料可以证明，静安市场局经执法人员现场检查，确认原告未在登记的住所实际经营且无法通过该住所联系，故经审核依据《企业经营异常名录管理暂行办法》（本案以下简称《暂行办法》）第四条第四项、第九条规定，将原告列入经营异常名录并予以公示，该行政行为认定事实清楚，适用法律正确，程序亦无不当。原告认为静安市场局的相关材料上的见证人员为假冒敞达公司人员，所加盖敞达公章亦系伪造，并提供了敞达公司出具的证明材料，但因敞达公司与原告公司存在利害关系，对此原告亦未提供其他证据予以佐证，相反根据敞达公司出具的园区声明可以确认，园区管理工作存在纠纷，见证人员张某曾实际参与园区管理工作，故原告以此为由否定被告的现场检查行为及确认的客观事实，法院难以采纳。被告市市场局作为复议机关，收到原告的行政复议申请后，经通知原告补正后予以受理，在收到静安市场局的答复材料后组织双方进行听证，并依法进行审查，在法定期限内作出被诉复议决定，事实清楚，程序合法。综上，原告的诉讼请求缺乏依据，法院不予支持。

上海市闵行区人民法院依照《中华人民共和国行政诉讼法》第六十九条、第七十九条之规定，判决如下：

驳回图域公司的诉讼请求。

【法官后语】

本案系《暂行办法》施行以来上海地区首起涉企业经营异常名录行政诉讼案例，具有新颖性与代表性。为配合市场主体“宽进”制度改革，建立“宽进严管”的政府监管机制必不可少，施行企业经营异常名录制度正是这一要求的直接体现，旨在促进企业诚信自律，更加注重企业声誉，进而维护交易安全与公平竞争，营造更好的法治化营商环境。政府监管部门在履职中，发现通过企业登记的住所或经营场所无法取得联系（俗称“失联”）时，依法对该企业作出列入企业经营异常名录决定，该行为是否可诉及该认定的审查标准需要进一步明确。

1. 企业经营异常名录决定作为一种声誉罚具有可诉性

一般认为，声誉罚是“行政机关向违法者发出警戒，申明其有违法行为，通过对其名誉、荣誉、信誉等施加影响，引起其精神上的警惕，使其不再违法的处罚形式”①。因此，声誉罚作为行政处罚一种特殊形态，无疑属于行政诉讼的受案范围。本案中，被告静安市场局作为行政监管部门，其在日常行政检查中发现原告并未在注册登记的住所经营，无法与原告取得联系，故依据《暂行办法》的相应规定，以“通过登记的住所或者经营场所无法联系的”为由将原告列入企业经营异常名录并进行公示。实践中，将“失联”企业列入企业经营异常名录决定后，一方面“失联”企业将通过企业信用信息公示系统被统一公示，其他市场主体完全可以借助公开渠道获知相应信息，形成负面评价；另一方面依据《企业信息公示暂行条例》及地方性法规、规章的规定，列入企业经营异常名录超过一定年限后将引发更加严重的后果，如列入“严重违法企业名单”或在申请变更登记、或备案时不予受理。来自声誉的惩罚将对企业未来交易机会形成重大影响，进而决定企业及其品牌的存亡。因此，从法理上看，对“失联”企业列入企业经营异常名录，本质属于一种声誉罚，而非简单的告知行为，对被列入企业的合法权益产生了实质影响，具有可诉性。

---

① 姜明安：《行政法与行政诉讼法》，北京大学出版社1999年版，第223页。

2. “无法取得联系”的认定标准

在对列入企业经营异常名录决定的实体审查中，如何判定“失联”企业确实“无法取得联系”。《暂行办法》第九条设置了“两类情形”与“两种验证方式”，“两种情形”分别是通过登记的住所无法与企业取得联系的与通过登记的经营场所无法与企业取得联系的；而“两种验证方式”特指针对上述两种情形可通过直接联系方式或邮寄专业信函的方式加以验证，前者主要表现为企业不在登记地址经营无法取得联系，后者表现为无人签收信函的则视为“无法取得联系”，进而可以判定该企业处于“失联”状态。实践中，行政主体面对海量的企业群体，既可能是通过现场随机抽查方式加以验证，也可能是随机邮寄专业信函的方式加以验证，但常见的情形是很多企业并不在登记备案的住所或经营场所从事经营活动，变换经营地址较为常见，且通常未能及时更新登记备案地址，因此对于“无法取得联系”不宜采用实质“失联”，而应适用形式“失联”，只要行政主体按照企业登记的地址进行直接联系或邮寄专业信函联系而未能取得联系的，即可认定与该企业“无法取得联系”，行政主体不负有全面实质核查企业在非登记地址的经营状况，相关不利后果应由该企业承担。本案中，法院裁判揭示了原告以其虽未在登记住所经营，但实际上仍在同一园区经营为由主张被告认定“无法取得联系”不当的观点，属错误增加行政主体非法定义务，免除自身法定责任，不予支持。

编写人：上海市闵行区人民法院　张秋萍　李震

图书在版编目（CIP）数据

中国法院2021年度案例．行政纠纷／国家法官学院，最高人民法院司法案例研究院编．—北京：中国法制出版社，2021.4

ISBN 978－7－5216－1715－3

Ⅰ．①中…　Ⅱ．①国…②最…　Ⅲ．①行政法－案例－汇编－中国　Ⅳ．①D920.5

中国版本图书馆CIP数据核字（2021）第045804号

策划编辑：李小草（lixiaocao2008@sina.cn）
责任编辑：韩璐玮　赵律玮　　封面设计：温培英　李宁

中国法院2021年度案例．行政纠纷

ZHONGGUO FAYUAN 2021 NIANDU ANLI. XINGZHENG JIUFEN

编者/国家法官学院，最高人民法院司法案例研究院
经销/新华书店
印刷/三河市紫恒印装有限公司
开本/730毫米×1030毫米　16开　　印张/16.75　字数/226千
版次/2021年4月第1版　　2021年4月第1次印刷

中国法制出版社出版
书号 ISBN 978－7－5216－1715－3　　定价：65.00元

北京西单横二条2号
邮政编码 100031　　传真：010－66031119
网址：http：//www.zgfzs.com　　**编辑部电话：010－66071862**
市场营销部电话：010－66033393　　**邮购部电话：010－66033288**

（如有印装质量问题，请与本社印务部联系调换。电话：010－66032926）